遺産分割の実務

—協議書・調停関係書類・相続登記・相続人申告登記の書式と理論—

石田 健悟 著

発行 テイハン

はじめに

　本書は、遺産分割の基本的な仕組みから、遺産分割協議書の作成、遺産分割調停の申立てから審判がなされるまでの手続の流れ、遺産分割に関する不動産登記の実務について、法律専門職、研究者、大学院や大学で学ぶ方々だけでなく、広く一般の方にも理解しやすいように説明しています。

　筆者は、司法書士として、相続登記の業務に携わる中で、遺産分割の実務に携わってきました。主には、遺産分割協議書を作成することが多いのですが、協議が調わなかったり、協議をすることができなかったりする場合には、遺産分割調停の申立書の作成をすることもあります。司法書士には、家事事件についての代理権がないため、弁護士のように代理人としてではなく、あくまでも書類作成者として依頼人を支援するにとどまりますが、遺産分割調停申立書類の作成業務には、多くのニーズがあると感じています。そこで、本書においては、協議書の作成方法や遺産分割に関する不動産登記の申請方法だけでなく、調停・審判による遺産分割についても解説していきます。一般の方の中には、「親族間で話がまとまらないから」「親族に気難しい人がいて遺産分割の話を切り出しにくいから」と、遺産分割についての話し合いを後回しにしてしまうこともあるかもしれませんが、そのようなときは、遺産分割調停の利用を検討することも選択肢の一つとしていただけるように、分かりやすい説明を心がけています。

　本書を通じて、より多くの方に遺産分割の実務を理解していただくことができれば、幸いです。

目 次

はじめに

第1章 総 論

第2章　遺産分割の実務

巻　末　資　料

第1章

総　　論

1 遺産分割の意義

　相続人が複数いるときだけでなく、相続人が一人しかいないときや、存在しないときであっても、包括受遺者や相続分の譲受人等が複数いるときは、遺産分割がなされるまでの間、遺産はそれらの者全員の遺産共有状態にあります（民法898条）。この遺産共有の法的性質について、判例は、民法249条以下に定める物権法上の共有と同じ性質のものであるという共有説を採用しています（最判昭和30年5月31日民集9巻6号793頁）。そのため、相続人、包括受遺者及び相続分の譲受人（以下、「相続人等」といいます。）は、遺産を構成する個々の財産に対して、遺産分割がなされるまでの間、法定相続分又は指定相続分に応じた共有持分を有することになります。

　遺産分割とは、相続人等が、その共有持分を相互に譲渡し合ったり、譲渡をしないことを確定させたりして、遺産共有関係を解消させ、個々の相続財産を遺産分割の当事者に確定的に分配することで、遺産に対する実体的権利である具体的相続分を現実化する制度といえます。

2 遺産分割の基準

　民法906条は、「遺産の分割は、遺産に属する物又は権利の種類及び性質、各相続人の年齢、職業、心身の状態及び生活の状況その他一切の事情を考慮してこれをする。」という遺産分割の基本的な基準を示しています。この基準は、協議分割、調停分割及び審判分割において適用されますが、遺産分割自由の原則から、協議分割及び調停分割においては一応の基準という程度の意味しか持ちません。一方、審判分割においては、この基準は、規範的な拘束力を有するものとして位置づけられています（福岡高決昭和40年5月6日家月17巻10号109頁）。

3 遺産分割自由の原則

　遺産分割の当事者全員の合意があれば、法定相続分、指定相続分及び具体的

相続分に合致しない分割や、被相続人が遺言で指定する遺産分割方法に反する分割も有効です。寄与分、特別受益の持戻し、遺産分割に伴う担保責任、遺留分侵害額に関する協議等も併せて行うことができます。また、遺産分割の当事者の一人が相続財産を何も取得しない旨の分割も有効です（昭和32年4月4日民甲第689号通達、登記研究108号43頁・131号38頁）。

遺言に反する遺産分割についても、明文の規定はありませんが、実務上、遺産分割の当事者全員（遺言執行者がいるときは、その者も含む。）の合意により行うことができるとされています。

4 分割手続

(1) 指定分割

指定分割は、被相続人が遺言で遺産の分割方法を指定し、又は、これを指定することを第三者に委託することをいいます（民法908条）。分割方法の指定とは、現物分割、換価分割及び代償分割のいずれによるかを指定することをいいますが、判例は、特定の財産を特定の相続人に相続させる旨の遺言についても、特段の事情のない限り、分割方法の指定であるとしています（最判平成3年4月19日民集45巻4号477頁）。

(2) 協議分割

協議分割は、相続人等の協議によって、遺産の全部又は一部の分割をすることをいいます（民法907条1項）。協議は、必ずしも当事者全員が一堂に会する必要はなく、電話、メールや手紙でのやりとりによって協議内容を決定することもできます。1回の協議ですべての内容を取り決める必要はなく、数回にわたって取り決めることもできますし、遺産の一部についてのみ取り決めることもできます。協議が成立すると、その内容を証明するために遺産分割協議書を作成することが一般的です。

(3) 調停分割

調停分割は、当事者間で(2)の協議が調わないときや協議をすることができないときに、当事者の一部が、遺産の全部又は一部の分割について家庭

裁判所に遺産分割調停の申立てをし、その調停によって遺産分割すること
をいいます。

　調停において合意が成立すると調停調書が作成され、その調書には確定
した審判と同一の効力が認められます（家事事件手続法268条1項）。

(4)　**審判分割**

　審判分割は、遺産分割審判によって遺産の全部又は一部を分割すること
をいいます。(3)の遺産分割調停が不成立となると、調停申立ての時に審判
の申立てがあったものとみなされ（家事事件手続法272条4項）、遺産分割
事件が審判手続に当然に移行し、裁判官が職権で事実の調査及び証拠調べ
を行って遺産分割の内容について決定します。

　遺産分割事件は、家事事件手続法別表第2に掲げる事件なので、調停前
置主義（家事事件手続法257条1項）が適用されず、申立人は、調停と審
判のどちらを申し立てるか自由に選択することができます。しかし、審判
の申立てをし、手続が開始しても、家庭裁判所は、当事者の意見を聴いて、
いつでも、職権で、事件を調停に付することができます（任意的付調停。
家事事件手続法274条1項）。そのため、実務上は、いきなり遺産分割審判
の申立てをすることは少なく、まず遺産分割調停の申立てをし、調停分割
の成立を試みることから始めることが多いです。

5　分割方法

　分割方法には、①現物をそのまま配分する方法（現物分割）、②遺産に含ま
れる財産を売却し代金を配分する方法（換価分割）、③現物を特定の相続人等
の遺産分割の当事者が取得し、取得者は、他の当事者に具体的相続分に応じた
金銭を支払う方法（代償分割）があります。なお、代償分割をするときは、現
物を取得する当事者に代償金の支払能力のあることが必要となります（最決平
成12年9月7日家月54巻6号66頁）。

　また、遺産分割は、すべての遺産を1回で分割すること（以下、「全部分割」
といいます。）が原則ですが、諸事情により、全部分割をすることができなか

ったり、難しかったりすることがあります。このような場合は、遺産の一部について分割すること（以下、「一部分割」といいます。）も認められています（なお、全部分割の認識で遺産分割を完了させた後で、他の遺産が発見された場合は、既に行った遺産分割は、結果的に一部分割がなされたのと同じことになります。）。最初から一部分割の認識で、遺産分割をする場合は、後日の紛争予防の観点から遺産分割協議書等に本遺産分割が一部分割である旨と、その一部分割が残余財産の分割についてどのような影響があるかを記載しておくことが望ましいとされています。

6　分割の当事者

　遺産分割の当事者は、⑴相続人、⑵包括受遺者（民法990条）、⑶相続分の譲受人です（さらに、遺言執行者の権限について定める民法1012条１項の「相続財産の管理その他遺言の執行に必要な一切の行為をする」の中に遺産分割協議も含まれると解し、遺言執行者も遺産分割の当事者に含める見解があります。）。遺産分割は当事者全員が参加してなされる必要があるため、当事者を一人でも欠いてなされた遺産分割は無効となります。

⑴　相続人

ア　相続人が確定する時間的基準

　　相続人は、被相続人の死亡した時を基準として決定されます。複数の者が同時に死亡した場合、死亡した者同士は相互に相続人になりません。例えば、子を親族に預けて旅行中の夫婦が、同乗する飛行機の墜落事故で死亡した場合等、厳密には同時に死亡することはないとしても、実際にはどちらが先に死亡したかはっきりしない状況においては、同時に死亡したものと推定します（民法32条の２）。その場合、夫婦は相互に相続人になることはありませんので、夫の相続人は子のみ、また妻の相続人も子のみということになります。

イ　相続人となるべき者

①　配偶者相続人

法律婚の配偶者は、常に相続人になります（民法890条）。これを配偶者相続人といいます。

② 血族相続人

常に相続人になる配偶者相続人と異なり、血族相続人は次の順位で相続人になります。

(i) 被相続人の子及びその代襲相続人である直系卑属（第一順位）

(ii) 被相続人の直系尊属（複数いる場合は、親等数が近い者）（第二順位）

(iii) 相続人の兄弟姉妹及びその代襲相続人である兄弟姉妹の子（第三順位）

なお、先順位の相続人が一人でもいれば、後順位の者が相続人になることはありません。被相続人に(i)の血族相続人がいれば、(ii)(iii)の者は相続人になることはありませんし、(i)の者がいなくても(ii)の血族相続人がいれば、(iii)の者は相続人になることはありません。

③ 胎　児

胎児は、相続については既に生まれたものとみなされます（民法886条1項）。なお、出生前に、胎児のために遺産分割ができるかということについては、学説上争いのあるところですが、胎児の出生前に遺産分割を行うことはできないとする登記先例があります（昭和29年6月15日民甲第1188号回答）。

④ 養　子

普通養子縁組により養子になった者は、養子縁組の日から養親の嫡出子の身分を取得するため（民法809条）、養子は養親の実子と同一の相続権を有します。また、養子縁組後においても実親との親族関係が継続するため、養親及び実親の第一順位の相続人になります。

一方、特別養子縁組により養子になった者は、原則として、実方の父母及びその血族との親族関係は終了するため（民法817条の9）、養子になった者は、養親の第一順位の相続人にはなりますが、実親の相

続人にはなりません。ただし、夫婦（例えば、B及びC）の一方（例えば、C）が特別養子縁組により他の一方（例えば、B）の嫡出子の養親になるときは、嫡出子と実親B及びBの血族との間の親族関係は終了しないため（同条但書）、嫡出子は、実親Bの第一順位の相続人になります。

⑤　認　知

（ⅰ）　母と認知

母と嫡出でない子との間の法律上の親子関係は、原則として母の認知を待たず、分娩の事実により当然発生すると解するのが相当であるとされます（最判昭和37年4月27日民集16巻7号1247頁）。したがって、嫡出でない子は、母の相続については、第一順位の相続人になります。

（ⅱ）　父と認知

嫡出でない子と父との間の法律上の親子関係は認知によって初めて発生します（最判昭和54年6月21日判時933号60頁）。したがって、嫡出でない子は、父の相続については、父からの認知がない限り、相続人になることはありません。

（ⅲ）　死後の認知

相続開始後に死後認知の訴えや遺言による認知により、相続人となった者は、遺産分割前の場合は、遺産分割の当事者となりますが、遺産分割後に認知の効力が発生した場合は、その遺産分割の効力は維持されたままとなり、被認知者は、価額のみの支払いを請求することができるにとどまります（民法910条）。

⑥　代襲相続

（ⅰ）　意　義

代襲相続とは、被相続人の相続開始以前に、相続人になるべき子や兄弟姉妹（以下、「被代襲者」といいます。）が既に死亡していたり、相続欠格や推定相続人の廃除によって相続人の資格を失ってい

たりするときに（以下、「代襲原因」といいます。）、その子（以下、
「代襲相続人」といいます。）が代わって相続をするという仕組みで
す（民法887条2項、889条2項）。

　なお、直系尊属については、民法889条1項1号が直接適用され
るので、子も父母もいない被相続人に祖父がいるというときは、そ
の祖父が相続人になりますが、これは代襲相続によるものではあり
ません。

(ii)　代襲原因

　代襲原因に相続放棄は含まれないので、相続人になるべき子や兄
弟姉妹が相続放棄をしたとしても、代襲相続は生じません。

(iii)　縁組前の子

　被相続人の孫が代襲相続人になるためには、その孫が被相続人の
直系卑属である必要があります（民法887条2項但書）。被相続人の
子が養子で、その養子に縁組前の子がいるときは、その縁組前の子
は被相続人と法定血族関係になく、直系卑属にあたらないため（民
法727条）、仮に被相続人の相続開始以前にその養子に代襲原因が生
じたとしても代襲相続人になることはありません。一方、被相続人
の養子の子が、縁組後の子であるときは、その縁組後の子は被相続
人と法定血族関係にあり、直系卑属にあたるため（民法727条）、被
相続人の相続開始以前にその養子に代襲原因が生じたときは代襲相
続人になります。

(iv)　再代襲

　代襲相続人になる被代襲者の子（被相続人の孫）についても代襲
原因が生じたときは、さらにその子（被相続人のひ孫）が代襲相続
人になり（再代襲）、これは直系卑属がいる限り続くことになりま
す（民法887条3項）。

　一方、兄弟姉妹については再代襲が認められないので、被相続人
の相続開始以前に相続人になるべき兄弟姉妹に代襲原因が生じたと

きの代襲相続人は兄弟姉妹の子までとなります（再代襲を規定する民法887条3項は、兄弟姉妹の相続権を規定する民法889条2項によって準用されていないためです。）。

(v)　代襲相続人の相続分

代襲相続人の相続分は、被代襲者の相続分によって定められ、同一の被代襲者について代襲相続人が複数いるときは、代襲相続人間で均分相続されることになります（民法901条1項・2項）。

⑦　数次相続

ある者（例えば、祖父A）に相続が開始し（第一次相続）、Aの遺産分割が未了の間に、Aの相続人（例えば、父B）に相続が開始した（第二次相続）場合を数次相続といいます。

第二次相続の被相続人であるBの相続人（例えば、Aの孫、Bの子C）は、Bが生前に有していた第一次相続の被相続人Aの相続人たる地位をBから相続承継していることになるため、第一次相続においては、「被相続人Aの相続人であるBの相続人」として、遺産分割の当事者となることになります。

ウ　相続権の喪失

被相続人の推定相続人であっても、相続欠格者や被廃除者は、相続人になることはありませんし、失踪者である場合は失踪宣告を受けることでその者に相続が開始し、死亡したものと見なされるため、相続人になることはありません。

また、相続人であっても、相続放棄をすると初めから相続人でなかったことになりますし、相続分の譲渡や放棄をすると、その時から相続分を喪失してしまいます。

①　相続欠格

(i)　意　義

民法891条は、推定相続人に次の欠格事由がある場合、その者は、何らの手続を必要とせず当然に相続人になることができないと規定

しています（なお、この規定は民法965条により受遺者にも準用されています。）。もし、相続欠格者が相続人として遺産分割協議を行い、被相続人の遺産を取得したときは、真の相続人からその相続欠格者（表見相続人）に対して、相続回復請求権（民法884条）の行使が認められます。相続欠格には、後述の推定相続人の廃除と異なり、被相続人の意思により、相続欠格者の相続人の資格を回復する規定はありません。

① 　故意に被相続人又は相続について先順位若しくは同順位にある者を死亡するに至らせ、又は至らせようとしたために、刑に処せられた者（1号）

② 　被相続人の殺害されたことを知って、これを告発せず、又は告訴しなかった者（ただし、その者に是非の弁別がないとき、又は殺害者が自己の配偶者若しくは直系血族であったときを除く。）（2号）

③ 　詐欺又は強迫によって、被相続人が相続に関する遺言をし、撤回し、取り消し、又は変更することを妨げた者（3号）

④ 　詐欺又は強迫によって、被相続人に相続に関する遺言をさせ、撤回させ、取り消させ、又は変更させた者（4号）

⑤ 　相続に関する被相続人の遺言書を偽造し、変造し、破棄し、又は隠匿した者（5号）

(ⅱ)　二重の故意必要説

相続欠格が判例で問題となるのは、(ⅰ)⑤についてのものが多いようです。(ⅰ)⑤に該当すると判断されるためには、その行為を行うことについての故意のみでなく、その行為が相続に関して不当な利益を目的としてなされたという故意が必要になるとされています（最判平成9年1月28日民集51巻1号184頁）。

(ⅲ)　効　果

相続欠格事由があると、その者は法律上当然に、相続開始時に遡

って相続人・受遺者になる資格を失います。

　ただし、相続欠格は特定の被相続人に対する関係においてのみ相続人・受遺者になる資格を失うだけなので、例えば、子が父の相続について相続欠格事由がある場合、その子は、父の相続人になれなくても、母の相続については何らの制限なく相続人になることができます。

② 推定相続人の廃除

　(i) 意　義

　　遺留分を有する推定相続人（相続が開始した場合に相続人となるべき者）による、被相続人に対する①虐待、②重大な侮辱、③その他の著しい非行があったときは、被相続人は、その推定相続人の廃除を家庭裁判所に請求することができます（民法892条）。前述の相続欠格と異なり、被相続人の意思により、相続人としての資格を失わせる制度です（ただし、廃除の可否は、単に被相続人の主観的な感情や恣意だけで判断されるのではなく、そのような行為に至った背景を踏まえつつ、社会通念に照らして客観的に判断されます。）。

　　廃除の対象になる推定相続人は、被相続人の相続について遺留分を有することが要求されているので、兄弟姉妹は、たとえ推定相続人であっても廃除されることはありません。遺留分のない兄弟姉妹については、遺言により財産を相続させないことにするか、全財産を兄弟姉妹以外の者に贈与・遺贈することで廃除したことと同じになるためです。

　(ii) 手　続

　　廃除は、生前に被相続人が、家庭裁判所に対して、その審判の請求をすることで行えます（申立書例は、巻末資料1を参照）が、遺言することによって廃除することもできます。その場合、遺言執行者は、遺言が効力を生じた後、遅滞なく、その推定相続人の廃除の審判を家庭裁判所に請求しなければなりません（民法893条本文。

申立書例は、巻末資料2を参照）。そのため、遺言により廃除の意思表示をする場合は、遺言執行者の指定についても遺言中に記載しておくことが望ましいとされています。

(iii)　廃除の取消し

　　被相続人は、いつでも、推定相続人の廃除の取消しの審判を家庭裁判所に請求することができます（民法894条1項）。生前に家庭裁判所に廃除の取消しの審判を申立てることもできます（申立書例は、巻末資料3を参照）し、遺言によって相続開始後に廃除の取消しをすることもできます。遺言によるときは、遺言執行者は、遺言が効力を生じた後、遅滞なく、その推定相続人廃除の取消しの審判を家庭裁判所に請求しなければなりません（民法894条2項の準用する同法893条。申立書例は、巻末資料4を参照）。そのため、遺言により廃除取消しの意思表示をする場合も、遺言執行者の指定についても遺言中に記載しておくことが望ましいとされています。

　　なお、遺言による廃除の取消しは、生前に行った廃除の効力を取り消すものです。前の遺言により行った廃除の意思表示を後の遺言で取り消す場合は、遺言の撤回により行うことになります。

(iv)　効　果

　　廃除や廃除の取消しは、その審判が確定することで効力を生じ、市区町村役場の戸籍係に届出がなされると、その旨が戸籍に記載されます。

　　被相続人の生前に廃除の審判が確定した場合、廃除された者はそのときから被相続人の相続人になる資格を失います。また、廃除審判が確定する前に相続が開始した場合や遺言による廃除の場合は、廃除された者は相続開始時に遡って被相続人の相続人になる資格を失います。

　　ただし、廃除は特定の被相続人に対する関係においてのみ相続人になる資格を失うだけですので、例えば、子が父から廃除された場

合、その子は、父の相続人になれなくても、母の相続については何らの制限なく相続人になることができます（相続欠格と異なり、廃除は遺贈の受遺者としての地位に影響を与えません。）。

③ 失踪宣告

（i） 意 義

失踪宣告は、生死不明の者に対して、法律上死亡したものとみなす効果を生じさせる制度です。

失踪宣告には、不在者（従来の住所又は居所を去り、容易に戻る見込みのない者）につき、その生死が7年間明らかでないときの「普通失踪」と、戦争、船舶の沈没、震災等の死亡の原因となる危難に遭遇し、その危難が去った後その生死が1年間明らかでないときの「特別失踪」の2種類があります。

（ii） 手 続

失踪宣告は、利害関係人（不在者の配偶者、相続人にあたる者、財産管理人、受遺者等の失踪宣告を求めるについての法律上の利害関係を有する者）が、不在者の従来の住所地又は居所地の家庭裁判所に対して、その審判の請求をすることで手続が開始します（申立書例は、巻末資料5を参照）。

家庭裁判所に対する失踪宣告の申立てがなされると、家庭裁判所調査官が、申立人や不在者の親族等に対し、調査をします。その後、普通失踪においては3か月以上、特別失踪においては1か月以上の期間、不在者は生存の届出をするように、不在者の生存を知っている人はその届出をするように官報や裁判所の掲示板で催告がなされ、その期間内に届出等がなかったときに失踪の宣告がされます。

（iii） 効 果

失踪宣告の審判がなされ、市区町村役場の戸籍係に届出がなされると、その旨が戸籍に記載されます。

普通失踪においては、生死不明の状態が7年間経過したときに、

特別失踪においては、危難が去ったときに、相続は開始されます（民法31条）。

④　相続放棄

（i）　意　義

相続をすることは、相続人の義務ではないため、相続人は自己のために相続の開始があったことを知ったときから3か月以内に相続放棄をすることができます。

（ii）　手　続

相続放棄は、相続人（相続人が未成年者又は成年被後見人である場合には、その法定代理人が代理して申述します。）が、被相続人の最後の住所地の家庭裁判所に対して、申述をすることにより行います（申述書例は、巻末資料6を参照）。

（iii）　効　果

相続放棄は、相続開始後に相続の効果が生じることを全面的に拒否することですので、相続放棄をした者は初めから相続人にならなかったものとみなされます（民法939条）。

⑤　相続分の譲渡・放棄

（i）　意　義

相続人は、遺産を構成する個々の財産に対して有する遺産共有持分ではなく、遺産全体に対する抽象的な持分である相続分自体を相続人や相続人以外の者に譲渡したり、他の相続分を有する相続人全員のために放棄したりすることができます。

（ii）　手　続

相続分の譲渡は、相続分の譲渡人と譲受人の合意により、相続分の放棄は、放棄者の単独の意思表示により、遺産分割前であればいつでも行うことができます。相続分の譲渡・放棄の要式は法律上規定されているわけではありませんが、後日の紛争防止のために、相続分の譲渡証書・放棄証書を作成することが一般的です。

(iii)　効　果

相続分の譲渡においては、相続分の譲受人は、譲渡人の相続分を承継し、譲渡人は相続分を失います。また、相続分の放棄においては、放棄者がその相続分を失い、その他相続分を有する者が、その相続分の割合に応じて、放棄者の相続分を取得します。相続分の譲渡や放棄をした者は、遺産分割の当事者としての資格を失います。

なお、相続分の譲渡・放棄は、その行為の時に効力を生じますが、相続分の譲渡人・放棄者は、被相続人の相続債務については、その債権者に対して相続分の譲渡や放棄を主張することはできません。

エ　相続人の地位についての係争

嫡出否認、婚姻・離婚・縁組・離縁の無効、親子関係不存在、婚姻・離婚・縁組・認知の取消し等の裁判手続で相続人の地位が争われている場合は、その手続が完了するまで相続人の特定ができないため、遺産分割を成立させることができません。

(2)　包括受遺者

包括遺贈の受遺者は、相続人と同一の権利義務を有するとされているので（民法990条）、本来、相続人でなかったとしても、相続人と同一の権利義務を有することになり、遺言で示された割合の相続債務を負担することになります。また、包括遺贈の受遺者は、被相続人の個々の相続財産について、他の相続人と遺産共有状態になるので、その状態を解消するための遺産分割協議の当事者になります。

受遺者には、自然人（相続人であるか否かは問いません。）だけでなく、法人もなることができます。また、胎児も受遺者になることができます（民法965条による同法886条の準用）。ただし、相続欠格者は受遺者になることができません（民法965条による同法891条の準用）。

(3)　相続分の譲受人

相続人は、遺産を構成する個々の財産に対して有する遺産共有持分ではなく、遺産全体に対する抽象的な持分である相続分自体を他の相続人や相

続人以外の者に譲渡することができます（ただし、遺産中の債務の譲渡（債務引受）については、債権者に対抗することができません。）。民法905条1項は、「共同相続人の一人が遺産の分割前にその相続分を第三者に譲り渡したときは、他の共同相続人は、その価額及び費用を償還して、その相続分を譲り受けることができる。」とし、第三者に対する相続分の譲渡を規定していますが、相続人間における譲渡も可能であると解されています。登記先例をみても、昭和40年12月7日民甲第3320号民事局長回答、昭和59年10月15日民三第5195号民事局第三課長回答、昭和59年10月15日民三第5196号民事局第三課長回答、平成4年3月18日民三第1404号民事局第三課長回答等から、相続人間における相続分の譲渡による相続登記が認められていることがわかります（各先例は、巻末資料7を参照）。この相続分の譲渡により、譲受人となった者は、相続人でなくても、譲渡人の相続分の承継者として遺産分割の当事者となります。

(4)　**代理権と利益相反**

ア　当事者の法定代理人等

　　当事者の一部が、(i)未成年者の場合は親権者・未成年後見人、(ii)判断能力が低下している場合はその低下の程度に応じて成年後見人、保佐人、補助人（本人が任意後見契約を締結している場合は任意後見人）、(iii)行方不明で本人が財産管理人を置いていない場合は不在者財産管理人等が、その者の法定代理人等として遺産分割に参加します（不在者財産管理人が、法定代理人として遺産分割に参加する場合は、家庭裁判所に申し立てて権限外行為許可の審判を得る必要があります。）。親権者、未成年後見人、成年後見人、保佐人、補助人及び不在者財産管理人等が遺産分割時に存在しない場合は、法定代理人を家庭裁判所に選任してもらう手続を行うことになります（任意後見契約を締結しているにも関わらず、それが発効していない場合は任意後見監督人選任申立ての手続を行うことになります。）。

イ　利益相反

　　　前記ア記載の法定代理人と本人が、ともに遺産分割の当事者であると
　　きは、法定代理人が本人のために遺産分割をすることは利益相反行為と
　　されるため、本人のために家庭裁判所に申し立てて特別代理人を選任し、
　　その特別代理人が本人の法定代理人として遺産分割に参加します。また、
　　本人が被保佐人のときは臨時保佐人、被補助人のときは臨時補助人の選
　　任を家庭裁判所に申し立て、選任された臨時保佐人、臨時補助人が本人
　　の代理人として遺産分割に参加します。

　　　なお、未成年者後見監督人、成年後見監督人、保佐監督人、補助監督
　　人が選任されているときは、本人と未成年後見人、成年後見人、保佐人、
　　補助人の利益相反行為については、それら監督人が本人を代表するので
　　特別代理人の選任は必要ありません。また、任意後見においては任意後
　　見監督人が必ず置かれるため、本人と任意後見人の利益相反行為につい
　　ては、任意後見監督人が本人を代表するので特別代理人の選任は必要あ
　　りません。

7　分割時期

(1)　遺産分割請求権の消滅時効

　　遺産分割請求権は、消滅時効にかからないため、遺言で遺産分割方法の
　指定をしたり、相続開始時から5年を超えない期間を定めて、遺産の分割
　を禁じたりした場合、又は共同相続人間において、5年以内の期間を定め
　て、遺産の全部又は一部について、遺産の分割をしない旨の契約をした場
　合等を除き、いつでも、遺産の全部又は一部を分割することができます
　（民法907条1項、908条1項）。

　　ただし、未分割のまま遺産分割を放置していると、遺産分割の当事者に
　さらに相続が開始する等して、遺産分割を複雑にする事情が生じることが
　ありますし、遺産を構成する個々の財産について取得時効が完成すること
　により、その財産が遺産分割の対象外になることがありますので、できる
　限り間を空けずに遺産分割がされることが望ましいといえます。

(2) 被相続人による遺産分割の禁止

　被相続人は、遺言で、相続開始の時から5年を超えない期間を定めて、遺産の分割を禁ずることができます（民法908条1項）。

(3) 共同相続人による遺産分割の禁止

ア 共同相続人間の契約による禁止

　共同相続人は、5年以内の期間を定めて、遺産の全部又は一部について、分割をしない旨の契約をすることができます（民法908条2項本文）。ただし、その期間の終期は、相続開始時から10年を超えることはできません（同項但書）。

　この分割をしない旨の契約は、5年以内の期間を定めて更新することができます（同条3項本文）が、その期間の終期は、相続開始時から10年を超えることはできません（同項但書）。

イ 家庭裁判所による禁止

　調停又は審判分割による場合において、特別の事由があるときは、家庭裁判所は、5年以内の期間を定めて、遺産の全部又は一部について、分割を禁止することができます（民法908条4項本文）。ただし、その期間の終期は、相続開始時から10年を超えることはできません（同項但書）。

　この家庭裁判所による分割の禁止は、家庭裁判所が、5年以内の期間を定めて更新することができます（同条5項本文）が、その期間の終期は、相続開始時から10年を超えることはできません（同項但書）。

ウ 経過措置

　前記ア及びイについての規定である民法908条2項ないし5項は、「民法等の一部を改正する法律」（令和3年4月28日法律第24号。以下、「改正法」といいます。）により新設され、令和5年4月1日から施行されていますが、その施行日前に開始した相続の遺産分割についても適用されます（改正法附則3条）。ただし、施行時から少なくとも5年の猶予期間が設けられているため、ア及びイの各終期は、相続開始の時から10年を経過する時又は改正法の施行時から5年を経過する時のいずれか遅

い時とされます（民法908条2項但書、3項但書、4項但書、5項但書、改正法附則3条）。

8 分割の対象となる財産

　相続が開始すると、被相続人の財産に属した一切の権利義務は、原則的に、一身専属的な権利義務[※1]及び祭祀財産[※2]を除き、相続人に相続分によって包括的に承継され（民法896条、897条）、遺産分割の対象となります。

(1) 可分債権

　　可分債権は、原則的に、相続開始と同時に法律上当然に法定相続分に応じて共同相続人に分割承継されるため、遺産分割の対象とはなりません（最判昭和29年4月8日民集8巻4号819頁、最判昭和53年12月20日民集32巻9号1674頁、最判平成16年4月20日集民214号13頁）。例えば、遺産に含まれる不動産に関する賃料債権については、「相続開始から遺産分割までの間…〔中略〕…に遺産である賃貸不動産を使用管理した結果生ずる金銭債権たる賃料債権は、遺産とは別個の財産というべきであって、各共同相続人がその相続分に応じて分割単独債権として確定的に取得する」とされ、遺産を構成せず、遺産分割の対象ともなりません（最判平成17年9月8日民集59巻7号1931頁。しかし、調停分割及び審判分割の実務においては、遺産分割の当事者全員が遺産分割の対象に含めることに合意した場合には、遺産分割の対象となるとされます（東京高決昭和63年1月14日家月40巻5号142頁）。）。

　　ただし、金銭については、これを保管している者に対して、相続人が自己の相続分に応じた金銭の支払いを求めることはできないため、遺産分割の対象となります（最判平成4年4月10日家月44巻8号16頁）。また、共同相続された普通預金債権、通常貯金債権及び定期貯金債権は、いずれも、相続分に応じて分割されることはなく、遺産分割の対象となります（最決平成28年12月19日民集70巻8号2121頁）。

※1　一身専属的な権利義務とは、扶養等の身分法上の権利義務、商事法上の役職・地位に伴う権利義務、委任契約や雇用契約に伴う権利義務等の特定の個人の唯一性や独自の信用を基礎として発生・継続し得る権利義務のことです。

※2　祭祀財産（系譜、祭具及び墳墓）の所有権の承継は、①被相続人の指定、②慣習、③家庭裁判所の決定の順番で決まります（民法897条）。民法897条は、「前条の規定にかかわらず」として、祭祀財産の承継については、相続の一般的効力を規定する民法896条の適用を廃除していますが、これは、祭祀財産の承継が、民法896条を前提とする相続の一般的な仕組みから外れることを意味し、その承継については、被相続人の相続人が誰であるかという問題とは切り離されて決定されることになります。例えば、被相続人に子（第一順位の相続人）がいる場合でも、祭祀財産の承継者を被相続人の兄弟姉妹とすることもできます。

コラム　遺産分割前の預貯金についての権利行使

　預貯金債権は、遺産分割の対象になるため、遺産分割までは共同相続人全員での権利行使が必要であるとすると、葬儀葬祭費用や最後の治療費・施設費等、遺産分割前に、早急に預貯金の払戻しが必要な場合に困ってしまうこともあります。そのため、民法と家事事件手続法には、預貯金について、遺産分割前に権利行使ができる仕組みが規定されています。

(1)　遺産の分割前における預貯金債権の行使

　各共同相続人は、遺産に属する預貯金債権のうち相続開始の時の債権額の3分の1に当該共同相続人の相続分を乗じた額（標準的な当面の必要生計費、平均的な葬式の費用の額その他の事情を勘案して預貯金債権の債務者ごとに法務省令で定める額（民法909条の2に規定する法務省令で定める額を定める省令（平成30年法務省令第29号）により150万円）を限度とする。）については、単独でその権利を行使することができます（民法909条の2）。この場合において、当該権利の行使をした預貯金債権については、当該共同相続人が遺産の一部の分割によりこれを取得したものとみなされます（同条）。

　この預貯金債権の行使により払い戻された預貯金は、特別受益と同様、具体的相続分の算定のために、みなし相続財産として遺産分割の対象財産

に加えられます。

　ただし、この預貯金債権の行使により払い戻された預貯金が、被相続人の債務の弁済や遺産である不動産の固定資産税の納付等、遺産の維持費に使用された場合は、債権行使をした相続人は、遺産分割の当事者全員のために現預貯金の払戻しをしたといえるので、遺産の一部の分割により、預貯金を取得したとはみなされないことも考えられます。

(2)　遺産の分割の審判事件を本案とする保全処分

　家庭裁判所は、遺産の分割の審判又は調停の申立てがあった場合において、相続財産に属する債務の弁済、相続人の生活費の支弁その他の事情により遺産に属する預貯金債権について、当該申立人又は相手方が行使する必要があると認めるときは、他の共同相続人の利害を害しない限り、その申立てにより、遺産に属する特定の預貯金債権の全部又は一部をその者に仮に取得させることができます（家事事件手続法200条3項）。

　(1)と異なり、預貯金債権の行使により払戻しができる額に限度がなく、また、家事事件手続法200条2項による仮分割処分とも異なり、「急迫の危険を防止するため必要があるとき」の要件を満たさずとも家庭裁判所が上記要件を満たすものと判断し、当該保全処分の申立てを認めたときは、預貯金債権を仮に分割し、申立人に仮に取得させることになります。

(2)　債　務

　不可分債務は、各共同相続人がその全部の義務を承継しますが、可分債務については、各共同相続人が、法定相続分に応じて債務を分割承継します（連帯債務につき最判昭和34年6月19日民集13巻6号757頁）。

　遺産分割では、相続債務の負担割合を変更する合意をすることができますが、この合意は、債権者の承諾がない限り、債権者に効力が及ばず、相続人間でのみ効力を有するにとどまります。

(3)　死後事務の費用

　葬儀葬祭関係費用、最後の医療費・施設利用料等は、本来遺産分割の対

象とはなりませんが、実務上、その負担者や負担割合を遺産分割協議書中に記載することが認められています。ただし、そのような取り決めは、相続人間での内部的な効力を有するに留まり、各費用の債権者の承諾がない限り、債権者に効力が及びません。

(4)　**祭祀財産**

　系譜、祭具、墳墓等の祭祀財産は、祭祀主宰者に帰属する（民法897条1項）ため、本来、遺産分割の対象とはなりませんが、遺産分割の当事者が祭祀主宰者となる場合は、実務上、祭祀財産の帰属について遺産分割協議書中に記載することが認められています。

(5)　**生命保険金**

　生命保険金については、保険契約者が自己を被保険者として、①相続人中の特定の者を保険金受取人として指定した場合（最判昭和40年2月2日民集19巻1号1頁）、②保険金受取人を単に「被保険者又はその死亡の場合はその相続人」と約定し、被保険者死亡の場合の受取人として特定の相続人の氏名を挙げていない場合（同判例）、③保険受取人を指定しなかった場合（最判昭和48年6月29日民集27巻6号737頁）のいずれにおいても、生命保険金請求権は、保険契約が効力を生じたときに、受取人である相続人の固有財産となり、保険契約者である被相続人の遺産から離脱するものとされています（③では、生命保険金請求権は、保険約款に定める保険金受取人（被保険者の相続人となっていることが多いです。）の固有財産となります。）。ただし、生命保険金の受取人が被保険者自身の場合、被保険者の死亡による生命保険金は、被相続人の遺産に含まれるので遺産分割の対象となります。

　したがって生命保険金は、原則的に遺産分割の対象とはなりません。

9　具体的相続分による遺産分割の時的限界

遺産分割は、具体的相続分を具体化する手続ですが、具体的相続分による遺産分割を求める相続人に早期の遺産分割請求を促す効果を期待するため、被相

続人に相続が開始した時から10年を経過した後にする遺産分割は、次のいずれかに該当した場合を除き、具体的相続分ではなく（特別受益及び寄与分の規定を適用せず。）、法定相続分又は指定相続分によることになります（民法904条の３）。ただし、被相続人に相続が開始した時から10年を経過した後でも、遺産分割の当事者全員が具体的相続分による遺産分割をすることに合意しているときは、具体的相続分による遺産分割をすることができます。

①　被相続人に相続開始の時から10年を経過する前に、相続人が家庭裁判所に遺産の分割を請求したとき（同条１号）

②　被相続人に相続開始の時から始まる10年の期間の満了前６か月以内の間に、遺産の分割を請求することができないやむを得ない事由（例えば、被相続人が遭難して死亡していたが、その事実が確認できず、遺産分割請求することができなかった等の事由）が相続人にあった場合において、その事由が消滅した時から６か月を経過する前に、当該相続人が家庭裁判所に遺産の分割を請求したとき（同条２号）

なお、この具体的相続分による遺産分割の時的限界の規定である民法904条の３は、改正法により新設され、令和５年４月１日から施行されていますが、その施行日前に開始した相続の遺産分割についても同条は適用されます（改正法附則３条）。ただし、少なくとも５年の猶予期間が設けられているため、施行日前に開始した相続については、次のいずれかに該当した場合を除き、具体的相続分ではなく、法定相続分又は指定相続分によることになります。

①　施行日に相続開始から既に10年を経過する時又は改正法の施行時から５年を経過する時のいずれか遅い時までに、相続人が家庭裁判所に遺産の分割を請求したとき（民法904条の３第１号、改正法附則３条）

②　被相続人に相続開始の時から始まる10年の期間（相続開始の時から始まる10年の期間の満了後に改正法の施行時から始まる５年の期間が満了する場合にあっては、同法の施行時から始まる５年の期間）の満了前６か月以内の間に、遺産の分割を請求することができないやむを得ない事由（例えば、被相続人が遭難して死亡していたが、その事実が確認できず、遺産分

割請求することができなかった等の事由）が相続人にあった場合において、その事由が消滅した時から6か月を経過する前に、当該相続人が家庭裁判所に遺産の分割を請求したとき（民法904条の3第2号、改正法附則3条）

10　遺産分割前に遺産が処分された場合

　相続開始時に存在した遺産であっても、遺産分割時に現存しない遺産は、遺産分割の対象とすることができないのが原則です（審判分割について、東京家審昭和44年2月24日家月21巻8号107頁）が、遺産分割前に遺産に属する財産が処分されたときは、それを処分した相続人以外の共同相続人全員の同意があれば、それが未だ遺産に含まれているとして、遺産分割をすることができます（民法906条の2第1項。ただし、その相続人以外の共同相続人全員の同意がないときは、現存の遺産のみについて遺産分割がなされます。）。

11　遺産分割の瑕疵

　遺産分割協議において、錯誤（民法95条）や詐欺・強迫（民法96条）があったときには、取消しをすることができます。

　また、例えば、遺産分割協議において、相続人である子の一人が、その母と同居し、その身の回りの世話をするという約束で多額の財産を取得したものの、実際には、その約束を果たさなかったなどのように、共同相続人の一人が遺産分割協議で負担した債務を履行しないような場合でも、「遺産分割はその性質上協議の成立とともに終了し、その後は右協議において右債務を負担した相続人とその債権を取得した相続人間の債権債務関係が残るだけと解すべきであり、しかも、このように解さなければ民法909条本文により遡及効を有する遺産の再分割を余儀なくされ、法的安定性が著しく害される」とし、遺産分割協議を債務不履行により解除することはできないとされています（最判平成元年2月9日民集43巻2号1頁）。

　しかし、その一方で、「共同相続人の全員が、既に成立している遺産分割協議の全部又は一部を合意により解除した上、改めて遺産分割協議をすることは、

法律上、当然には妨げられるものではない」とし、遺産分割協議を合意により解除することはできるとされています（最判平成2年9月27日民集44巻6号995頁）。

12　遺産分割協議と詐害行為取消権

　遺産分割協議は、「相続の開始によって共同相続人の共有となった相続財産について、その全部又は一部を、各相続人の単独所有とし、又は新たな共有関係に移行させることによって、相続財産の帰属を確定させるものであり、その性質上、財産権を目的とする法律行為である」として、詐害行為取消権の行使の対象になります（最判平成11年6月11日民集53巻5号898頁）。そのため、遺産分割協議において、ある相続人の相続分を「0」とした場合、その相続人の債権者は、成立した遺産分割協議を詐害行為として取り消すことができます。

13　遺産分割の効果

　遺産分割が成立すると、相続開始時に遡って、各相続人の権利義務は被相続人から直接承継されたものとされます（民法909条本文）。

　しかし、遺産分割の効果が発生する前に、相続財産について権利を取得した者がいる場合、その者の権利は保護されます（同条但書）。例えば、被相続人Aの相続について、その相続人の一人Bの債権者Xが、Aの遺産である甲不動産のBの法定相続分に相当する持分権を差し押さえた後で、遺産分割により甲不動産を他の相続人Cが単独取得したとしても、分割の遡及効によって、Cが相続開始時から甲不動産の権利を有し、Bは甲不動産について無権利であったとして、Xの差し押さえを無効とすることはありません。Xの差し押さえは、本条但書によって、保護され有効なものとされます。

　これに対して、例えば、被相続人Aの相続について、その相続人の一人Bが、甲不動産に対する自己の共有持分をYに譲渡したものの、その前に他の相続人Cが甲不動産を単独所有するという遺産分割が成立していたというように、遺産分割後の第三者については、「遺産の分割は、相続開始の時にさかのぼつて

その効力を生ずるものではあるが、第三者に対する関係においては、相続人が相続によりいつたん取得した権利につき分割時に新たな変更を生ずるのと実質上異ならないものであるから、不動産に対する相続人の共有持分の遺産分割による権利の得喪変更については、民法177条の適用があり、分割により相続分と異なる権利を取得した相続人は、その旨の登記を経なければ、分割後に当該不動産につき権利を取得した第三者に対し、自己の権利の取得を対抗することができない」として、民法909条但書の適用ではなく、177条を適用し、解決を図るものとされています（最判昭和46年1月26日民集25巻1号90頁）。

14 共同相続人の担保責任

(1) 意 義

ある相続人が、遺産分割の結果、取得した物や権利に瑕疵があったり、それらがそもそも遺産でなかったり、さらには、取得債権について全額の弁済を受けることができなかったりした場合には、瑕疵のない物や権利を取得した相続人との間に不公平が生じます。このような不公平を是正するために、民法911条以下は、相続人間の担保責任について規定しています。

(2) 物又は権利の瑕疵

遺産分割により取得した物や権利に瑕疵があった場合は、各共同相続人は、他の共同相続人に対して、売主と同じく、その相続分に応じて担保責任を負います（民法911条）。

(3) 債権者の資力の担保

債権を遺産分割の対象とした場合、各共同相続人は、その相続分に応じ、他の共同相続人が遺産の分割によって受けた債権について、その分割の時における債務者の資力を担保します（民法912条1項）。弁済期に至らない債権及び停止条件付きの債権については、各共同相続人は、弁済をすべき時における債務者の資力を担保します（同条2項）。

(4) 共同相続人の無資力

担保の責任を負う共同相続人中に償還をする資力のない者があるときは、

その償還することができない部分は、求償者及び他の資力のある者が、それぞれその相続分に応じて分担します（民法913条本文）。ただし、求償者に過失があるときは、他の共同相続人に対して分担を請求することはできません（同条但書）。

(5)　遺言による担保責任の定め

前記(2)から(4)について、被相続人が遺言で別段の意思表示をしたときは、その意思表示が優先されます（民法914条）。

15　遺産共有と通常共有が併存している場合の特則

ある財産について遺産共有と通常共有が併存する共有関係を裁判により解消するには、原則的に、通常共有持分と遺産共有持分との間の解消は、共有物分割の手続で、遺産共有持分間の解消は遺産分割で、別個に行う必要がありますが、相続開始から10年を経過した時は、遺産共有持分の解消も地方裁判所等の共有物分割訴訟において行うことができます（民法258条の2第2項本文。ただし、被告である相続人が、裁判所から共有物分割訴訟の請求があったことの通知（訴状の送達）を受けた日から2か月以内に、その裁判所に対して遺産共有の解消を共有物分割により実施することについて異議の申出をしたときを除く（同項但書、同条3項）。）

なお、民法258条の2第2項本文により、共有物分割をする際の遺産共有持分の解消は、具体的相続分ではなく、法定相続分又は指定相続分が基準とされます（民法898条2項）。

第**2**章

遺産分割の実務

第1　遺産分割前の実務

　遺産分割を始める前提として、①遺言の有無の調査と有効性の確認、②遺産分割の当事者の確定、③具体的相続分の算定、④遺産の調査及び評価をすることになります。

1　遺言の有無の調査と有効性の確認

　被相続人が遺言をしている場合、その効力が及ぶ遺産については、遺言の内容が遺産分割に優先されるため、遺産分割の前には、まず遺言の有無を調査することが必要となります。

(1)　遺言の有無の調査

　　本項においては、自筆証書遺言と公正証書遺言の調査の仕方について解説します。

ア　自筆証書遺言

　　自筆証書遺言は、遺言者が死亡したときには、意図した人に見つけてもらい、その内容を実現してもらわなければなりませんが、その保管の仕方を間違えると、遺言を紛失・亡失してしまいます。生前に、相続人や受遺者等が、遺言者から保管場所を伝えられていたり、遺言書を預かっていたりする場合は良いのですが、そうでない場合は、思い当たる場所（住居、貸金庫等）を探す必要があり、遺言を発見するのに相当の日数を要してしまうこともありますし、その結果、遺言がなかったことになるとその分相続手続を完了するのが遅れてしまいます。

　　また、遺言者が、法務局の遺言書保管制度を利用していることも考えられるため、相続人や受遺者は、まず、遺言書保管所（法務大臣の指定する法務局）で遺言書保管事実証明書を取得し（遺言書が保管されていない遺言書保管所においても取得可能です。）、請求人が相続人、受遺者や遺言執行者として記載されている遺言書の保管の有無、保管されてい

る場合には、遺言書保管ファイルに記録されている遺言の作成年月日、遺言書が保管されている遺言書保管所の名称及び保管番号を確認します（この遺言書保管事実証明書の取得により、遺言書が保管されていることが判明したときは、遺言書情報証明書を取得して遺言の内容を確認することになります。）。なお、遺言者が、法務局の遺言書保管制度を利用していることが明らかな場合は、相続人や受遺者は、最初から遺言書保管所で遺言書情報証明書を取得して遺言の内容を確認することになります。

イ　公正証書遺言

昭和64年1月1日以後に作成された公正証書遺言は、嘱託人（遺言者）の氏名、生年月日、遺言作成日等について、日本公証人連合会によりデータベース化されています。

これにより、公正証書遺言をした遺言者に相続が開始した際、相続人や受遺者等の正当な利害関係人から、公証人（全国どの公証人でも差し支えありません。）に対し、遺言の有無等について照会があったときに、公証人は日本公証人連合会に遺言の検索を依頼し、その結果を速やかに照会者に回答することができます。

なお、遺言者の生存中は、遺言者以外の者からの照会に対して一切回答がなされません。遺言者に相続が開始したときに、照会者（相続人や受遺者等）が遺言者の死亡や法律上の利害関係の有無を戸籍謄本等で証明した場合に限り、公証人は照会者に対し、公正証書遺言の有無と保管している公証役場等を回答することになっています。

照会者が、公正証書遺言の正本や謄本を管理していない場合は、照会により回答された公正証書遺言を保管している公証役場に請求することで、公正証書遺言の正本又は謄本を取得できます。請求は、法律上の利害関係を有する者又はその代理人が、公正証書遺言を保管している公証役場の窓口に赴くだけでなく、郵送で行うこともできます。

(2)　遺言の有効性の確認

　遺言が存在する場合は、その有効性を判断することになります。

　遺言は、被相続人の最後の意思表示を実現するためのものであるという特徴と遺言書の偽造・変造による遺言者の死後の紛争予防の必要性から、民法に定める方式に従うものでないと効力が認められず、無効な遺言となってしまいます（民法960条）。公正証書遺言は、公証人関与のもと作成されるため、要式性を満たすものであることが多いのですが、自筆証書遺言の中には、要式性を満たさないものや内容が不鮮明で法的な効力を有しないものもあるため、実際に要式性等の要件を満たすか否かの確認は慎重になされる必要があります。なお、自筆証書遺言（法務局の遺言書保管制度を利用したものを除く。）と秘密証書遺言は、遺言の保管者が、相続の開始を知った後、遅滞なく、遺言書を家庭裁判所に提出して、その検認（相続人に対して、遺言の存在及びその内容を知らせるとともに、遺言書の形状、日付、署名等、検認の日における遺言書の内容を明確にして、遺言書の偽造や変造を防止するための手続）を請求しなければなりません（民法1004条1項・2項、遺言書保管法11条。申立書例は、巻末資料8を参照）。しかし、検認は、遺言内容の真否や遺言書の有効性を判断する手続ではありません（福岡高決昭和38年4月24日家月15巻7号105頁）ので、検認がなされたからといってそれが法律上有効な遺言であるということにはなりません。

　また、遺言が要式性の要件を満たしていたとしても、その内容次第では、内容を実現することができないこともあります。例えば、(1)遺言内容が、それを遺言に記載することで法律上効力を生じるとされている遺言事項（①遺贈（民法964条）、②遺産分割方法の指定又は指定の委託・遺産分割の禁止（民法908条）、③共同相続人の相続分の指定又は指定の委託（民法902条1項）、④遺留分侵害の負担割合の指定（民法1047条1項2号但書）、⑤共同相続人間の担保責任の定め（民法914条）、⑥特別受益持戻し免除（民法903条3項）、⑦遺言執行者の指定又は指定の委託（民法1006条1項）、⑧子の認知（民法781条2項）、⑨推定相続人の廃除又はその取消し（民法

893条、894条2項)、⑩祭祀主宰者の指定（民法897条)、⑪未成年後見人・未成年後見監督人の指定（民法839条1項・848条)、⑫遺言にて無償で未成年者に財産を与える場合に遺言者がする親権者又は未成年後見人にその財産を管理させない意思表示（民法830条、869条)、⑬信託の設定（信託法3条2号)、⑭一般財団法人の設立（一般社団法人及び一般財団法人に関する法律152条2項)、⑮保険金受取人の変更（保険法44条1項、73条1項）等）でない場合、(2)遺言で遺産を相続したり、遺贈を受けたりすることになっている者が、遺言者より先に又は同時に死亡しており、その場合の受益相続人や受遺者の予備的な定めが記載されていない場合、(3)遺言者が遺言と抵触する生前処分を行った場合（民法1023条2項)、(4)遺言者が遺贈の目的物を故意に破棄した場合（民法1024条後段)、(5)最初に発見された遺言とは別に、その遺言を撤回する旨の遺言が発見された場合（民法1022条)、(6)前の遺言が後の遺言と抵触する場合（民法1023条1項）等が考えられます。

　さらに、遺言の有効性に争いがある場合は、遺言無効確認の訴えにより、その無効性を確定させる必要があります（最判昭和47年2月15日民集26巻1号30頁)。

2　遺産分割の当事者の確定

(1)　戸籍・住民票等の取得

ア　戸　籍

　遺産分割をする前提として、まず、戸籍を取得し、相続人を特定することが必要となります。具体的には、被相続人の出生時から死亡時までの連続した戸籍（除籍謄本、改製原戸籍謄本等）及び相続人全員の現在の戸籍謄本に加えて、①相続人の中に被相続人の兄弟姉妹が含まれる場合は、被相続人の父母の出生時から死亡時までの連続した戸籍（除籍謄本、改製原戸籍謄本等）及び父方及び母方の両方の祖父母の死亡事項が記載されている戸籍謄本等、②相続人の中に被相続人の子又は兄弟姉妹

の代襲者が含まれる場合は、被代襲者の出生時から死亡時までの連続した戸籍（除籍謄本、改製原戸籍謄本等）、③相続人の中に被相続人の相続人の地位を相続した後で死亡した者がいる場合は、その者の出生時から死亡時までの連続した戸籍（除籍謄本、改製原戸籍謄本等）等（重複する戸籍がある場合は、1通あれば足ります。）を取得して相続人関係を調査します。

イ　住民票・戸籍の附票

　戸籍を取得するだけでは、相続人の現住所が把握できないため、併せて相続人の戸籍の附票や住民票（ともに本籍地の記載のあるもの）を取得することになります。面識がなかったり、連絡がつかなかったりする相続人については、それらに記載された現住所に書面を通知する等して、遺産分割協議を試みることになります。

ウ　印鑑証明書

　協議分割が成立し、遺産分割協議書を作成する場合、その協議書には、原則的に、当事者全員が署名し、実印にて押印します（登記実務上、相続登記の添付書類としての遺産分割協議には、遺産分割によって当該不動産を取得する者の印鑑証明書は添付しなくても差し支えありません（登記研究141号46頁・429号121頁）が、これは登記原因証明情報としての適格性についてのことですので、後日の紛争予防の観点からは、当事者全員が実印にて押印し、その全員の印鑑証明書を添付することが望ましいといえます。）。そのため、遺産分割協議書には、印鑑証明書を添付することで、実印による押印がなされたことを証明することになります（添付する印鑑証明書は発行後3か月以内のものでなくても構いませんし、被相続人の相続開始日より前に発行されたものでも構いません（登記研究551号172頁）。）。

　この印鑑証明書は、本来、協議書に押印した印鑑が実印であることを照合するためのものです。その意味では、遺産分割協議が成立した後に用意すれば良いのですが、当事者が前記ア及びイの公的証明を取得する

ために市区町村役場の窓口に出向く時に印鑑証明書も取得しておくと後日再び役場に出向く手間が省略できるため、可能であれば事前に準備しておくと良いでしょう。

コラム　海外に住所を有する者

　海外に現住所を有する者については、日本の市区町村役場の証明窓口で住民票や印鑑証明書が発行されません。そのため、現住所のある国の在外公館にて、住民票の代わりとして在留証明書を取得したり、印鑑証明書により本人の実在性と意思を担保する代わりとして、その者が一時帰国したときに、公証人にその面前で遺産分割協議書に署名押印した旨の認証を受ける方法又は現住所地の国の在外公館にて遺産分割協議書への署名について署名証明を受ける方法により、本人の遺産分割協議書に署名等をすることで実在性と意思を担保することになります。

(2)　相続人資格の喪失等の確認

　戸籍や住民票等の取得により、被相続人の相続関係と相続人の現住所が判明します。失踪宣告や廃除については、その手続がなされている限り、その旨が戸籍に記載されているため、戸籍の取得によりその事実が判明します。しかし、相続人が相続放棄者、相続欠格者、超過特別受益者であること、相続分の譲渡・放棄をした者であること、不在者であることは、その記載から判明しませんので、それらの事情の有無を確認することが必要となります。

(3)　当事者の法定代理人等

　戸籍上の相続人が、未成年者、判断能力が低下している者、不在者であるときは、その相続人は自分で遺産分割に参加することはできず、親権者、未成年後見人、成年後見人、保佐人、補助人、任意後見人、不在者財産管理人等が本人の法定代理人等として遺産分割に参加することになります。

ア　親権者・未成年後見人

　遺産分割の当事者が、未成年者であるときは、第一にその親権者が未成年者の代理人として遺産分割に参加します。未成年者が複数いるときは、未成年者一人ごとに、別々の特別代理人を選任する必要があります（昭和30年6月18日民甲第1264号通達、最判昭和48年4月24日家月25巻9号80頁）。

　未成年者について、親権者がいないときは、未成年後見人が未成年者の代理人として遺産分割に参加します。未成年後見人は、親権者が遺言によって指定することができますが、そのような指定がない場合は、家庭裁判所が選任する未成年後見人が就任します（未成年後見人選任申立書例は、巻末資料9を参照）。

イ　成年後見人等

　遺産分割の当事者が、判断能力が低下し、不十分な者であるときは、その判断能力の程度に応じて、家庭裁判所が選任する成年後見人、保佐人、補助人が本人の代理人として遺産分割に参加します（保佐人、補助人については、遺産分割についての代理権の付与が必要となります。）。また、本人が、十分な判断能力を有するうちに遺産分割の代理を含む任意後見契約を締結している場合は、任意後見人が本人の代理人として遺産分割に参加します。

　遺産分割時において、本人の判断能力が低下し、不十分な状態であるにもかかわらず、成年後見人等がいない場合は、家庭裁判所に後見開始等申立てを行い、成年後見人等を選任してもらう必要がありますし、本人が任意後見契約を締結しているものの、未だ発効していない場合は、家庭裁判所に任意後見監督人選任申立てを行い、任意後見契約を発効させる必要があります（後見開始申立書例は巻末資料10を、保佐開始申立書例は巻末資料11を、補助開始申立書例は巻末資料12を、任意後見監督人選任申立書例は巻末資料13を参照）。

ウ　不在者財産管理人

　遺産分割の当事者が、行方不明で財産管理人を置いていないときは、

家庭裁判所が選任した不在者財産管理人等が、本人の代理人として遺産分割に参加します（不在者財産管理人選任申立書例は、巻末資料14を参照）。なお、不在者財産管理人が、代理人として遺産分割に参加する場合は、家庭裁判所にて権限外行為許可の審判を得る必要があります。

エ　特別代理人等

前記アからウの代理人と本人が、ともに遺産分割の当事者であるときは、代理人が本人のために遺産分割をすることは利益相反行為とされるため、本人のために家庭裁判所に申し立てて特別代理人を選任し、その特別代理人が本人の代理人として遺産分割に参加します（特別代理人選任申立書例は、巻末資料15を参照）。また、本人が被保佐人のときは臨時保佐人、被補助人のときは臨時補助人の選任を家庭裁判所に申し立て、選任された臨時保佐人、臨時補助人が本人の代理人として遺産分割に参加します。

なお、未成年者後見監督人、成年後見監督人、保佐監督人、補助監督人が選任されているときは、本人と未成年後見人、成年後見人、保佐人、補助人の利益相反行為については、それら監督人が本人を代表するので特別代理人の選任は必要ありません。また、任意後見においては任意後見監督人が必ず設置されており、本人と任意後見人の利益相反行為については、任意後見監督人が本人を代表するので特別代理人の選任は必要ありません。

3　具体的相続分の算定

(1)　意　義

相続人が、共同相続において、どの遺産をどの割合で相続するかを決めるのが相続分です。この相続分には、①民法が定める法定相続分、②遺言によって定める指定相続分、③法定相続分や指定相続分を基準に個別事情（特別受益及び寄与分）を加味した具体的相続分の3つの意味があります。遺産分割は、遺産に対する実体的権利である具体的相続分を現実化する手

続であるため、その前提として、当事者の法定相続分及び指定相続分を確認した上で、具体的相続分を算定することになります。

(2)　法定相続分の確認

　民法は、共同相続において、各相続人がどれだけの割合で相続するかを定めています。

　配偶者相続人と血族相続人との法定相続分は民法900条各号により次のとおりとなります。

①配偶者相続人と第一順位の血族相続人である子の法定相続分	1：1　（1号）
②配偶者相続人と第二順位の血族相続人である直系尊属の法定相続分	2：1　（2号）
③配偶者相続人と第三順位の血族相続人である兄弟姉妹の法定相続分	3：1　（3号）

　配偶者相続人がいないときも含め、同順位の血族相続人が複数いるときは、その相続人間の法定相続分は原則として均分となります（4号本文）。ただし、兄弟姉妹に父母の一方のみを同じくする半血の兄弟姉妹がいるときには、それらの者の法定相続分は、全血の兄弟姉妹の2分の1となります（同号但書）。

　さらに、代襲相続人については、被代襲者の法定相続分となります（民法901条）。代襲相続人が複数いるときは、代襲相続人間の法定相続分は均分になります。なお、縁組前に生まれていた養子の子は、養親の相続について代襲相続人となることはできません。

(3)　指定相続分の確認

　被相続人は、遺言によって、法定相続分とは別に、相続分を指定すること、又はその指定を第三者に委託することができます（民法902条1項）。この指定相続分は、法定相続分に優先します。なお、相続人の一部の者の

相続分のみを定め、又はこれを第三者に定めさせたときは、他の共同相続人の相続分は、法定相続分によって決まります（民法902条2項）。この遺言による相続分の指定によって、共同相続人の一部に遺留分侵害が生じる可能性があります。その場合、遺留分を侵害された相続人は、遺留分を侵害した者に対して、侵害額に相当する金銭の支払いを請求することができます（遺留分侵害額請求）。

(4)　具体的相続分の確認

ア　意　義

　　法定相続分や指定相続分は、相続人がどのように相続するかの基準ですが、個別の事情においては、そのまま当てはめると相続人間の公平が実現されないということも起こり得ます。それらの基準に個別事情（特別受益及び寄与分）を取り込んだものが、具体的相続分です。

イ　特別受益

①　意　義

　　特別受益は、相続人の中に、被相続人から遺贈又は婚姻若しくは養子縁組のため若しくは生計の資本として受けた贈与により、他の相続人より多く財産（特別の利益）を取得している者がいるときに、その者の具体的な相続における取得分をその分減らす制度です。

②　特別受益となる遺贈と贈与

　　遺贈は常に特別受益となりますが、贈与は、「婚姻若しくは養子縁組のため」又は「生計の資本として」なされたものに限定されています（民法903条1項）。なお、受贈者が推定相続人になる前になされた贈与も特別受益にあたります（神戸家審平成11年4月30日家月51巻10号135頁）。

　　「婚姻若しくは養子縁組のため」の贈与には、通常の結納金や挙式費用は含まず、特別の持参金や支度金をいうとされています。また、「生計の資本として」の贈与には、独立資金、居宅や農地の贈与等、広く生計の基礎として役立つような財産上の給付をいうとされてい

す。贈与が特別受益にあたるかは形式的な名目を問わず、その金額等が他の相続人との関係で公平性を確保することが必要かという点から、実質的に判断されます。

(i)　教育資金

　　教育資金についても、被相続人の資産や社会的地位に照らして相当の範囲内のものは、生計の資本としての贈与にあたりません。子が公立・私立学校に分かれ、学費に差が生じたとしても、それのみをもって私立学校に進学した者に特別受益を認めることはありませんが（大阪高決平成19年12月6日家月60巻9号89頁）、子の間で著しい不公平が生じるときは特別受益になります（札幌高決平成14年4月26日家月54巻10号54頁）。

(ii)　死亡保険金

　　死亡保険金は、受取人の固有の権利ですので、民法上の相続によって承継される権利義務にはあたらず、原則的に特別受益の対象にはなりません。

　　しかし、生命保険料は、被相続人が生前に保険金受取人である相続人のために支払ったものですので、受取人である相続人と他の相続人との間に生ずる不公平が民法903条の趣旨に照らして到底是認することができない程、著しいものであると評価すべき「特段の事情」があるときには、同条の類推解釈により、その死亡保険金請求権は特別受益に準じて持戻しの対象になります（最決平成16年10月29日民集58巻7号1979頁）。その「特別の事情」は、保険金の額、この額の遺産の総額に対する比率のほか、同居の有無、被相続人の介護等に対する貢献の度合い、保険金受取人である相続人及び他の共同相続人と被相続人との関係、各相続人の生活実態等の諸般の事情を総合考慮して判断すべきとされています（同判例）。

(iii)　死亡退職金

　　死亡退職金を受ける権利は、相続法の規定の適用を受けず、受給

権者の固有の権利等とされる場合があり、その場合は、死亡退職金
の受給は特別受益にあたりません。

　しかし、(ⅱ)と同様に、受給する相続人と他の相続人との間に生ず
る不公平が民法903条の趣旨に照らして到底是認することができな
い程、著しいものであると評価すべき「特段の事情」がある場合に
は、同条の類推解釈により、その死亡退職金は特別受益に準じて持
戻しの対象になります。

③　特別受益の評価の時期

　特別受益とされた財産は、相続開始時の価額で評価されます（最判
昭和51年３月18日民集30巻２号111頁）。相続債務があるときは、それ
を控除しない額で計算します。

　例えば、被相続人の子Ａが、被相続人から、現金1,000万円の贈与
を受け、それが特別受益とされた場合、その金銭を消費して被相続人
の相続開始時には500万円しか残っていなくても、特別受益の評価と
しては、被相続人死亡時になおそのままであるものとみなして計算し
ます（民法904条）。また、Ａが、被相続人から、評価額1,000万円の
不動産の贈与を受け、それが特別受益とされた場合、被相続人の相続
開始までにそれを売却したり、取り壊したりしたとしても、同じく、
相続開始時になおそのままであるものとみなして計算します（同条）。

　なお、その場合、金銭は相続開始時の貨幣価値に換算し、不動産は
相続開始時の時価に換算します（天災等の不可抗力で滅失した場合を
除きます（民法904条反対解釈）。）。

④　持戻し

　特別受益を考慮して相続分を計算するには、相続開始時の積極財産
に、遺贈を除く特別受益を加算します。これを持戻しといいます。遺
贈が除かれているのは、遺贈は常に特別受益になるためです。

　被相続人は、この持戻しの免除をすることができます（民法903条３
項）。具体的には、贈与については相続財産に加算せず、また、贈与・

遺贈の額を具体的相続分から控除しない旨の意思表示をすることです。

　この意思表示は、遺言等で明示的に行うこともできますが、特別受益にあたる贈与や遺贈が、特定の相続人に相続分の他に利益を与えたいという趣旨で、そのことに合理的な事情があれば、黙示的になされることも認められます（東京高決昭和51年4月16日判タ347号207頁、東京高決昭和57年3月16日家月35巻7号55頁）。

⑤　特別受益者がいるときの具体的相続分額の計算

　（ⅰ）　計算の流れ

　　　特別受益者がいるときの具体的相続分額の計算は、まず、相続開始時の積極財産の価額に持戻しをして特別受益分の財産の価額を加え、「みなし相続財産額」を算出します。

　　　次に、その「みなし相続財産額」に、各相続人の法定相続分又は指定相続分を乗じて、各相続人の一般の具体的相続分額を算出します。

　　　最後に、特別受益者についてのみ、その「一般の具体的相続分額」から、特別受益者の特別受益の贈与又は遺贈の額を差し引きます。

【具体例1】

　被相続人Aは、死亡時に、2,500万円相当の土地・建物と1,000万円の現預貯金、1,000万円の債務を有していました。Aの相続人は、子BCDの三人で、Aは、Bに事業を開始する時に1,000万円を贈与しています。

　　　まず、Aの相続開始時の積極財産は、土地・建物の2,500万円と現預貯金1,000万円の合計3,500万円です（民法903条1項の「相続開始の時において有した財産」は、積極財産を指すので、1,000万円の債務については考慮しません。）。これに、特別受益分の財産（Bへの事業資金）の価額1,000万円を加えて、みなし相続財産額は、

4,500万円となります。

　　次に、遺言による相続分の指定がなく、法定相続分が適用される場合、ＢＣＤの各取得分（一般の具体的相続分額）は、1,500万円になります。

　　最後に、Ｂについては、事業資金として1,000万円の特別受益を受け取っているので、本相続については、一般の具体的相続分額1,500万円から、この1,000万円を差し引いた500万円が、実際の取得分となります。

　　したがって、Ｂに500万円、Ｃに1,500万円、Ｄに1,500万円という具体的相続分額になります。

(ⅱ)　超過特別受益がある場合

　　前述の一連の流れによる計算の結果、特別受益者の具体的相続分額が、０又はマイナスになったときは、特別受益者は、その超過分を返済等する必要はありませんが、相続分を受けることはできません（民法903条２項）。

【具体例２】

> 　被相続人Ａは、死亡時に、2,500万円相当の土地・建物と1,000万円の現預貯金、1,000万円の債務を有していました。Ａの相続人は、子ＢＣＤの３人で、Ａは、Ｂに事業を開始する時に4,000万円を贈与しています。

　　まず、Ａの相続開始時の積極財産は、土地・建物の2,500万円と現預貯金1,000万円の合計3,500万円です（民法903条１項の「相続開始の時において有した財産」は、積極財産を指すので、1,000万円の債務については考慮しません。）。これに、特別受益分の財産（Ｂへの事業資金）の価額4,000万円を加えて、みなし相続財産額は、7,500万円となります。

　　次に、遺言による相続分の指定がなく、法定相続分が適用される場合、ＢＣＤの各取得分（一般の具体的相続分額）は、2,500万円になります。

　最後に、Bについては、既に、事業資金として4,000万円の特別受益を受け取っているので、本相続については、一般の具体的相続分額2,500万円から、この4,000万円を差し引いた－1,500万円が、Bの具体的相続分額になってしまいそうですが、Bはマイナス分を返済等する必要はなく、単に相続分が0になります。

　具体的相続分が0となる特別受益者が、遺産分割の当事者となるかという点は、登記と調停・審判によって扱いが異なります。相続登記の添付書類である登記原因証明情報としての遺産分割協議書は、その特別受益者が参加せず、その他の相続人の署名・押印がなされたものでも差し支えないとされています（登記研究165号51頁）。一方、調停分割や審判分割においては、その特別受益者も相続人たる地位まで失っているわけではないので、遺産分割の手続に参加させるべきであるとされています（昭和33年5月9日法曹会決議、大阪高決昭和40年4月22日判時418号42頁、大阪家審昭和40年6月28日判タ193号197頁、大阪高決昭和46年9月2日判タ285号335頁、名古屋高金沢支決平成9年3月5日家月49巻11号134頁）。

ウ　寄与分

①　意　義

　寄与分は、相続人の中に、被相続人に特別な貢献（事業に関する労務の提供、財産上の給付、被相続人の療養看護等により、被相続人の財産の維持又は増加に寄与）をした者がいるときに、その者の具体的な相続における取得分を増やす制度です。

②　手　続

　相続人の中に寄与者がいるときは、まずは、共同相続人間の協議により寄与分を定めますが、協議が調わないとき、又は協議をすることができないときは、寄与者の請求により家庭裁判所が寄与分を定めます（民法904条の2第1項・2項。寄与分請求調停申立書例は、巻末資料16を参照）。なお、家庭裁判所は、寄与の時期、方法及び程度、

相続財産の額その他一切の事情を考慮して、寄与分を定めます（民法904条の２第２項。）。

③　寄与者がいるときの具体的相続分額の計算

寄与者がいるときの具体的相続分額の計算は、まず、相続開始時の相続財産の価額から、寄与分額を差し引くことで、「みなし相続財産額」を算出します。

次に、その「みなし相続財産額」に各相続人の法定相続分を乗じて、「一般の具体的相続分額」を算出します。

最後に、寄与者の「一般の具体的相続分額」に寄与分額を加えて、寄与者の具体的相続分額を導き出します。

【具体例】

> 被相続人Ａは、死亡時に、2,000万円相当の土地・建物と1,000万円の現預貯金を有していました。Ａの相続人は、子ＢＣの２人です。Ａは、個人商店を営んでいましたが、高齢になってからはＢに事業を切り盛りしてもらっていました。Ａの財産の維持・増加についてのＢの貢献は、1,000万円と評価されています。

まず、相続開始時のＡの相続財産の価額は、土地・建物2,000万円と現預貯金1,000万円の計3,000万円で、そこから寄与分額1,000万円を差し引き、みなし相続財産額は、2,000万円となります。

次に、みなし相続財産額の2,000万円にＢＣの各法定相続分である２分の１を乗じて、ＢＣの一般の具体的相続分額は、各々1,000万円と算出されます。

最後に、寄与者Ｂの一般の具体的相続分額に寄与分額を加えて、具体的相続分額は2,000万円となります。

したがって、Ｂに2,000万円、Ｃに1,000万円という具体的相続分額になります。

④　特別受益との関係

　　寄与者が、特別受益を得ている場合は、寄与分の評価額から特別受益の価額を差し引いた価額が寄与分となります（盛岡家一関支審平成4年10月6日家月46巻1号123頁）。

⑤　遺贈との関係

　　寄与分制度は、被相続人の意思に反しない範囲での寄与の保障であるため、被相続人が遺贈をした場合、寄与分は、相続財産から遺贈の額を控除した残額を超えることはできません（民法904条の2第3項）。

⑥　特別寄与料

　(i)　意　義

　　　民法904条の2は、寄与者が相続人であるときの規定ですが、相続人ではない親族も、被相続人に対して無償で療養看護その他の労務の提供をしたことにより被相続人の財産の維持又は増加について特別の寄与をしていれば、特別寄与者として、相続開始後に、相続人に対して、特別寄与料を請求することができます（民法1050条1項）。相続人が複数いるときは、特別寄与者に対して相続分に応じて特別寄与料を負担します（同条5項）。

　(ii)　手　続

　　　特別寄与料の内容については、まず、当事者間の協議により寄与分を定めますが、協議が調わないとき、又は協議をすることができないときは、特別寄与者の請求により家庭裁判所が寄与分を定めます（民法1050条2項。調停申立書例は、巻末資料17を参照）。家庭裁判所は、寄与の時期、方法及び程度、相続財産の額その他一切の事情を考慮して、寄与分を定めます（民法1050条3項）。ただし、特別寄与者が相続の開始及び相続人を知った時から6か月を経過したとき、又は相続開始の時から1年を経過したときは、家庭裁判所に対して協議に代わる処分を請求することができません（民法1050条2項但書）。

　　　　(iii)　遺贈との関係

　　　　　特別寄与料は、被相続人が相続開始の時において有した財産の価
　　　　額から遺贈の価額を控除した残額を超えることができません（民法
　　　　1050条4項）。

4　遺産の調査及び評価

(1)　遺産の調査

ア　意　義

　　　相続人等は、被相続人の相続が開始したときから相続財産を調査する
　　必要があります。その調査の結果によって、相続を単純承認するか、相
　　続放棄あるいは限定承認するかを判断することになりますし、単純承認
　　するとしても、財産が特定できていないと遺産分割の話し合いが進まな
　　いためです。

イ　調査の前に準備する書類

　　　相続人等であれば、その一人から銀行・信用金庫・証券会社・保険会
　　社等の金融機関で、被相続人の相続財産や生前に契約していた保険契約
　　の内容を確認したり、市区町村役場において被相続人の固定資産税関係
　　の証明書等を取得したりすることができます。その場合、相続人等は、
　　自己が被相続人の相続人等であることを証明するために、①被相続人の
　　死亡の記載のある戸籍謄抄本、②自己が相続人等であることが判明する
　　戸籍謄抄本（包括受遺者にあっては遺言書、相続分の譲受人にあっては
　　相続分譲渡証書）、③相続人等の運転免許証・マイナンバーカード等の
　　本人確認書類、④相続人等の印鑑証明書（金融機関において調査をする
　　際、必要になることがあります。）等を準備する必要があります。

ウ　遺産の種類と調査の方法

①　預貯金

　　　被相続人の預貯金の調査は、預貯金通帳・キャッシュカード・各種
　　預金証券等が手元にあるときは、その預金口座のある金融機関から被

相続人の死亡時の残高証明書と取引履歴明細書を取得します。この取得は、相続人等の一人から行うことができます。死亡時の残高証明書が発行されるということは、その預金口座に相続の対象となる預貯金があることを意味します。また、取引履歴明細書については、金融機関によって照会できる期間が異なるようですが、できる限り履歴を遡ったものを取得します。過去に、被相続人名義の他の金融機関からの入金履歴や、他の預金口座への振込履歴があるようなときは、その金融機関にも被相続人名義の預貯金口座が存在する可能性がありますので、そのような履歴があるときは、その金融機関の死亡時の残高証明書と取引履歴明細書を取得します。その結果、残高証明書が取得できれば、その口座を相続財産として考慮し、取引履歴明細書を取得して、被相続人名義の他の金融機関からの入金履歴や、他の預金口座への振込履歴があるようなときは、その金融機関の死亡時の残高証明書と取引履歴明細書を取得し、以降、被相続人名義の他の金融機関からの入金や他の金融機関への振込履歴が判明するごとに、残高証明書と取引履歴明細書の取得を繰り返していきます。

　被相続人名義の預金通帳等がないときは、被相続人の出生時から死亡時に至るまでの住所地や職場の所在地を手掛かりに、その地域の金融機関の支店等に対して、一つずつ死亡時の残高証明書の取得をしていくことになります。例えば、被相続人が「○○市」で出生から婚姻するまで生活し、婚姻後死亡するまで「△△市」に住所を置き、職場は「□□市」であった場合は、「○○市」「△△市」「□□市」にある金融機関の支店に照会をしていくことになります（一般的に、預金の特定は金融機関の支店ごとに行っていきます。）。なお、金融機関によっては、一つの支店に照会をすると他の支店に口座がある旨を教えてくれたり、このような照会を本部で一括して受けたりしているところもあります。また、窓口まで出向くことを必要とせず、郵送、電話やFAX等でのやりとりで照会ができる金融機関もあります。

② 不動産

　被相続人の不動産の調査については、不動産所在地の市区町村役場において固定資産税課税台帳（いわゆる名寄帳）を取得することで、その市区町村において被相続人が所有者である不動産を調査することができます。毎年度市区町村役場から送付される固定資産税等の納税通知書や課税明細書にも、被相続人の所有した不動産が記載されていますが、非課税の物件が記載されていないことが多いので、固定資産税課税台帳を取得して調査するべきです。なお、市区町村によっては、固定資産税課税台帳にも非課税の物件が記載されていないこともありますので、その点については担当課に確認する必要があります。

　どこの市区町村に固定資産税課税台帳の取得請求をするかは、①毎年度市区町村役場から送付される固定資産税等の納税通知書や課税明細書、②被相続人の出生から死亡するまでの住所地、③預貯金口座の取引履歴明細書の固定資産税の自動引落しの履歴、④権利証や売買契約書等の不動産登記申請の関係書類、⑤登記事項証明書の共同担保目録等を手掛かりに判断することになります。

③ 株式等有価証券

　被相続人の株式等有価証券の調査については、預貯金口座の取引履歴明細書に証券口座への出入金の履歴や配当金等の入金履歴があることで証券会社を特定する手掛かりになることがあります。また、確定申告書の控えにも、証券会社の特定口座年間取引報告書・支払通知書が添付されていることがあるので、そちらを確認することも有効です。

④ 保険契約

　被相続人が関係する生命保険契約の調査については、毎年保険会社から送られてくる通知物や預貯金口座の取引履歴明細書から保険会社名の入金や引落しの記載があれば、それを手掛かりに、その保険会社に照会をすることになります。

⑤ 債　務

被相続人の債務の調査は、金銭消費貸借契約書等があれば直接債権者や債務の内容を確認できますが、預貯金口座の取引履歴明細書や預貯金通帳の記載から債権者を特定することもできます。

　また、株式会社日本信用情報機構（JICC）、株式会社シー・アイ・シー（CIC）及び一般社団法人全国銀行協会（全銀協）等の個人信用情報機関から個人信用情報の開示を受けることで債権者を把握することができます。

(2)　遺産の評価

　遺産を調査して、遺産を特定することができると、次は、各々の遺産がどれ程の経済的価値を有するか評価することになります。

　預貯金については、通帳や残高証明の取得により口座残高が明確になりますし、国債や社債についても、その券面額により評価が容易なことが多いです。また、上場会社の株式についても、証券会社や新聞が開示している取引額により評価することができます。

　一方、土地については、固定資産評価額（市区町村長が土地課税台帳等に登録する基準年度の価格で、固定資産税や不動産取得税等の算定の基準となる価格）、相続税評価額（財産評価基本通達に基づき、国税庁が、相続税や贈与税等の算定の基準とするために、路線価方式又は倍率方式のいずれかにより算定し、国税庁から公表している価格）、地価公示価格（地価公示法に基づき、国土交通省の土地鑑定委員会が特定の標準地について公示する価格で、公共事業用地の取得価格や国土利用計画法に基づく土地取引の規制における土地価格算定の基準となる価格）、都道府県地価調査標準価格（国土利用計画法施行令に基づき、各都道府県知事が、特定の基準値について公示している価格）、実勢価格（現状の売買価格であり、過去の取引事例や宅地建物取引士による査定によって得ることのできる価格）及び鑑定価格（不動産鑑定士の鑑定による価格）等があり、遺産分割の合意の際にどの評価額を基準とするかは、遺産分割の当事者で決めることになります（当事者間で基準についての合意が調わない場合は、鑑定価

格によることが一般的です。)。建物については、固定資産評価額によることが一般的ですが、その価格が実勢価格と大きく異なる場合は、評価額の基準について、遺産分割の当事者間で取り決めることになります。また、取引相場のない中小企業の株式の評価額について、遺産分割の当事者間で合意が調わない場合は、税理士等が類似業種比準方式、純資産価額方式、配当還元方式等により評価した価格を基準とすることが一般的です。

第2 遺産分割協議書作成の実務

1 遺産分割協議書作成の意義

　遺産分割は、要式行為ではないので、当事者間の合意の成立により、その効果は発生しますが、協議分割においては、その協議内容を証明し、後日の紛争を予防するために遺産分割協議書を作成しておくことが一般的です。

【遺産分割協議書例】

遺産分割協議書

　被相続人　○○○○　（令和○年○月○日死亡）
　最後の住所　　　○○県○○市○町○番地
　最後の本籍　　　○○県○○市○町○番地
　登記簿上の住所　○○県○○市○町○番地
の遺産について、同人の相続人において分割協議を行った結果、次のとおり決定した。

1．○○○○が取得する遺産
　(1) 土地
　　　所　　在　○○市○○町

地　　番　〇番

地　　目　宅地

地　　積　〇〇〇．〇〇㎡

(2)　建物

所　　在　〇〇市〇〇町〇番地

家屋番号　〇番

種　　類　居宅

構　　造　木造かわらぶき2階建

床 面 積　1階　〇〇．〇〇㎡

　　　　　2階　〇〇．〇〇㎡

2．〇〇〇〇が取得する遺産

(1)　預金

〇〇銀行〇〇支店　普通預金　口座番号〇〇〇〇

(2)　株式

〇〇株式会社（本店所在地　〇〇県〇〇市〇〇町〇番地）　普通株式　〇株

3．上記1．及び2．に記載のない被相続人の遺産すべては、〇〇〇〇が取得する。

　以上のとおり、相続人全員による遺産分割協議が成立したので、これを証するため本書を作成し、記名押印する。

　令和〇年〇月〇日

　　　（住　　所）

　　　（氏　　名）　　　　　　　㊞

　　　（住　　所）

　　　（氏　　名）　　　　　　　㊞

2　遺産分割協議書の形式

　遺産分割は、当事者の合意のみによって成立するため、要式行為ではありません。

　そのため、遺産分割協議書の形式は法律で規定されているわけではありませんが、後日の紛争予防と、それを各種の相続手続に使用する必要性があるため、協議書には、合意内容と協議日が明確に記載されていることと、遺産分割の当事者全員が、協議内容に合意したことを証するために当事者全員の署名・押印等がされていることが一般的です。その他、協議書は、以下の点に注意して作成される必要があります。

(1)　通　数

　　遺産分割協議書は、1通の書面で作成することが原則ですが、それだと遺産分割の当事者同士が遠方に住んでいたり、当事者の人数が多かったりするとき等に、1通の遺産分割協議書を回送して署名・押印等を集めることになってしまいます。それだと、当事者全員の署名・押印等がなされるまでに多くの日数を要したり、回送の途中で当事者の署名・押印等がかすれて不鮮明になり、再度署名・押印等の必要が生じてしまうことがあります。そのため、便宜同一内容の協議書を当事者ごと又は近くに住んでいる当事者ごとに通数作成して、各当事者が署名・押印した協議書を全部合わせて1つの遺産分割協議書とすることもできます（昭和35年12月27日民甲第3327号民事局長回答、登記研究170号100頁）。また、遺産分割協議書を当事者ごとに数通に分ける際は、遺産分割協議証明書（後記資料のとおり）の形式で作成することもあります。

(2)　複数枚にまたがる場合

　　遺産分割協議書が複数枚にまたがる場合は、各用紙の間にその協議書に署名押印等する当事者が契印をするか、製本して製本テープと協議書の間を契印し、複数枚にわたる協議書が1つの協議書であることを証明します。契印は、遺産分割協議書が連名による形式の場合、後日の紛争予防の観点

から、その協議書に署名押印等する者全員が行うことが望ましいとされています。

(3)　数次相続

　被相続人Aの相続開始による遺産分割協議書作成前にその共同相続人の一人（B）に相続が開始した場合には、Aの相続についての他の共同相続人と死亡した相続人（B）の相続人とが遺産分割協議書に署名・押印等することになります（A、Bの各相続において、両者の相続人としての地位を兼ねている者は、両者の相続人として署名・押印等をすることになります。）。また、Aの相続についての遺産分割においては、協議日現在生存している相続人だけでなく既に死亡している相続人（B）が、遺産を取得する内容の遺産分割協議をすることができます（登記研究429号117頁。協議により亡Bが取得することとされた財産は、Bの遺産を構成します。）。

【資料　遺産分割協議証明書例】

遺産分割協議証明書

被相続人　○○○○（令和○年○月○日死亡）

最後の住所　　○○県○○市○町○番地

最後の本籍　　○○県○○市○町○番地

登記簿上の住所　○○県○○市○町○番地

　上記被相続人の死亡により開始した相続につき、令和○年○月○日、共同相続人全員で遺産分割協議を行った結果、下記のとおり、遺産分割協議が成立したことを証明する。

1．○○○○は、以下の財産を取得する。

　(1)　土地

　　　所　　在　　○○市○○町

```
        地　　番　○番

        地　　目　宅地

        地　　積　○○○．○○㎡

  (2) 建物

        所　　在　○○市○○町○番地

        家屋番号　○番

        種　　類　居宅

        構　　造　木造かわらぶき2階建

        床 面 積　1階　○○．○○㎡

                  2階　○○．○○㎡

  2．○○○○は、以下の財産を取得する。

    (1) 預金

          ○○銀行○○支店　普通預金　口座番号○○○○

    (2) 株式

          ○○株式会社（本店所在地　○○県○○市○○町○番地）　普通株
          式　○株

  3．上記1．及び2．に記載のない被相続人の遺産すべては、○○○○が
    取得する。


    令和○年○月○日


      (住　　所)

      (氏　　名)　　　　　　　　㊞
```

3　遺産分割協議書の記載事項と記載例

　遺産分割協議書の記載事項は、法律で規定されているわけではありません。
しかし、協議書において、被相続人及び遺産分割の当事者全員の特定がなされ、

その合意の内容が明確に記載されていないと、後日、紛争の火種になりかねません し、その協議書によって各種の相続手続ができません。そのため、一般的には、(1)被相続人の表示、(2)遺産分割の当事者の表示、(3)遺産の取得に関する事項、(4)葬儀費用の負担、祭祀主宰者に関する事項、(5)負担に関する事項、(6)その他当事者間の確認事項等を記載することになります。

(1)　被相続人の表示

遺産分割協議書には、誰を被相続人とする遺産分割についての協議書であるかを明確にするために、被相続人の氏名、死亡年月日、最後の本籍及び住所を記載します(遺産分割協議書を相続による所有権移転登記の登記原因証明情報として使用する場合は、協議書に協議の内容として記載されている不動産の登記記録上の住所も記載することが望ましいとされています。)。

被相続人の氏名、死亡年月日及び最後の本籍については、被相続人の死亡の記載のある戸籍の表示のとおり、また、最後の住所については、被相続人の住民票の除票又は死亡時の本籍における戸籍の附票の表示のとおり記載します。

【記載例1】

遺産分割協議書

被相続人　　○○○○（令和○年○月○日死亡）

最後の住所　　　○○県○○市○町○番地

最後の本籍　　　○○県○○市○町○番地

登記簿上の住所　○○県○○市○町○番地

　　　　　　　　△△県△△市△町△番地

の遺産について、同人の相続人において分割協議を行った結果、次のとおり決定した。

〈以下、省略します。〉

【記載例２】

遺産分割協議書

　被相続人〇〇〇〇（令和〇年〇月〇日死亡、最後の住所　〇〇県〇〇市〇町〇番地、最後の本籍　〇〇県〇〇市〇町〇番地、登記簿上の住所　〇〇県〇〇市〇町〇番地）の遺産について、同人の相続人において分割協議を行った結果、次のとおり決定した。

〈以下、省略します。〉

---

(2)　遺産分割の当事者の表示

　遺産分割協議書には、誰が遺産分割の当事者として遺産分割協議がなされたかを明確にするために、当事者の氏名、現住所等を記載します。

　記載の方式は、後記記載例１や記載例２のように、遺産分割協議書冒頭の被相続人の表示に続けて、当事者全員を列記する方式がありますが、必ずしも列記が必要なわけではありません。遺産分割協議の当事者は、後日の紛争予防の観点から、協議書の末尾に、署名し、実印にて押印することが一般的です（自書や押印することが難しいときは、協議書に氏名を印字して署名に代え、その横に代印にて押印をすることになります。）。その署名・押印欄には、現住所を記載することが一般的ですので、その現住所の表示と署名等による氏名の記載により、ここでいう遺産分割の当事者の表示とすることもあります。

　なお、協議書に記載する氏名と現住所の記載は、原則的には、印鑑証明書の表記のとおり記載することが一般的ですが、海外に住所を有する者については、日本の市区町村役場で印鑑証明書が発行されません。海外に住所を有する者については、協議書の署名欄に日本で印鑑登録された実印を押印することができないために、その者が日本に一時帰国したときに、公証人にその面前で遺産分割協議書に署名押印した旨の認証を受ける方法又

は現住所地の国の在外公館にて遺産分割協議書への署名について署名証明を受ける方法により、遺産分割協議書に署名等をします。いずれの方法によっても、遺産分割協議書に記載する当事者の現住所の表示は、在留証明書や現地の運転免許証の表示をもとに（場合によっては、それを日本語に翻訳して）記載することになります。

【記載例１】

遺産分割協議書

被相続人　甲（令和〇年〇月〇日死亡）
最後の住所　　　　〇〇県〇〇市〇町〇番地
最後の本籍　　　　〇〇県〇〇市〇町〇番地
登記簿上の住所　〇〇県〇〇市〇町〇番地

住　所　〇〇県〇〇市…
相続人　Ａ
（昭和〇〇年〇〇月〇〇日生）

住　所　〇〇県〇〇市…
相続人　Ｂ
（昭和〇〇年〇〇月〇〇日生）

住　所　〇〇県〇〇市…
相続分譲受人　Ｃ
（昭和〇〇年〇〇月〇〇日生）
住　所　〇〇県〇〇市…
相続人　Ｄ
（昭和〇〇年〇〇月〇〇日生）

住　所　○○県○○市…

上記成年後見人　E

1．上記の相続人間において被相続人の遺産の分割について協議を行った
　結果、下記のとおり決定した。

〈以下、省略します。〉

【記載例2】

遺産分割協議書

　被相続人甲（令和○年○月○日死亡、最後の住所　○○県○○市○町○
番地、最後の本籍　○○県○○市○町○番地）の遺産につき、共同相続人
A、B特別代理人D、C親権者Eは、遺産分割協議の結果、次のとおり決
定した。

〈以下、省略します。〉

⑶　**遺産の取得に関する事項**

　　遺産分割においては、どの当事者がどの遺産を取得するかの取り決めが
　なされます。後日の紛争予防の観点から、その記載は明確になされ、かつ
　各種の相続手続において使用可能な内容である必要があります。

ア　**遺産の特定**

　　遺産の取得に関する事項のうち、主な遺産の特定の仕方は次のとおり
　です。

①　現預貯金

　　　現金は、取得する金額を記載します。また、預貯金は、金融機関名、
　　支店名、口座の種類、口座番号等により、預貯金口座を特定します。
　　必ずしも残高証明を取得して、その情報を記載しなければならないわ

けではなく、通帳や証書に記載されている情報を記載すれば足ります。

【記載例1】

> (1)　〇〇銀行〇〇支店　普通預金　口座番号〇〇〇〇
>
> (2)　□□信用金庫□□支店　普通預金　口座番号□□□□
>
> (3)　ゆうちょ銀行　通常貯金　記号　〇〇〇〇　番号　〇〇〇〇
>
> (4)　△△銀行△△支店　定期預金　口座番号△△△△
>
> (5)　現金〇〇万円

②　証券口座

　　証券口座（その口座で管理している有価証券等を含む。）は、証券会社名、口座番号（部支店コード等を含む。）を特定して記載します。

【記載例2】

> (1)　〇〇証券の証券口座（部支店－口座番号〇〇〇－〇〇〇〇〇〇〇）で管理する全資産

③　非上場企業の株式

　　非上場企業の株式は、その企業の登記記録上の商号、本店所在地及び株数を特定して記載します。

【記載例3】

> (1)　株式会社〇〇（登記上の本店所在地）の株式100株

④　既登記の不動産

　　既登記の不動産については、不動産の登記事項証明書の記載内容をもとに、本記載例のように特定して記載します。

【記載例4】

> (1)　土地
>
>　　　所　　　在　　○○市○○町○丁目
>
>　　　地　　　番　　○番
>
>　　　地　　　目　　宅地
>
>　　　地　　　積　　○○○.○○m²
>
> (2)　普通建物
>
>　　　所　　　在　　○○市○○町○丁目○番地
>
>　　　家屋番号　　○番
>
>　　　種　　　類　　居宅
>
>　　　構　　　造　　木造かわらぶき2階建
>
>　　　床 面 積　　1階○○.○○m²
>
>　　　　　　　　　　2階○○.○○m²
>
> (3)　敷地権付区分建物
>
>　　（一棟の建物の表示）
>
>　　　所　　　在　　　○○市○○町○○番地
>
>　　　建物の名称　　　○○A棟
>
>　　（専有部分の建物の表示）
>
>　　　家 屋 番 号　　　○○町○○番の○○○
>
>　　　種　　　類　　　居宅
>
>　　　構　　　造　　　鉄筋コンクリート造1階建
>
>　　　床 面 積　　　11階部分　○○.○○m²
>
>　　（敷地権の目的たる土地の表示）
>
>　　　土地の符号　　　1
>
>　　　所在及び地番　　○○市○○町○○番
>
>　　　地　　　目　　　宅地
>
>　　　地　　　積　　　○○○○.○○m²

```
　　　土地の符号　　　2

　　　所在及び地番　　〇〇市〇〇町〇〇番

　　　地　　　目　　　宅地

　　　地　　　積　　　〇〇．〇〇㎡

　（敷地権の表示）

　　　土地の符号　　　1

　　　敷地権の種類　　所有権

　　　敷地権の割合　　〇〇〇〇分の〇〇

　　　土地の符号　　　2

　　　敷地権の種類　　所有権

　　　敷地権の割合　　〇〇〇〇分の〇〇

(4)　区分建物

　（一棟の建物の表示）

　　　所　　　在　　　〇〇市〇〇町〇〇番地

　　　建物の名称　　　〇〇

　（専有部分の建物の表示）

　　　家 屋 番 号　　　〇〇町〇〇番の〇〇〇

　　　種　　　類　　　居宅

　　　構　　　造　　　鉄筋コンクリート造1階建

　　　床 面 積　　　8階部分　〇〇．〇〇㎡
```

　　なお、既登記不動産については、次のように簡略化して記載すること
方法もあります。

【記載例5】

```
(1)　〇〇市〇〇町〇番の土地
(2)　〇〇市〇〇町〇番地　家屋番号〇番の建物
```

⑤　未登記家屋

　　未登記家屋については、固定資産税・都市計画税（土地・建物）課税明細書や固定資産評価証明書の記載内容をもとに、本記載例のように特定して記載します。

【記載例6】

(1)　未登記建物（○○市　令和○年度固定資産税・都市計画税（土地・建物）課税明細書の記載による。）

　　　所　在　○○市○○町○丁目○番地

　　　種　類　居宅

　　　構　造　木造

　　　床面積　○○．○○㎡

　　　昭和○○年建築

⑥　賃借権

　(i)　土地の賃借権

　　　土地の賃借権は、本記載例のように対象土地、賃貸人等を特定して記載します。

【記載例7】

(1)　賃借権

　　　被相続人が、甲（住所）に対して有する○○市○○町○丁目○番の土地の賃借権

　(ii)　建物の賃借権

　　　建物の賃借権は、本記載例のように対象建物、賃貸人等を特定して記載します。

【記載例8】

> (1)　賃借権
>
> 　　被相続人が、甲（住所）に対して有する○○市○○町○丁目○番地、家屋番号○番の建物の賃借権

⑦　配偶者居住権

　　配偶者居住権を遺産分割により設定する場合は、本記載例のように被相続人の配偶者以外の相続人等が居住用建物を取得し、別の項にて、配偶者がその居住用建物に対して配偶者居住権を取得すると記載します。

【記載例9】

> 1．Cが取得する遺産
>
> 　(1)　普通建物
>
> 　　　　所　　在　　○○市○○町○丁目○番地
>
> 　　　　家屋番号　　○番
>
> 　　　　種　　類　　居宅
>
> 　　　　構　　造　　木造かわらぶき2階建
>
> 　　　　床面積　　1階○○．○○㎡
>
> 　　　　　　　　　　2階○○．○○㎡
>
> 2．被相続人の配偶者であるBは、被相続人の相続開始時に居住していた前項記載の建物の配偶者居住権（存続期間は、本遺産分割成立日からBの死亡日までとする。）を取得する。

⑧　貸付金

　　貸付金は、金銭消費貸借契約書や借用書等の記載内容をもとに、本記載例のようにできる限り特定して記載します。

【記載例10】

> (1)　貸付金
>
> 　　　貸付金額　　　○○○○万円
>
> 　　　　　　　　　　（ただし、令和○年○月○日（相続開始時）の残貸付
>
> 　　　　　　　　　　金額は○○○万円）
>
> 　　　利　　息　　年○％（年365日の日割計算）
>
> 　　　債 務 者　　甲（住所　○○県○○市…）
>
> 　　　貸付年月日　平成○○年○○月○○日
>
> 　　　返済期限及び返済方法　平成○○年○○月○○日から令和○年○月
>
> 　　　　　　　　　　　　　　○日まで、毎月末日限り、○○万円を被相続
>
> 　　　　　　　　　　　　　　人に振込入金する方法により支払う。

　⑨　損害賠償請求権

　　　損害賠償請求権は、不法行為や債務不履行等の請求権が発生した原
因と請求権の内訳等を本記載例のようにできる限り特定して記載しま
す。

【記載例11】

> (1)　損害賠償請求権
>
> 　　　被相続人が、令和○年○月○日、Ｙの運転する自動車に追突され、
>
> 　　　死亡したことにより発生した被相続人のＹに対する下記内容の損害賠
>
> 　　　償請求権
>
> 　　　　　　　　　　　　　　　記
>
> 　　　①　遺失利益　○○○○万円
>
> 　　　②　慰謝料　　○○○○万円

⑩　債務

　　債務は、金銭消費貸借契約書や借用書等の記載内容をもとに、本記載例のように特定して記載します。

【記載例12】

（1）　借入債務

　　被相続人の債権者甲（住所）に対する令和○年○月○日付け金銭消費貸借契約書に基づく借入債務

⑪　絵画

　　絵画は、鑑定書等の記載内容をもとに、本記載例のようにできる限り特定して記載します。

【記載例13】

（1）　絵画

　　　作　品　名　○○○○

　　　製　作　者　○○○○

　　　種　　　類　日本画

　　　素　　　材　○○○○

　　　類　　　型　風景画

　　　寸　　　法　縦　○○センチメートル

　　　　　　　　　横　○○センチメートル

　　　制作年月日　大正○年○月○日

⑫　貴金属

　　貴金属は、鑑定書等の記載内容をもとに、本記載例のようにできる限り特定して記載します。

【記載例14】

> (1)　貴金属
>
> 　　　品　　　名　ダイヤモンドリング
>
> 　　　製　造　者　○○○○
>
> 　　　製　造　番　号　○○○○
>
> 　　　素　　　材　○○○○
>
> 　　　サ　イ　ズ　○号
>
> 　　　主　　　石　ダイヤモンド○○カラット
>
> 　　　重　　　量　○○グラム
>
> 　　　カ　ッ　ト　EXCELLENT
>
> 　　　カ　ラ　ー　○○
>
> 　　　クラリティ　○○○○

⑬　大型船舶

　　大型船舶は、船舶登記事項証明書の記載内容をもとに、本記載例のように特定して記載します。

【記載例15】

> (1)　大型船舶
>
> 　　　船舶の種類及び名称　　○○○○
>
> 　　　船　籍　港　　○○○
>
> 　　　船　　　質　鋼
>
> 　　　総　ト　ン　数　○○トン
>
> 　　　推進機関の種類及び数　発動機1個
>
> 　　　推進器の種類及び数　○○○○1個
>
> 　　　進　水　の　年　月　令和○年○月
>
> 　　　国籍取得の年月日　　令和○年○月○日

⑭　小型船舶

　　小型船舶は、小型船舶登録簿の記載事項をもとに、本記載例のように特定して記載します。

【記載例16】

```
(1)　小型船舶
　　　船舶の名称　　　○○○○
　　　船体識別番号　　○○○○
　　　船 体 番 号　　○○○○
　　　船 籍 港　　　○○○○
　　　船舶の長さ・幅・深さ・総トン数
　　　　　　　　　　○○メートル・○○メートル・○メートル・○トン
　　　登録年月日　　　令和○年○月○日
```

⑮　自動車

　　自動車は、自動車車検証又は自動車登録事項証明書の記載内容をもとに、本記載例のように特定して記載します。

【記載例17】

```
(1)　自動車
　　　登録番号　名古屋○○○つ○○○○
　　　種　　　別　普通
　　　用　　　途　乗用
　　　自家用又は事業用の別　自家用
　　　車　　　名　○○
　　　型　　　式　○○○○
　　　車台番号　○○○○
```

⑯　航空機

　　航空機は、航空機登録原簿、航空機登録証明書等の記載内容をもとに、本記載例のように特定して記載します。

【記載例18】

```
(1)  航空機
     登 録 番 号　○○○○
     航空機の種類　回転翼航空機
     航空機の型式　○○○○
     航空機の製造者　○○○○
     航空機の番号　○○○○
     航空機の定置場　○○○○
     新規登録年月日　令和○年○月○日
     受 付 番 号　○○○○
```

⑰　特許権

　　特許権は、特許登録原簿の記載内容をもとに、本記載例のように特定して記載します。

【記載例19】

```
(1)  特許権
     特 許 番 号　特許第○○○号
     出願年月日　令和○年○月○日
     出 願 番 号　○○－○○○○
     査定年月日　令和○年○月○日
     請求項の数　1
     発明の名称　○○○○
     登録年月日　令和○年○月○日
```

⑱　意匠権

　　意匠権は、意匠登録原簿の記載内容をもとに、本記載例のように特定して記載します。

【記載例20】

---

(1)　意匠権

　　意匠登録番号　第○○○号

　　出 版 年 月 日　令和○年○月○日

　　登 　録 　意 　匠　○○○○

　　意匠に係る物品　○○○○

　　登 録 年 月 日　令和○年○月○日

---

⑲　実用新案権

　　実用新案権は、実用新案登録原簿の記載内容をもとに、本記載例のように特定して記載します。

【記載例21】

---

(1)　実用新案権

　　実用新案登録番号　第○○○号

　　出 　願 　年 月 日　令和○年○月○日

　　出 　願 　番 　号　○○－○○○○

　　考 　案 の 名 称　○○○○

　　登 　録 年 月 日　令和○年○月○日

---

⑳　商標権

　　商標権は、商標登録原簿、商標登録証等の記載内容をもとに、本記載例のように特定して記載します。

【記載例22】

```
(1)　商標権
      登録番号          第○○○号
      登録商標          ○○○○
      登 録 日          令和○年○月○日
      出願番号          ○○−○○○○
      出 願 日          令和○年○月○日
      指定商品又は指定役務  ○○○○
      商品又は役務の区分    第○類
```

㉑　著作権

　　著作権は、著作権の題号、著作者の氏名、公表年月日、著作物の種類・内容等を特定して記載します。

【記載例23】

```
(1)　著作権
      著作権の題号　　○○○○○○
      著作者の氏名　　○○○○
      最初の公表の際に表示された著作者　　○○○○
      最初の公表年月日　令和○○年○○月○○日
      著作物の種類　小説
      著作物の内容　○○○○○○○○○○○○○○
```

イ　分割方法

①　現物分割

　　現物分割とは、被相続人の遺産をそのまま現物で配分する方法をいいます。遺産分割の当事者が、各遺産を単独で取得するのみでなく、

遺産の一部（持分）を取得する場合も含みます。遺産の一部（持分）を取得する場合は、単独取得する際の記載事項に加え、その数量・金額又は持分を記載します。

【記載例1】

1．Aは、下記の財産を取得する。
- (1) ○○銀行○○支店　普通預金　口座番号○○○○

  そのうち、1,000万円
- (2) □□信用金庫□□支店　普通預金　口座番号□□□□

  そのうち、持分2分の1
- (3) 土地

  所　　在　○○市○○町○丁目

  地　　番　○番

  地　　目　宅地

  地　　積　○○○. ○○㎡

【記載例2】

- (1) 下記の預金については、Aが800万円、Bが200万円、Cがその余りの残高を取得する。

  ○○銀行○○支店　普通預金　口座番号○○○○
- (2) 下記の預金については、Aが持分5分の3、Bが持分5分の1、Cが持分5分の1の割合で取得する。なお、端数が生じる場合、その端数はAが取得する。

  □□信用金庫□□支店　普通預金　口座番号□□□□
- (3) 下記の土地は、Cが取得する。

  所　　在　○○市○○町○丁目

  地　　番　○番

  地　　目　宅地

地　　積　○○○．○○㎡

② 換価分割

　　換価分割とは、遺産分割の当事者の複数がある遺産を共有とした上で、共有者全員の合意のもとで各自の持分を第三者に売却し、その売却代金を各自がその持分に応じて取得する分割方法をいいます。売却代金から不動産仲介手数料、測量費用、登記費用等の諸経費を差し引いた残金を各自がその持分に応じて取得する清算型の換価分割とすることも多いです。

　　換価分割の方法を採用する場合は、遺産分割協議書に売却代金の分配割合（換価財産の取得者及び取得割合）、買主、最低売却価額、売却期限、売却代金から控除する費用等の売却条件を記載することになります。

【記載例】

1．A及びBは、下記の土地を各2分の1の割合をもって共有取得する。

　　　所　　在　○○市○○町○丁目

　　　地　　番　○番

　　　地　　目　宅地

　　　地　　積　○○○．○○㎡

2．A及びBは、共同して、前項記載の土地を令和○年○月○日までに○○○○万円以上の価格で売却し、その売却代金から売却に要する不動産仲介手数料、測量費用、登記費用等の一切の費用を控除した残額を前項の共有持分割合に従って取得する。

3．A及びBは、第1項記載の土地を売却し、買主に引き渡すまで、これを共同して管理することとし、その管理費用は、第1項の共有持分割合に従って負担する。

③　代償分割

　　代償分割とは、遺産分割の当事者のうち、現物取得者がその具体的相続分を超える額の遺産を現物で取得する代わりに、具体的相続分に満たない遺産しか取得しない者又は遺産を取得しない者に対し、その不足分相当額の金銭や不動産等の財物を提供する分割方法をいいます。

　　代償分割の方法を採用する場合は、遺産分割協議書に、現物取得者とその者が取得した財物の特定事項、代償金の支払いを受ける者と代償金の額（金銭の支払いに代えて、不動産等を提供する場合は、提供する財物の特定事項）・支払方法（金銭の支払いに代えて、不動産等を提供する場合は、提供する財物の交付方法）等を記載することになります。

【記載例1】

1．Aは、下記の土地を取得する。

　　　　所　　　在　　○○市○○町○丁目

　　　　地　　　番　　○番

　　　　地　　　目　　宅地

　　　　地　　　積　　○○○. ○○㎡

2．Aは、Bに対し、前項記載の土地を取得する代償として、金○○○万円を令和○年○月○日限り、Bの指定する銀行口座に振込入金する方法により支払う。

【記載例2】

1．Aは、下記の財産を取得する。

　　　　株式会社○○（登記上の本店所在地）の株式100株

2．Aは、Bに対し、前項記載の財産を取得する代償として、Aの所有する下記の土地を譲渡する。

　　　　所　　　在　　○○市○○町○丁目

```
地　　番　○番
地　　目　宅地
地　　積　○○○．○○㎡
```

(4)　葬儀費用の負担、祭祀主宰者に関する事項

　　遺産分割協議においては、葬儀葬祭費用の負担割合や祭祀財産の承継者（祭祀主宰者）についての取り決めもなされることがあり、それらについての合意が成立したときは、協議書中に記載することができます。

【記載例】

```
１．A及びBは、被相続人の葬儀費用○○○万円について、Aがその全額
　　を負担するものとする。
２．○○家の祭祀は、Aが承継し、Aは仏壇仏具、墓碑等を取得する。
```

(5)　負担に関する事項

　　遺産分割においては、遺産を取得する当事者に対して一定の負担（債務）を付すことができます。負担の内容は、介護や扶養、ペットの世話、墓守等、比較的自由に定めることができます。遺産を取得する当事者に負担を付すときは、その内容をできる限り特定して記載します。

【記載例】

```
１．Aは、下記の不動産を取得する。
　　　　所　　在　○○市○○町○丁目
　　　　地　　番　○番
　　　　地　　目　宅地
　　　　地　　積　○○○．○○㎡
２．Aは、前項記載の不動産を取得する代わりに、Bと当該不動産におい
　　て同居し、その介護をする。
```

⑹　その他確認事項

　　遺産分割協議書には、相続分の譲渡、特別受益、寄与分、遺言の無効の事実や、遺産の範囲、相続分割合等について、遺産分割の当事者全員が確認した上で協議が成立したことを記載することもできます。この確認事項は、必ずしも記載しなければならないものではありませんが、遺産分割の内容を合意するに至った前提事実を記載することで、後日の紛争を予防する効果が高まることが期待できます。

　　また、不動産の相続登記との関係では、被相続人の最後の住所と登記記録上の最後の住所が不一致であるにも関わらず、登記記録上の住所から最後の住所までのつながりを戸籍の附票や住民票等によって証明することができない場合は、登記実務上、被相続人と登記記録上の人物が同一人であることの申述書（遺産分割の当事者全員が署名し、実印にて押印したもの）の提供が必要となります。しかし、その旨を遺産分割協議書中に記載することで、協議書によりその申述書を兼ねることができます。

ア　相続分譲渡がなされたことの確認

　　遺産分割協議書にて、相続分の譲渡がなされたことを確認事項として記載するときは、誰の相続分が、誰に譲渡されたかということに加え、通説によると相続分はその一部を譲渡することも可能であるため、譲渡された相続分が、譲渡人の相続分の全部なのか、それとも一部であるのかを明記する必要があります。また、相続分の譲渡が有償でなされたか、無償でなされたかということも、必要であれば明記することが望ましいとされています。

【記載例】

1．A、B及びDは、DがCから、Cの相続分のすべてを無償で譲り受けたことを認める。

イ　特別受益に関する確認

①　特別受益者であることの確認

　　遺産分割協議書にて、ある当事者が特別受益者であることを確認事項として記載するときは、誰が、いつ、被相続人からどのような財産的給付を受けたかということに加え、特別受益者の相続分算定の結果、具体的相続分がどのようになったかということを明記する必要があります。

【記載例１】

> １．Aは、被相続人より、令和○年○月○日、○○○○の贈与を受け、これは特別受益に該当するところ、Aは、相続分算定の結果、本遺産分割では、何らの遺産を取得しないものとする。

【記載例２】

> １．B及びCは、被相続人がAに事業資金として贈与した○○○万円を相続開始時の貨幣価値に換算し、○○○○万円と評価し、特別受益の持戻しを行った上、遺産分割をすることを確認する。

②　特別受益の持戻免除の確認

　　遺産分割協議書にて、被相続人が遺言により行った特別受益の持戻免除の意思表示を確認事項として記載するときは、持戻しを免除される特別受益者と特別受益財産の内容等を明記する必要があります。

【記載例】

> １．A、B及びCは、被相続人が生前にCの自宅購入資金として贈与した金○○○○万円について、被相続人の遺言により、特別受益の持戻免除の意思表示がなされていたことを確認する。

ウ　寄与分の確認

　　遺産分割協議書にて、遺産分割の当事者の寄与分を確認事項として記載するときは、寄与者、寄与行為、寄与分割合・額等を記載します。

【記載例1】

1．A、B及びCは、下記財産が被相続人の遺産であることを相互に確認し、本件相続開始時における価額を金○○○○万円と評価した上で、被相続人の事業に関して労務の提供をしたことによるCの寄与分を遺産の○○％と定める。
- (1)　○○証券の証券口座（部支店－口座番号○○○－○○○○○○○）で管理する全資産

【記載例2】

1．A、B及びCは、下記財産が被相続人の遺産であることを相互に確認し、本件相続開始時における価額を金○○○○万円と評価した上で、被相続人の療養看護に努めたことによるCの寄与分を○○○万円と定める。
- (1)　土地
　　　所　　在　○○市○○町○丁目
　　　地　　番　○番
　　　地　　目　宅地
　　　地　　積　○○○．○○㎡

エ　相続人の一人の財産が被相続人の遺産であることの確認

　　いわゆる名義預金のように、実質的には、被相続人の遺産であるにもかかわらず、その名義が相続人その他の者の名義になっている財産が存在することがあります。そのような財産を被相続人の遺産に含めて遺産分割協議を成立させるには、誰名義のどの財産が被相続人の遺産であるかを確認事項として記載します。

【記載例】

> 1．A、B及びCは、C名義の下記預金が、被相続人の遺産であることを確認する。
>
> (1)　○○銀行○○支店　普通預金　口座番号○○○○

オ　遺言無効の確認

　　　遺言が法定の要式を満たさなかったり、撤回されていたり、内容が特定できなかったりする場合や遺言者が遺言の際に遺言能力を有していなかった場合等は、その遺言が無効であることを確認した上で遺産分割協議がなされます。その際は、①遺言は無効であること、②後日、当事者が相互にその遺言の有効性を主張しないことを確認事項として記載します。

【記載例】

> 1．A及びBは、被相続人の令和○年○月○日付け自筆証書遺言が無効であること及び今後理由を問わずその遺言が有効であることを主張しないことを確認する。

カ　相続分の確認

　　　遺産分割協議書において、指定相続分や法定相続分を確認することもあり、その際は各当事者の相続分を確認事項として記載します。

【記載例】

> 1．A、B及びCは、Aの相続分が7分の3であること、B及びCの相続分がそれぞれ7分の2であることを相互に確認する。

キ　一部分割の確認

　　　遺産分割は、必ずしも遺産のすべてについて行う必要はありません。

遺産分割の当事者全員の合意があれば、遺産の一部を未分割としたまま、その余の遺産についてのみ遺産分割する一部分割をすることもできます。遺産分割の当事者が、遺産分割時に一部分割の認識であるときは、その旨を確認事項として記載します。

　また、最初から一部分割の認識がなくとも、分割後に新たな遺産が発見され、先行して成立した遺産分割が、結果として一部分割であったことになることもあります。そのような可能性がある場合は、後日新たに発見した遺産を取得する者を予め記載することもできます。

【記載例】

(1)　一部分割の確認

1．A、B及びCは、本協議書記載の遺産については、遺産分割を了したことを確認する。

2．A、B及びCは、その余の遺産については、本協議書記載の分割とは別個独立に、その相続分に従って、引き続き遺産分割協議をすることを確認する。

---

(2)　後日発見された遺産の取得に関する事項

1．A、B及びCは、将来、本協議書記載の財産以外の被相続人の遺産が発見されたときは、Aがそのすべてを取得することに合意する。

ク　被相続人と登記名義人が同一人であることの確認

　被相続人の最後の住所と登記記録上の住所が不一致であるにも関わらず、住民票や戸籍の附票等の公的証明書の保存期間の満了により、登記記録上の住所から最後の住所までのつながりや最後の住所を証明することができないことがあります。そのような場合には、登記実務上、被相続人と登記記録上の所有権登記名義人が同一人であることの申述書（遺産分割の当事者全員が署名し、実印にて押印したもの。記載例は、巻末

資料18参照）及び、被相続人の同一性を証する書面として、被相続人名義の登録済証、（登記済証を提供することができないときは）不在籍証明書、不在住証明証、納税証明書、固定資産税評価証明書等の提供が必要となります。

　　しかし、その旨を遺産分割協議書に記載することで、協議書によりその申述書を兼ねることができます。

【記載例】

> 1．A、B及びCは、被相続人と登記記録上の住所　○○県○○市…　甲が同一人であることを申述します。

4　数次相続

(1)　基本型

　　例えば、不動産の登記名義人である夫（A）が死亡し、妻（B）と子二人（C及びD）が相続人になったものの、その遺産分割協議をする前に、その相続人である妻（B）が死亡し、子二人（C及びD）がBの相続人になった場合、CがAの遺産の建物を取得するための遺産分割協議書は、後記資料1のような内容となります。また、数次相続においては、協議日に既に死亡している中間の相続の被相続人であるBが、Aの遺産を取得する内容の遺産分割協議を成立させることもでき、その場合の遺産分割協議書は、後記資料2のような内容となります。

【資料1　遺産分割協議書例】

遺産分割協議書

被相続人　A（平成○年○月○日死亡）

最後の住所　　　　○○県○○市…

　　最後の本籍　　　○○県○○市…

　　登記簿上の住所　○○市…

　　相続人兼被相続人　B（令和○年○月○日死亡）

　　最後の住所　　　○○県○○市…

　　最後の本籍　　　○○県○○市…

の遺産について、被相続人Aの相続人において分割協議を行った結果、次のとおり決定した。

1．Cが取得する遺産

　　　　普通建物

　　　　所　　在　○○県○○市…

　　　　家屋番号　○番

　　　　種　　類　居宅

　　　　構　　造　木造スレート葺2階建

　　　　床 面 積　1階　○○．○○㎡

　　　　　　　　　2階　○○．○○㎡

　　以上のとおり、相続人全員による遺産分割協議が成立したので、これを証するため本書を作成し、記名押印する。

　　令和○年○月○日

　　　　相続人兼Bの相続人

　　　　（住　所）　○○県○○市…

　　　　（氏　名）　　　C　　　㊞

　　　　相続人兼Bの相続人

```
　　（住　所）　○○県○○市…

　　（氏　名）　　　D　　　㊞
```

【資料2　遺産分割協議書例】

遺産分割協議書

　被相続人　A（平成○年○月○日死亡）

　最後の住所　　　○○県○○市…

　最後の本籍　　　○○県○○市…

　登記簿上の住所　○○市…

　相続人兼被相続人　B（令和○年○月○日死亡）

　最後の住所　○○県○○市…

　最後の本籍　○○県○○市…

の遺産について、被相続人Aの相続人において分割協議を行った結果、次のとおり決定した。

1．Bが取得する遺産

　普通建物

　　　所　　在　○○県○○市…

　　　家屋番号　○番

　　　種　　類　居宅

　　　構　　造　木造スレート葺2階建

　　　床　面　積　1階　　○○．○○m²

　　　　　　　　　2階　　○○．○○m²

　以上のとおり、相続人全員による遺産分割協議が成立したので、これを証するため本書を作成し、記名押印する。

令和○年○月○日

　　　相続人兼Ｂの相続人
　　　（住　所）　　○○県○○市…
　　　（氏　名）　　　　Ｃ　　　㊞

　　　相続人兼Ｂの相続人
　　　（住　所）　　○○県○○市…
　　　（氏　名）　　　　Ｄ　　　㊞

　このように、頭書に、第一次相続の被相続人であるＡの氏名、最後の住所、最後の本籍及び死亡年月日等に加え、第二次以降の相続の被相続人であるＢの氏名、最後の住所及び最後の本籍及び死亡年月日等も記載します。

　また、署名押印欄には、各相続人がどの被相続人の相続人として署名・押印しているかが判明するように、肩書として「相続人兼Ｂの相続人」という具合に記載することが一般的です（第一次相続の被相続人の相続人としての地位のみを有する者の肩書は単に「相続人」と記載し、中間の相続の被相続人の相続人としての地位のみを有する者の肩書は「Ｂ（※中間の相続の被相続人）の相続人」というように記載します。）。現存する相続人が、複数の被相続人たる地位を承継して遺産分割に参加している場合には、「相続人兼○○の相続人兼□□の相続人兼△△の相続人」というように記載することになります。一次、二次、三次…と複数の相続が生じている場合、どの相続人が、どの相続における被相続人の地位を承継しているか、正確に特定することは難しく、肩書きの記載をする際に、苦労することが多いのですが、後掲164頁の平成29年３月30日民二第237号通知が周知されてからは、登記実務上仮に肩書きの記載がない遺産分割協議書であっても、不動産登記の添付書類として有効なものとして扱われているようです。

　なお、Ａが死亡した後で、Ｂ、Ｃ及びＤで遺産分割協議をし、Ａの不動

　産をBが取得する合意がなされたものの、その遺産分割協議書を作成する前にBが死亡したときは、C及びDにおいて、被相続人Aの第一次相続について次のような遺産分割協議証明書（後記資料のとおり）を作成することになります。

【資料　遺産分割協議証明書例】

遺産分割協議証明書

　被相続人　A（平成○年○月○日死亡、登記記録上の住所　○○市○○町○番○号、最後の本籍　○○市○○町○番地）の下記不動産を相続人B、C及びDが協議の結果、相続人B（昭和△△年△月△日生、令和△年△月△日死亡、最後の住所　○○市○○町○番○号、最後の本籍　○○市○○町○番地）が相続したことに相違ないことを証明します。

不動産の表示

　普通建物

　　　所　　　在　　○○県○○市…

　　　家屋番号　○番

　　　種　　　類　居宅

　　　構　　　造　木造スレート葺2階建

　　　床 面 積　1階　　○○. ○○m^2

　　　　　　　　　2階　　○○. ○○m^2

　令和○年○月○日

　　　（住　所）　○○県○○市…

　　　（氏　名）　　　C　　　㊞

　　　（住　所）　○○県○○市…

（氏　名）　　　D　　㊞

※　Aが死亡した後で、B、C及びDが遺産分割協議をし、Aの不動産をCが取得する合意
　がなされたものの、その遺産分割協議書を作成する前にBが死亡し、Bの相続人がC及び
　Dのときは、両者において、被相続人Aの第一次相続について次のような遺産分割協議証
　明書を作成することになります。

【遺産分割協議証明書例】

遺産分割協議証明書

　被相続人　A（令和○年○月○日死亡）
　最後の住所　○○市○○町○○番地
　最後の本籍　○○市○○町○○番地
　登記簿上の住所　○○市○○町○○番地

の遺産を被相続人の相続人B、C及びDが協議の結果、○○市○○町○○
番の土地については、Cが相続したことに相違ないことを証明します。
　なお、被相続人の配偶者であるB（昭和○年○月○日生、最後の住所　○
○市○○町○○番地、最後の本籍　○○市○○町○○番地）は、令和○年
○月○日に死亡しているため、Bの相続人であるC及びDがその者の相続
人として本証明書に記名押印します。

　令和○年○月○日

　　　　（住　所）　　○○県○○市…
　　　　（氏　名）　　　　C　　㊞

　　　　（住　所）　　○○県○○市…
　　　　（氏　名）　　　　D　　㊞

　　数次相続の場合も、原則として、第一次、二次、三次…と順に生じた各相続についての所有権移転登記をすることになりますが、数次相続においては、中間の相続が単独相続の場合、数次の相続による所有権移転登記を1件の登記申請により行うことができます（昭和30年12月16日民甲第2670号通達。詳しくは、第2章第4の2参照）。そのため、遺産分割協議書や遺産分割協議証明書（中間の相続人Bの生前に遺産分割協議書や遺産分割協議や遺産分割協議証明書が作成されている場合は、その書面）に加えて、被相続人Bの相続についての遺産分割協議書（後記資料のとおり）等を添付することで、所有権登記名義人であるAからC又はDに直接所有権移転の登記をすることができます（数次の相続を1通の遺産分割協議書で取り決めることも法的には有効ですが、簡明さの観点から遺産分割協議書は各相続について個別に作成するのが望ましいと思われます。）。

【資料　遺産分割協議書例】

遺産分割協議書

　被相続人　B（令和○年○月○日死亡）
　最後の住所　○○県○○市…
　最後の本籍　○○県○○市…
の遺産について、被相続人の相続人において分割協議を行った結果、次のとおり決定した。

1．Cが取得する遺産
　普通建物
　　所　　在　　○○県○○市…
　　家屋番号　　○番
　　種　　類　　居宅
　　構　　造　　木造スレート葺2階建

床　面　積　1階　　○○．○○㎡

2階　　○○．○○㎡

以上のとおり、相続人全員による遺産分割協議が成立したので、これを証するため本書を作成し、記名押印する。

令和○年○月○日

相続人

（住　　所）　　○○県○○市…

（氏　　名）　　　C　　　　㊞

相続人

（住　　所）　　○○県○○市…

（氏　　名）　　　D　　　　㊞

三次、四次…と相続が開始している場合も、上記の考え方を基本に対応していくことになります。

コラム　数次相続により相続人が一人になった場合

例えば、被相続人Aの相続人がB及びCであったところ、Aの遺産分割前にBに相続が開始し、Bの相続人がCのみであるケースにおいては、CはAの遺産分割をする余地がありません。このケースにおいては、A所有の不動産がある場合は、まず、Aの死亡日を原因年月日とする亡B及びCの法定相続分割合による相続による所有権移転登記を申請し、亡B持分については、別途、Bの死亡日を原因年月日とする相続による持分全部移転登記を申請することで、Cを単独の所有権登記名義人とする必要があります。しかし、Bの生前に、BC間においてCが単独でAの遺産を取得する

旨の遺産分割協議がなされた後で、Bに相続が開始したときは、遺産分割は要式行為でないため、Bの生前にBC間で遺産分割協議書が作成されていなくても協議は有効です。したがって、Bに相続が開始した後で、Cが単独で作成した遺産分割協議証明書（Cの実印を押印し、印鑑証明書を添付したもの）は、登記原因証明情報としての適格性を有するとされています（平成28年3月2日民二第154号民事局第二課長回答）。

【遺産分割協議証明書例】

遺産分割協議証明書

　平成○○年○月○日○○県○○市…Aの死亡によって開始した相続における共同相続人B及びCが令和○年○月○日に行った遺産分割協議の結果、△△県△△市…Cが被相続人の遺産に属する後記物件を単独取得したことを証明する。

　令和○年○月○日
　　　　　相続人兼相続人Bの相続人
　　　　　　　△△県△△市…
　　　　　　　　C　　　㊞

不動産の表示
　普通建物
　　　所　　在　　○○県○○市…
　　　家屋番号　　○番
　　　種　　類　　居宅
　　　構　　造　　木造スレート葺2階建
　　　床面積　　1階　　○○. ○○㎡
　　　　　　　　2階　　○○. ○○㎡

第3　遺産分割調停申立てから審判までの流れ

1　遺産分割調停と審判の関係

　遺産分割事件は、家事事件手続法別表第2に掲げる事件（別表第2審判事件）ですので、遺産分割について、協議が調わない場合又は協議をすることができない場合は、遺産分割の当事者は、調停と審判のどちらからでも申し立てることができます。しかし、審判の申立てがされた場合、家庭裁判所は、当事者の意見を聴いて、いつでも、職権で、事件を家事調停に付することができます（任意的付調停。家事事件手続法274条1項）。遺産分割事件については、調停と審判のどちらからでも申し立てることができますが、遺産の範囲、特別受益・寄与分、分割方法等は、当事者の合意によって解決できるため、第一に当事者の合意によることがふさわしい事件といえ、この任意的付調停により、審判を申し立てても、調停に付されることになり、事実上の調停前置主義が採用されています。そのため、実務上は、先に遺産分割調停が申し立てられることが一般的です。

　遺産分割調停が成立すると、調停調書の記載は、家事事件手続法39条により確定した審判と同一の効力を有します（家事事件手続法268条1項）。一方、調停が不成立に終わったときは、調停申立てのときに審判の申立てがあったものとみなされ（審判移行。同法272条4項）、当然に遺産分割協議審判の手続が開始することになります（移行時に改めて審判の申立てをする必要はありません。）。また、調停が不成立に終わったときでも、遺産分割調停において、根本的な問題では合意しており、僅かな意見の相違で全体の合意に至らない場合や一方当事者の頑なな態度によって合意ができない場合等、家庭裁判所は、相当と認めるときは、一切の事情を考慮した上で（委員会調停の場合は、さらに調停委員の意見を聴いた上で）、職権で、事件の解決のため必要な審判（調停に代わる審判）をすることができます（家事事件手続法284条1項・2項）。確定

した調停に代わる審判は、確定した審判と同一の効力を有します（同法287条）。

2　他の民事事件との関係

　遺産分割は、被相続人の遺産を相続人等に分配する手続です。そのため、遺産の中に、被相続人以外の者の名義のものや、所有者について争いがある財産がある場合は、先に遺産確認の訴えにより、被相続人の遺産分割の対象財産となり得るか否かを確定させる必要があります。

　また、預貯金が、他の相続人等によって、被相続人の生前や死後に無断で解約や引き出しがなされた場合は、その者に責任を追及するための手続は、原則的に遺産分割事件ではなく、不当利得返還請求事件となります。ただし、例外的に、相手方が、①自己が預貯金を解約等したことと、現在も一定の額の現金を預かっているということも認め（その預かっている現金の額に当事者間で争いがなく）、②その現金を遺産として分割の対象とすることに同意した場合は、遺産分割事件として遺産分割調停により、解約預金の件を扱うことができます。

3　遺産分割調停申立て

(1)　申立人と相手方

　　遺産分割調停の申立人は、遺産分割の当事者の一部（一人又は複数人）であり、相手方は、他の当事者全員となります。当事者の一部の間でのみ、遺産分割協議が調わない場合や協議をすることができない場合であっても、遺産分割調停は、当事者の全員が申立人又は相手方となる必要があります。

　　なお、遺産分割調停の申立て後に、当事者の一部に特別代理人、不在者財産管理人、未成年後見人、成年後見人等の法定代理人の選任が必要となる者がいることが判明した場合、調停手続は、それら法定代理人が選任されるまで停止することになります。

(2)　管　轄

　　遺産分割調停は、相手方の住所地を管轄する家庭裁判所又は当事者が合意で定める家庭裁判所（家事事件手続法245条1項）の管轄に属します。

　相手方が複数人の場合は、そのうちの一人の住所地を管轄する家庭裁判所に調停の申立てをすることができますが、家庭裁判所は、①手続が遅滞することを避けるため必要があると認めるとき、②その他相当と認めるとき、又は③事件を処理するために特に必要があると認めるときは、職権で、他の家庭裁判所に移送することができます（家事事件手続法9条2項）[※1]。管轄のない家庭裁判所に申立てがなされた場合、原則として、その家庭裁判所は、事件を管轄のある家庭裁判所に移送することになります（同法9条1項）が、家庭裁判所は、本来の管轄がない場合でも、当事者の意見その他諸事情を考慮して特に必要があると認めるときは、自庁処理することができます[※2]。

　なお、当事者の管轄家庭裁判所に対する合意が定まらず、相手方の住所地を管轄する家庭裁判所が、申立人の住所地から遠方で、期日に出頭するのに多くの移動時間や旅費交通費を要する場合は、電話会議システム（場合によっては、ウェブ会議システム）を利用することによって、調停に参加することができます。

※1　申立人が、自らの住所地を管轄する家庭裁判所で調停を行うために、同居している共同相続人を相手方として調停を申し立てることもできますが、それが他の当事者の調停への出席機会を実質的に確保するために相当とはいえない場合には、職権により移送されることもあります。

※2　移送の裁判に対しては即時抗告をすることできますが、自庁処理の裁判に対しては、即時抗告することはできません（家事事件手続法9条1項・3項）。

(3) 申立てに必要な書類

　遺産分割調停を申立てるときに必要となる書類は、

　①調停申立書（当事者等目録、遺産目録、特別受益目録及び分割済遺産目録を含む。後記資料1のとおり）及びその写し（家庭裁判所用1部に加えて、相手方の人数分の部数（家庭裁判所用の1部については、提出を不要とする家庭裁判所もありますので事前にHP等で確認するようにしてください。））、

②相続関係図（後記資料2のとおり）、

③事情説明書（後記資料3のとおり）、

④連絡先等の届出書（後記資料4のとおり）、

⑤進行に関する照会回答書（後記資料5のとおり）、

⑥戸籍（被相続人の出生時から死亡時までの連続した戸籍（除籍謄本、改製原戸籍謄本等）及び相続人全員の現在の戸籍謄本に加えて、(i)相続人の中に被相続人の兄弟姉妹が含まれる場合は、被相続人の父母の出生時から死亡時までの連続した戸籍（除籍謄本、改製原戸籍謄本等）及び父方及び母方の両方の祖父母の死亡事項が記載されている戸籍謄本、(ii)相続人の中に被相続人の子又は兄弟姉妹の代襲者が含まれる場合は、被代襲者の出生時から死亡時までの連続した戸籍（除籍謄本、改製原戸籍謄本等）、(iii)相続人の中に被相続人の後で死亡した者がいる場合や被相続人の相続人の地位を相続した後で死亡した者がいる場合は、その者の出生時から死亡時までの連続した戸籍（除籍謄本、改製原戸籍謄本等）等）[※1]、

⑦住民票又は戸籍の附票（被相続人及び相続人全員のもの。被相続人分は除票となる場合もあります。）[※2]、

⑧遺産目録又は特別受益目録記載の財産に関する資料（不動産についての登記事項証明書及び固定資産評価証明書（未登記不動産については固定資産評価証明書のみで可）、預貯金についての残高証明書（死亡時のではなく申立時点での残高についてのもの）、通帳又は証書の写し、有価証券や投資信託についての取引口座の残高報告書の写し、自動車についての登録事項証明書の写し、その他遺産の種類に応じてその内容や評価額が分かる資料の写し）、

⑨既に相続税の申告をしている場合は、相続税申告書の写し、

⑩遺言がある場合は、遺言書（検認が必要な種類の遺言については検認済のもの）の写し、

⑪電話会議システムを利用する場合や相手方が現住所地と異なる場所に

居住している場合等は、その旨の上申書（後記資料6のとおり）、

⑫申立人が相手方や利害関係人に住所や勤務先を知られたくない場合は、非開示の希望に関する申出書（後記資料7のとおり）等となります。

なお、遺産目録記載の財産に関する資料は、不動産についての資料は、証書番号をつけませんが、不動産以外の遺産については、「甲第1号証」というように資料の右上に証書番号を記載する必要があります。

※1　戸籍に代えて法定相続情報一覧図を提出することもできます。ただし、被相続人の本籍の記載がない場合、調停調書又は審判書に被相続人の本籍が記載されないことがあります。
※2　被相続人及び相続人の住所の記載のある法定相続情報一覧図を提出する場合でも、この住民票又は戸籍の附票の提出が要求されることが一般的です。

⑷　一部分割の場合

申立ての段階で、遺産の一部分割を求める場合、申立人は、遺産分割を求める一部の遺産だけでなく、申立時に把握している遺産すべてを遺産目録に記載し、申立ての趣旨に、遺産の一部分割を請求する旨と遺産目録に記載した遺産のうち、一部分割を請求する遺産を特定する必要があります。

家庭裁判所が、一部分割により他の当事者の利益を害するおそれがないと判断し、他の当事者から当該一部分割について異議がない場合は、他の遺産についての分割が終了していなくても、当該一部の遺産分割事件は終了することになります。

⑸　申立手数料

家事調停の申立手数料は、一事件（被相続人一名）につき、1,200円と決まっています（民事訴訟費用等に関する法律3条1項別表第1の15項の2）。実務上は、この金額分の収入印紙を申立書に貼付することによって、手数料を納めることになります。

なお、申立手数料とは別に家庭裁判所の定める予納郵券も必要となります。

> **コラム**　事前の分割協議の重要性
>
> 　事前に協議をせずに、遺産分割調停の申立てが行われると、相手方にとっては、突如、家庭裁判所から申立書の送付を受けることになり、当事者間の感情的対立の激化につながりかねません。それにより、相手方が調停期日に出席しなかったり、出席したとしても、都度、調停を申し立てられたことに対する不満やクレームを述べたりして、調停がスムーズに進行しないおそれがあります。他方、事前に協議をすることで、調停が開始する際に、当事者の争点が明らかになり、進行方針を早期に確定することができます。
>
> 　仮に、相手方とは面識がなかったり、相手方に事前協議の通知等をしても無反応であったりしても、少なくとも、事前協議を試みたことで、相手方に対する調停申立ての予告となることから、よりスムーズな調停の進行が実現する可能性があります。調停の申立前に、相手方と事前協議をすることや、事前協議を試みることは、遺産分割の成立のためにとても重要なプロセスであるといえます。

【資料1 遺産分割調停申立書例】東京家庭裁判所HPより

○ 遺産分割審判・調停申立書 記入例

この申立書の写しは，法律の定めにより，申立ての内容を知らせるため，相手方に送付されます。

受付印 申立書を提出する裁判所 　作成年月日	遺産分割　　☑ 調停 　　　　　　　□ 審判　　申立書	
	（この欄に申立て1件あたり収入印紙1,200円分を貼ってください。） 印 紙 （貼った印紙に押印しないでください。）	
収入印紙　　　　円 予納郵便切手　　　円		

○　○ 家庭裁判所 　　　　　　御中 令和○年 ○月○日	申　立　人 （又は法定代理人など） の記名押印	乙　野　春　子　　㊞

添付書類	（審理のために必要な場合は，追加書類の提出をお願いすることがあります。） ☑ 戸籍（除籍・改製原戸籍）謄本（全部事項証明書）　合計 ○ 通 ☑ 住民票又は戸籍附票　合計 ○ 通　☑ 不動産登記事項証明書 合計 ○ 通 ☑ 固定資産評価証明書 合計 ○ 通　☑ 預貯金通帳写し又は残高証明書 合計 ○ 通 ☑ 有価証券写し 合計 ○ 通　　　　　□	準 □ 頭

当　事　者	別紙当事者目録記載のとおり		
被相続人	最後の住所	都道 ○○　府県 ○○市○○町○番○号	
	フリガナ 氏　名	コウヤマ タロウ 甲山 太郎	平成 令和 ○年○月○日死亡

申　立　て　の　趣　旨

☑ 被相続人の遺産の全部の分割の（☑ 調停 / □ 審判）を求める。

□ 被相続人の遺産である別紙遺産目録記載の財産のうち，次の遺産の分割の
（□ 調停 / □ 審判）を求める。※1
【土地】..　【建物】..
【預・貯金】..　【現金，株式等】..

申　立　て　の　理　由

遺産の種類及び内容	別紙遺産目録記載のとおり		
特　別　受　益 ※2	☑ 有 /	□ 無 /	□不明
事前の遺産の一部分割 ※3	☑ 有 /	□ 無 /	□不明
事前の預貯金債権の行使 ※4	☑ 有 /	□ 無 /	□不明
申　立　て　の　動　機	☑ 分割の方法が決まらない。 □ 相続人の資格に争いがある。 □ 遺産の範囲に争いがある。 □ その他（　　　　　　　　　　　　　　　　　　）		

（注）　太枠の中だけ記入してください。□の部分は該当するものにチェックしてください。
※1　一部の分割を求める場合は，分割の対象とする各遺産目録記載の遺産の番号を記入してください。
※2　被相続人から生前に贈与を受けている等特別な利益を受けている者の有無を選択してください。「有」を選択した場合には，遺産目録のほかに，特別受益目録を作成の上，別紙として添付してください。
※3　この申立てまでにした被相続人の遺産の一部の分割の有無を選択してください。「有」を選択した場合には，遺産目録のほかに，分割済遺産目録を作成の上，別紙として添付してください。
※4　相続開始時からこの申立てまでに各共同相続人が民法909条の2に基づいて単独でした預貯金債権の行使の有無を選択してください。「有」を選択した場合には，遺産目録【預・貯金】に記載されている当該預貯金債権の欄の備考欄に権利行使の内容を記入してください。

遺産(1/　)

○ 当事者目録 記入例

申立書の写しは相手方に送付されますので，あらかじめご了承ください。

この申立書の写しは，法律の定めにより，申立ての内容を知らせるため，相手方に送付されます。

当 事 者 目 録

申立人と相手方（申立人以外の共同相続人全員）の区別を明らかにした上，該当する当事者全員を記入してください。

裁判所から連絡をとれるように正確に記入してください。ご不明な点があれば，申立書を提出される裁判所にお問い合わせください。

☑申立人 □相手方	住　所	〒 ○○○ −○○○○　　　　　　　　　　　○○アパート○号　　○○県○○市○○町○番○号　　　（　　　　　　方）		
	フリガナ氏　名	オ ツ ノ　ハ ル コ乙　野　春　子	大正㊀昭和平成令和 ○ 年 ○ 月 ○ 日生（　○○　歳）	
	被相続人との続柄	長　女		
□申立人 ☑相手方	住　所	〒 ○○○ −○○○○　　東京都○○区○○町○番○号　　　（　　　　　方）		
	フリガナ氏　名	コ ウ ヤ マ　ハ ナ コ甲　山　花　子	大正㊀昭和平成令和 ○ 年 ○ 月 ○ 日生（　○○　歳）	
	被相続人との続柄	妻		
□申立人 ☑相手方	住　所	〒 ○○○ −○○○○　　　　　　　　　　○○ハイツ101　　東京都○○区○○町○番○号　　　（　　　　　方）		
	フリガナ氏　名	コ ウ ヤ マ　ナ ツ オ甲　山　夏　夫	大正㊀昭和平成令和 ○ 年 ○ 月 ○ 日生（　○○　歳）	
	被相続人との続柄	長　男		

住所の記載方法については、**別添「申立書や答弁書の「住所」の記載について」**を参照してください。

○ 特別受益目録 記入例

被相続人から生前に贈与をうけている等，特別な利益を得ている者がいる場合には，遺産目録のほかに，「特別受益目録」を作成してください。

遺　産　目　録（☑特別受益目録, □分割済遺産目録)

生前贈与等の内容を端的に記載してください。

【現金，株式等】

番号	品　　　目	単　位	数　量　（金　額）	備　　考
1	平成○年○月頃の自宅購入資金		5,000,000円	相手方甲山夏夫

生前贈与等を受けた相続人の氏名を記載してください。

○ 分割済遺産目録 記入例

この申立てまでに，被相続人の遺産の一部の分割をしている場合には，遺産目録のほかに，「分割済遺産目録」を作成してください。

遺　産　目　録（□特別受益目録, ☑分割済遺産目録)

【建　物】

番号	所　　　　　在	家屋番号	種　類	構　　造	床　面　積	備　考
1	（区分所有建物） ○○県○○市○○町○番○号 ○○ハイツ	101	居宅	鉄筋コンクリート造１階建	平方メートル １階部分 65　00	相手方甲山花子が取得

遺産を取得した相続人の氏名を記載してください。

遺産目録の記載例

> 遺産目録に掲載すべき遺産のうち，以下の遺産については，記載例を作成し，記載方法等を説明していますので，これらを参考にして，遺産目録を作成してください。

土地	記載例 1
借地権	記載例 2
建物	記載例 3
未登記建物	記載例 4
区分所有建物	記載例 5
現金	記載例 6
預・貯金	記載例 7
株式	記載例 8
投資信託	記載例 9
国債	記載例 10
出資金	記載例 11

記載例1 （土地）

【土　地】

番号	所　　　在	地　番	地　目	地　積	備　考
1	○○区○○1丁目	○番○	宅地	平方メートル 200	建物1の敷地
2	○○県○○市○○1丁目	○番○	畑 （現況宅地）	480 32 （現況） 493 86	被相続人持分2／3，申立人持分1／3

※　土地1筆ごとに番号を付けてください。

※　所在欄，地番欄，地目欄，地積欄は，**登記事項証明書の記載のとおり**に記載してください。

※　地目，地積について，**現況**が登記事項証明書の記載と異なるときは，**固定資産評価証明書等を参照しながら**，現況をかっこ書きで記載してください。

　　（例）地目欄：「（現況　宅地）」　地積欄：「（現況○○平方メートル）」

※　備考欄には次の事項を記載してください。

　　○　**土地上の建物も遺産である場合**は，遺産目録【建物】の番号とその敷地である旨の記載

　　　　（例）「建物1の敷地」

　　○　**土地の利用状況**（土地上の建物の所有者，賃貸の状況など）

　　　　（例）「相手方E所有建物の敷地」「貸駐車場」「Eに賃貸」

　　○　**共有の場合**は，被相続人の持分割合，他の共有者の氏名及び持分割合

　　　　（例）「被相続人 2/3，A 1/3」

　　○　**被相続人以外の者が登記名義人である場合や相続登記をしている場合**は，登記名義人の氏名，相続登記である旨，相続人の持分割合

（例）　「登記名義人Ａ」「相続登記　申立人 1/2 相手方 1/2」

記載例 2（借地権）

借地権も遺産となりますので，被相続人が土地を賃借して自宅を建てていたような場合などは，敷地の登記事項証明書及び賃貸借契約書を確認のうえ，遺産目録【土地】に借地権を記載してください。

【土　地】

番号	所　　　　在	地　番	地　目	地　積		備　考
1	借地権 （借地の表示） 〇〇区〇〇１丁目	〇　〇	宅地	５５０ 借地部分 ３７８	３２ ４５	建物２の 敷地

※　所在欄に「借地権」「（借地の表示）」と記載した上，**登記事項証明書の記載のとおり**に所在欄，地番欄，地目欄，地積欄を記載してください。

※　借地部分が１筆の土地の一部である場合は，地積欄に，「借地部分」と記載した上で，借地面積（賃貸借契約書に記載されている面積等）を記載してください。

※　備考欄には次の事項を記載してください。

　　○　**土地上の建物について**，遺産目録【建物】の番号とその敷地である旨の記載

　　　　（例）　「建物１の敷地」

　　○　**土地の利用状況**（土地上の建物の所有者，転貸の状況など）

　　　　（例）　「相手方Ｅ所有建物の敷地」「貸駐車場」「Ｅに転貸」

記載例 3（建物）

【建　物】

番号	所　　　　在	家屋番号	種類	構　造	床　面　積		備　考
					平方メートル		
1	〇〇区〇〇１丁目１番地１	１番１	居宅	木造瓦葺平家建 （現況　２階建）	９０ （現況） ２階部分 ６０	 ４４	申立人居住 敷地は土地１
2	〇〇区〇〇１丁目１番地１	１番１	共同住宅	鉄骨造陸屋根 ２階建	１階３２０ ２階４８０	４７ ７３	貸アパート 敷地利用権は土地３の借地権

※　建物１棟ごとに番号を付けてください。

※　所在欄，家屋番号欄，種類欄，構造欄，床面積欄は，**登記事項証明書の記載のとおり**に記載してください。

※　構造，床面積について，**現況**が登記事項証明書の記載と異なるときは，**固定資産評価証明書等を参照しながら**，現況をかっこ書きで記載してください。

　　　　　（例）構造欄：「（現況　２階建）」　床面積欄：「（現況　○○平方メートル）」

※　備考欄には次の事項を記載してください。

　　○　**建物の敷地や借地権も遺産である場合**は，遺産目録【土地】の番号と敷地である旨の記載

　　　　（例）「敷地は土地１，２」「敷地利用権は借地権３」

　　○　建物の敷地が相続人等の所有で敷地利用権について明示の契約がない場合等は**敷地の所有者名**

　　　　（例）「敷地は相手方Ｅ所有」

　　○　**建物の利用状況**（居住者の氏名，賃貸の状況など）

　　　　（例）「相手方居住」，「Ｅに賃貸」

　　○　**共有の場合**は，被相続人の持分割合，他の共有者の氏名及び持分割合

　　　　（例）「被相続人 2/3，Ａ 1/3」

　　○　**被相続人以外の者が登記名義人である場合や相続登記している場合**は，登記名義人の氏名，相続
　　　　登記である旨，相続人の持分割合

　　　　（例）「登記名義人Ａ」「相続登記　申立人 1/2 相手方 1/2」

記載例４ （未登記建物）

【建　　物】

番号	所　　　　　　在	家屋番号	種類	構　　造	床面積	備　考
1	（未登記建物）○○県○○市○○１丁目２－３		居宅	木造亜鉛メッキ鋼板葺平家建	３２	４６	敷地は相手方所有

※　所在欄に「（未登記建物）」と記載した上で，**固定資産評価証明書の記載のとおり**に，所在欄，種類
　欄，構造欄，床面積欄を記載してください。固定資産評価証明書にも掲載されていない場合は，建築
　図面等に基づき，できるだけ正確に，所在欄，種類欄，構造欄，床面積欄を記載してください。

※　備考欄の記載は，記載例３を参照してください。

記載例５ （区分所有建物）

【建　　物】

番号	所　　　　　　在	家屋番号	種類	構　　造	床　面　積	備　考
1	（区分所有建物）○○区○○１丁目１番地１第一ハイツ	１０１	居宅	鉄筋コンクリート造１階建	1階部分 ９８	２２	

※　マンションなどの区分所有建物の場合は，以下のとおり，登記事項証明書中の，次の各欄に記載さ
　れている事項を記載してください。

　　○　所在欄

　「（区分所有建物）」と記載したうえ，「【表題部】**（一棟の建物の表示）**」に記載されている

所在と建物の名称

○　家屋番号欄

　「【表題部】**（専有部分の建物の表示）**」に記載されている**建物の名称**

　（家屋番号ではありませんので，よくご確認ください。）

○　種類欄

　「【表題部】**（専有部分の建物の表示）**」に記載されている**種類**

○　構造欄

　「【表題部】**（専有部分の建物の表示）**」に記載されている**構造**

○　床面積欄

　「【表題部】**（専有部分の建物の表示）**」に記載されている**床面積**

　（**階数**も必ず記載するようにしてください。）

☆　「【表題部】（専有部分の建物の表示）」の下部に**「【表題部】（敷地権の表示）」の記載がない場合**は，区分所有建物についてなされた登記の効力が，その敷地の共有持分には及びません。この場合には，敷地の共有持分を，区分所有建物とは別個に遺産として目録に記載する必要がありますので，**敷地の登記事項証明書**を確認したうえ，敷地について，記載例1のとおり，遺産目録【土地】に記載し，その備考欄に「建物○の敷地」と記載し，さらに区分所有建物の備考欄にも「敷地は土地○」と記載してください。

記載例6　（現金）

【現金，株式等】

番号	品　　　目	単　位	数量（金額）	備　　考
1	現金		424,534円	相手方E保管
2	現金（○○銀行預金払戻金）		1,250,000円	申立人保管

※　品目欄に「現金」と記載してください。

※　備考欄に，必ず**保管者**を記載してください。

※　相続開始後に預金を払い戻すなどして現金化し，申立時点において保管されている現金がある場合には，現金として記載したうえ，本来の財産の内容をかっこ書きで明らかにしてください。

　　（例）「現金（○○銀行預金払戻金）」「現金（○○還付金）」

記載例7　（預・貯金）

【預・貯金】

番号	金融機関名，支店名，口座種別，口座番号			残高	相続開始時額 現在額	備考 (通帳・証書等 の保管者)
1	○○○○	銀行 信金 農協	○○ 支店 支所	3，000，000円		通帳は申立人保管
	普通・定期 通常・定額 [　　]	口座番号 (記号番号)	○○○○○○-○○	3，000，000円		
2	ゆうちょ	銀行 信金 農協	支店 支所	2，000，000円		通帳は相手方○○保管
	普通・定期 通常・定額 [　　]	口座番号 (記号番号)	○○○○○- ○○○○○○○	1，000，000円		
3	○○○○	銀行 信金 農協	○○ 支店 支所	1，500，000円		通帳の保管者不明
	普通・定期 通常・定額 [貯蓄]	口座番号 (記号番号)	○○○○○○	1，000，000円		相続開始後，本件申立て前に相手方が50万円払い戻し
4	○○○○ 信組	銀行 信金 農協	○○ 営業所 支店支所	3，000，000円		通帳の保管者不明
	普通・定期 通常・定額 [　　]	口座番号 (記号番号)	○○○○○○	2，500，000円		相続開始後，本件申立て前に預貯金債権の単独行使により相手方が50万円取得

※　ゆうちょ銀行の場合は，支店名の記載は不要です。口座種別及び記号番号を記入してください。

※　外貨預金も預金として記載してください。外貨建てMMFは投資信託として記載してください。

※　残高欄には，通帳を記帳したり金融機関から残高証明書を取得したりするなどして，相続開始時額，現在額を記載してください。（相続開始時額が不明の場合には，現在額のみの記載でも構いません。）

※　備考欄には，**通帳や証書の保管者**を記載してください。

　　(例)　「通帳は相手方E保管」「証書の保管者は不明」

　　被相続人の死後，本件申立て前に払い戻された（処分された）預貯金で，民法906条の2に基づいて遺産とみなすものは，番号3のように，その払戻しをした者（処分者）と払戻金の合計額を記載してください。

　　被相続人の死後，本件申立て前に民法909条の2に基づいて単独で預貯金債権を行使した共同相続人がいるときは，番号4のように，その行使者と払戻金の合計額を記載してください。

記載例8 (株式)

　株式には，上場株式と非上場株式があります。上場株式とは，東京証券取引所などで取引が行われる

株式で，新聞などで株価が確認できる株式です。上場株式以外のものは，すべて非上場株式となります。

【現金，株式等】

番号	品　　目	単位	数量（金額）	備考
1	〇〇株式会社　株式	49円	8,000株	〇〇証券〇〇支店扱い 令和〇年〇月〇日終値
2	株式会社△△　株式	353円	300株	保振制度手続未了 令和〇年〇月〇日終値
3	××株式会社　株式 （代表取締役　申立人）		1,200株	株券は申立人保管

※　**上場株式**は，品目欄に**株式会社名**と**「株式」**，単位欄に**1株当たりの株価（その株式の売買単位ではありませんので，ご注意ください。）**を記載し，数量（金額）欄に株式数を記載してください。

※　上場株式については，備考欄に次の事項を記載してください。

　○　**取扱証券会社名と支店名**

　　　（例）　「〇〇証券〇〇支店扱い」

　○　株券電子化以降に証券保管振替機構に対する預託手続がまだ行われていない場合

　　　（例）　**「保振制度手続未了」**

　○　株価の基準時

　　　　申立て直近の日の終値を記載してください。　（例）　「令和〇年〇月〇日終値」

※　**非上場株式**は，品目欄に**会社名**と**「株式」**のほか，**相続人やその親族が代表者の場合は**かっこ書きで**代表取締役の氏名等**の記載を，数量（金額）欄に株式数を記載してください。単価欄は記載する必要はありません

※　相続人が株券を保管しているときは，その旨を備考欄に記載してください。

　　　（例）　「株券は相手方E保管」

※　旧有限会社（特例有限会社）の出資持分も，非上場株式に準じて株式に記載してください。

記載例9　（投資信託）

【現金，株式等】

番号	品　　目	単位	数量（金額）	備考
1	（投資信託） 　〇〇証券〇〇支店 　MMF 　（契約番号　〇〇〇-〇〇〇〇）	1円	8,543口 （令和〇年〇月〇日残高）	

※　品目欄に「（投資信託）」と記載した上，**取扱証券会社名と支店名，商品の名称，契約番号**を，単位欄に1口あたりの金額を，数量（金額）欄に口数を記載してください。

※　数量（金額）欄には，取扱証券会社から残高証明書を取得するなどして，申立て直近の口数を記載
　　してください（記載例7の預・貯金を参照して，同じように記載してください。）。

記載例 10 （国債）

【現金，株式等】

番号	品　　　　　目	単　位	数　量　（金　額）	備　　考
1	（国債） △△銀行〇〇支店取扱い 利付国債10年第524回	額　面 10万円	4口	

※　品目欄に「（国債）」と記載した上，**取扱金融機関名と支店名**，**国債の種類・発行回数**（たとえば，
　　利付国債10年第〇〇回など）を記載し，単位欄に額面金額を，数量（金額）欄に口数を記載してく
　　ださい。

記載例 11 （出資金）

【現金，株式等】

番号	品　　　　　目	単　位	数　量　（金　額）	備　　考
1	（出資金） 〇〇信用金庫〇〇支店	1万円	2口	

※　品目欄に「（出資金）」と記載した上，出資先の**金融機関名**と**支店名**を記載し，単位欄に1口あたり
　　の出資金額を，数量（金額）欄に出資口数を記載してください。

【資料2　相続関係図例】

相 続 関 係 図

【被相続人】　　　　　　　　　　　【申立人】（1/4）

　▲甲山太郎　　　　　　　　　　　乙野春子

　　R〇.〇.〇　死亡　　　　　　　S〇.〇.〇 生

【相手方】（1/2）　　　　　　　　【相手方】（1/4）

甲山花子　　　　　　　　　　　　　甲山夏夫

　　S〇.〇.〇 生　　　　　　　　　S〇.〇.〇 生

※（　　　）内は法定相続分

【資料3　事情説明書例】

令和　　年（家イ）第　　　　　号（被相続人：　　　　　　　）

申　立　て　の　実　情

令和〇年〇月〇日

〇〇家庭裁判所　御中

　　　　　（作成者）住所＿＿〇〇県〇〇市…＿＿＿＿＿＿＿＿

　　　　　　　　　　氏名＿＿＿乙野春子＿＿＿＿＿＿・＿

　　　　　　　　　　電話＿（〇〇〇〇）〇〇－　〇〇〇〇＿

　　　　　　　　　（電話の際には，「裁判所」と名乗っても良いですか。
　　　　　　　　　　☑名乗って良い。　　□個人名でかけてほしい。）

> ※この書面は記録の閲覧謄写請求があった場合，開示されますので，それを前提にお書きください。

1　遺産の範囲

☑申立人主張の遺産の範囲は遺産目録記載のとおり

□遺産目録の他にもあるが申立人は把握していない

□その他　（　　　　　　　　　　　　　　　　　　　　　　）

2　遺言書の有無

□ある

　→□公正証書　□自筆証書（遺言書の検認は　□している　□していない　）

　　　（　　　　家裁　　　　支部　平成・令和　　年（家）第　　　　号遺言書検認申立事件）

☑ない

1

3　事前の遺産の一部分割（令和元年7月1日以後に相続が開始した場合）

　この申立てまでに，被相続人の遺産の一部のみを対象にして，分割をしたことがありますか。

□ある

　→※分割の際にどのような書面を作りましたか。

　　□　裁判所の審判書又は調停調書（事件番号　　　　　　家庭裁判所

　　　　支部　平成・令和　　年（家　　）第　　　　号）

　　□　遺産分割協議書

　　□　その他

☑ない

4　相続人の一部による預貯金の一部払戻し

　被相続人が死亡した後，現時点までの間に，相続人のうち誰かが法律で認められた範囲で，遺産である預貯金の一部を払い戻したことはありますか。

☑ある

　→その相続人は誰ですか。（　甲山花子　）

　→払戻額等がわかる文書はありますか。

　　□ある（□金融機関発行の証明書等　　　　□その他（　　　　　　　）)

　　☑ない

　　□

□ない

□わからない

5　遺産の使用・管理状況

　誰が何をどのように使用・管理しているのか，以下にお書き下さい。

☑　不動産

2

相手方甲山花子が、被相続人の生前から死亡した今も引き続き居住し、管理しています。

☑ 預貯金

申立人が、被相続人の生前に依頼され、現在まで引き続き管理しています。

☐ その他の遺産

6 当事者間における分割協議の有無

☐ 協議をした（　　　　回位）

協議がまとまらなかった経過は次のとおり（誰と誰の間でどういった意見の相違があったのでまとまらなかったというように具体的にお書き下さい）

☑ 協議をしていない

分割協議をしなかった理由は次のとおり（できるだけ具体的にお書き下さい）。

相手方らとは、遺産分割の協議の場をもったものの、相手方甲山花子及び甲山夏夫が感情的になり、協議が調わなかったためです。

7 遺産分割方法について

(1) 自分の希望は次のとおり

☐ 遺産目録番号（　　　　　　　　　　　　　　　　　）を取得したい。

☑ 現金で取得したい。

☐ 上記以外，希望は以下のとおり（できるだけ具体的にお書きください。）

3

(2)　相手方の希望は次のとおり

　　□　遺産目録番号（　　　　　　　　　　　　　　　　）の取得。

　　□　現金での取得。

　　□　上記以外（以下に，できるだけ具体的にお書きください。）

8　特別受益・寄与分の主張について

(1)　特別受益の主張（相続人の中に，被相続人から，生前に，結婚の際や，その ほか生計の資本（生活のもとで）として，まとまった財産の贈与を受けた人がいるから，その分を先取り分として今回の分割に当たって考慮してほしい，という主張）をする考えが

　　□　ない

　　☑　ある→（誰がいつ何をもらったのかについて，その具体的内容を，別添の 特別受益目録を参考にして，一覧表の形にして整理し，この書類 に添付してください。）

　　　　　　　　甲山夏夫が、令和○年○月○日に、同人の新居を建築する被相続人名 義の土地の贈与を受けています。

(2)　寄与分の主張　（遺産目録に書いた遺産のうち，どれかについて，自分が特別の寄与（貢献）をしたことによって手に入れたものや，又は貢献のおかげで売ったり，解約しないで残すことができたものがあるから，その貢献した金額の分だけ自分の取得分を増やしてほしい，という主張）をする考えが

　　☑　ない

　　□　ある→（貢献に当たる行為の具体的内容と時期，それによって取得され， または維持された遺産がどれかについて，できるだけ具体的に記 載してください。足りない場合は別紙に記載してください。）

4

9　**相手方について**

(1)　相手方は本件申立てがなされることを

　□知っている　　☑知らない

(2)　相手方が代理人に弁護士を選任しているか，またはその見込み

　☑不明

　□　　　　　　　　　　弁護士（　　　　　　弁護士会）が□選任されている

　Tel　　　　　　　　　　　　　　　　　　　　□選任される見込み

　Fax

10　**その他**

・（その他，参考になることがあれば記載してください）

以　　上

5

【資料4　連絡先等の届出書例】

☑（家イ）
令和 〇〇年　　　　第　〇〇〇　号（期日通知等に書かれた事件番号を書いてください。）
□　（家）

連絡先等の届出書（□　変更届出書）

***　連絡先等の変更の場合には上記□にチェックを入れて提出してください。***

1　送付場所

標記の事件について，書類は次の場所に送付してください。

□　申立書記載の住所のとおり

☑　下記の場所

場所：　東京都〇〇区✕✕✕〇丁目〇番〇号　　（〒〇〇〇－〇〇〇〇）

場所と本人との関係：□住所　□実家（　〇〇　方）

☑就業場所（勤務先名　〇〇〇〇　）

□その他　＿＿＿＿＿＿＿＿＿＿＿＿＿＿＿＿

□　委任状記載の弁護士事務所の住所のとおり

2　平日昼間の連絡先

　　携帯電話番号：　〇〇〇－〇〇〇〇－〇〇〇〇

　　固定電話番号（□自宅／□勤務先）：　〇〇〇－〇〇〇〇－〇〇〇〇

□　どちらに連絡があってもよい。

☑　できる限り，☑携帯電話／□固定電話への連絡を希望する。

□　委任状記載の弁護士事務所の固定電話への連絡を希望する。

＊　**1，2について非開示を希望する場合には，非開示の希望に関する申出書を作成して，その申出書の下に本書面をステープラー（ホチキスなど）などで付けて一体として提出してください。**

＊　連絡先等について非開示を希望する場合には，原則として，開示により当事者や第三者の私生活・業務の平穏を害するおそれがあると解し，開示することはしない取り扱いになっておりますので，その他の理由がなければ，非開示の希望に関する申出書の第2項（非開示希望の理由）に記載する必要はありません。

令和〇〇年〇〇月〇〇日

☑申立人／□相手方／□同手続代理人　氏名：　甲　野　花　子　印

【資料5　進行に関する照会回答書例】

令和　　年（家　　）第　　　　　号

進行に関する照会回答書（申立人用）

この書面は，調停を進めるための参考にするものです。あてはまる事項にチェックを付け(複数可)，空欄には具体的な事情等を記入して，申立ての際に提出してください。審判を申し立てた場合にも，調停手続が先行することがありますので提出して下さい。
この書面は，閲覧・コピーの対象とはしない取扱いになっています。

1　相続人の中に，裁判所に出頭しないと思われる方はいますか。	□　いない。 ☑　いる。（相続人名　<u>甲山花子</u>　　　　　） ※「（出頭しないと思われる方が）いる。」という方にお聞きします。それはなぜですか。 □ 話合いを拒否しているから。 □ 遠方に住んでいるから。 ☑ 健康上の問題があるから。 □ 相続分を放棄したいと希望しているから。 □ その他（　　　　　　　　　　　　　　） □　わからない。
2　相手方の中に代理人弁護士が就いている方はいますか。	□　いない。 □　いる。（相続人名＿＿＿＿＿＿＿弁護士名＿＿＿＿＿＿＿＿＿電話＿＿＿＿＿） ☑　わからない。
3　相続人の中に，裁判所で暴力を振るうおそれがある方はいますか。	□　いない。 ☑　いる。（相続人名　<u>甲山夏夫</u>　　　） ※「（暴力を振るうおそれがある方が）いる。」という方にお聞きします。裁判所に配慮してほしいことがありますか。 □　特にない。 □　同席はしたくない。 ☑　調停の待合室に配慮してほしい。 □　調停の日時に配慮してほしい。 □　わからない。
4　調停期日のご希望等についてお聞きします。 ※ 調停は平日の午前または午後に行われます。 ※ 必ずしもご希望に添えるものではありません。	☑　いつでもよい □　ご希望日　　　　　　　　水　曜日　午前・午後 □　ご都合の悪い日　　　　　　曜日　午前・午後 （現時点で出席できないことが判明している日→　　　　　　　　　）
5　裁判所に配慮を求めることがあれば，その内容をお書きください。	

【 令和　○年○月○日　　　　　申立人　<u>乙野春子</u>　　　　印 】

【資料6　上申書】

(1)　電話会議システム（又はウェブ会議システム）を利用する場合

　遺産分割調停は、相手方の住所地を管轄する家庭裁判所又は当事者の合意で定める家庭裁判所に対して、申立てることになります。しかし、当事者の管轄家庭裁判所に対する合意が定まらず、相手方の住所地を管轄する家庭裁判所が、申立人の住所地から遠方で、期日に出頭するのに多くの移動時間や旅費交通費を要する場合は、電話会議システム（又はウェブ会議システム）を利用し、申立人が最寄りの他の裁判所に出頭し、当該裁判所の電話会議システム又は申立人本人の携帯電話を使用することで、調停に参加することができます。調停を申立てるときに、電話会議システム（又はウェブ会議システム）による進行を希望する場合は、その旨の上申書を申立書等と併せて提出します。

令和○○年（家イ）第○○号

上　申　書

　　　　　　　　　　　　　　（電話会議を希望することについて）

　私は、今般、御庁に遺産分割調停を申し立てましたが、遠方に住んでおりますので、出頭できません。つきましては、最寄りの○○家庭裁判所○○支部に出頭し、電話会議で進行に参加させていただきたく、ここに上申致します。

　令和○年○月○日

　　　　　　　　　　　　　　　　申立人

　　　　　　　　　　　　　　　　　　住所

　　　　　　　　　　　　　　　　　　氏名　　　　　　　　　　㊞

△△家庭裁判所△△支部　御中

---

(2)　相手方が現住所地と異なる場所に居住している場合

　相手方が現住所地と異なる場所に居住している場合、当事者による管轄の合

意がなければ、その住所地を管轄する家庭裁判所に調停を申立てることになります。しかし、相手方が、実際には異なる住所地（居所）で生活をしている場合で、その居所を管轄する家庭裁判所に調停が係属した方が申立人にとって都合の良いこともあります。その際は、自庁処理の上申書を申立書等と併せて提出します。

令和○○年（家イ）第○○号

自庁処理上申書

　本来、本遺産分割調停の申立てを行う管轄裁判所は、○○家庭裁判所ですが、相手方のＡが実際に生活している居所が、○○市の住民票上の住所ではなく、△△市にある不動産の所在にあることから、御庁にて処理していただくよう、ここに上申致します。

　令和○年○月○日

　　　　　　　　　　　　　申立人
　　　　　　　　　　　　　　　住所
　　　　　　　　　　　　　　　氏名　　　　　　　㊞

△△家庭裁判所　御中

【資料7　非開示の希望に関する申出書】 東京家庭裁判所ＨＰより

＊　この用紙はコピーして使用してください。＊

令和○○年（家イ）第　○○　号

非開示の希望に関する申出書

***＊** 本書面は，**非開示を希望する書面がある場合だけ提出**してください。*

＊ 提出する場合には，必ず，この書面の下に，ステープラー（ホチキスなど）で非開示を希望する書面を留めて下さい。添付されていない場合，非開示の希望があるものとは扱われません。

ステープラー（ホチキスなど）で留めて下さい。

1　別添の書面については，非開示とすることを希望します。

※　非開示を希望する書面ごとにこの申出書を作成し，本申出書の下に当該書面をステープラー（ホチキスなど）などで付けて一体として提出してください（ファクシミリ送信不可）。

※　資料の一部について非開示を希望する場合は，その部分が分かるようにマーカーで色付けするなどして特定してください。

※　非開示を希望しても，裁判官の判断により開示される場合もありますので，あらかじめご了承ください。なお，連絡先等の届出書について非開示を希望する場合には，原則として開示することはしない取り扱いになっています。

2　非開示を希望する理由は，以下のとおりです（当てはまる理由にチェックを入れてください。複数でも結構です。）。

- □　事件の関係人である未成年者の利益を害するおそれがある。
- ☑　当事者や第三者の私生活・業務の平穏を害するおそれがある。
- ☑　当事者や第三者の私生活についての重大な秘密が明らかにされることにより，その者が社会生活を営むのに著しい支障を生じるおそれがある。
- □　当事者や第三者の私生活についての重大な秘密が明らかにされることにより，その者の名誉を著しく害するおそれがある。
- □　その他（具体的な理由を書いてください。）

……………………………………………………

……………………………………………………

……………………………………………………

令和○○年○○月○○日

氏　　名　乙野春子　印

***＊** 本書面は，**非開示を希望する書面がある場合だけ提出**してください。*

4　調停の進行

(1)　基本的な流れ

　　遺産分割調停の申立てがなされると、事件を担当する裁判所書記官が提出書類等を確認します。提出書類等に不備がないことが確定すると、裁判所書記官により第一回調停期日の日程調整が行われます。

　　調停委員会は裁判官1名と男女1名ずつの調停委員で構成されます。期日においては、調停委員が、申立人及び相手方から交互に話を聞きながら各事項について合意点を見出していくことになります。申立人及び相手方は別の控室に待機しており、20〜30分の聞き取りが終わる度に交互に調停室に入室し、調停委員からの質問等に答えていくことになります。最初の期日では、申立人は、現在の遺産分割協議の進行状況（当事者間で連絡がとれているか、どこまで遺産分割の話し合いが進んでいて、どの点において合意が調っていないか）、遺言の有無、現在の遺産の保管状況、特別受益や寄与分の有無等について尋ねられることが一般的で、それについて具体的なエピソードを交えて答えることになります。相手方は、調停委員に対して、遺産分割における自身の考え方を主張したり、申立人が主張する分割案、特別受益や寄与分の存在、遺産の範囲・評価方法等についての反論をしたりすることになります。

　　期日は、概ね1〜2か月に1度の頻度で開催されます。次回期日までの間は、前回の期日において調停委員から提出するように求められた資料の準備や書類の作成・提出等を行うことになります。概ね第3回期日までに、相続人の範囲、遺言の有無、遺産の範囲及び評価方法等が確定し、遺産の評価が確定した後で、特別受益や寄与分により法定相続分を修正する必要があるか、誰が何を取得するか、ということを合意していきます。

　　また、遺産分割の当事者であるものの、遺産分割調停の手続に参加したくないという場合は、他の当事者に相続分を譲渡したり（後記資料1のとおり）、放棄したり（後記資料2のとおり）することで手続から離脱する

ことができます。

【資料1 調停進行中に相続分の譲渡をする際の書面例】

(1) 申出書

排除申出書（譲渡）

事件番号　令和○年（家イ）第○○○○号

被相続人　○○○○

手続からの排除申出書（譲渡）

○○家庭裁判所　御中

令和○年○月○日

住所　○○県○○市…

氏名　□□□□　㊞

　頭書記載の遺産分割事件については、私は、添付の相続分譲渡証書のとおり自己の相続分全部を譲渡しましたので、本件手続からの排除を申し出ます。

　なお、排除決定に対する即時抗告権は放棄します。また、添付の相続分譲渡証書及び印鑑登録証明書については、譲受人に対して原本を還付することに異議はありません。

[添付書類]

　相続分譲渡証書（印鑑登録証明書添付）

※　押印は、印鑑登録証明書と同一の印鑑を使用してください。

（以下裁判所使用欄）

上記申出を相当と認め、上記申出人を本件手続から排除する。

令和　年　月　日

裁判官

申出人に対し、令和　年　月　日、（□普通郵便、
□　　　　　）にて告知

裁判所書記官

その他の当事者に対し、令和　年　月　日（□口頭、
□　　　　　）にて通知

裁判所書記官

(2)　相続分譲渡証書

相続分譲渡証書

被相続人　本　籍　○○県○○市…
　　　　　氏　名　○○○○

　譲渡人は、譲受人に対し、上記被相続人の相続について、譲渡人の相続分全部を譲渡し、譲受人は、これを譲り受けた。

令和○年○月○日

譲渡人
住　所　○○県○○市…
氏　名　□□□□　㊞
譲受人
住　所　△△県△△市…
氏　名　△△△△　㊞

［添付書類］

　印鑑登録証明書（譲渡人分）

※　押印は、印鑑登録証明書と同一の印鑑を使用してください。

【資料2　調停進行中に相続分の放棄をする際の書面例】

(1)　届出書兼相続分放棄書

事件番号：令和○年（家イ）第○○号 遺産分割申立事件

被相続人：○○○○

○○家庭裁判所　御中

　申立人　□□□□

　相手方　△△△△　外1名

相続分放棄届出書

　上記遺産分割申立事件について、私は、下記のとおり、自己の相続分を放棄しましたので、お届けします。つきましては、本手続の当事者ではなくなる裁判（排除決定）がなされても異議ありません。

相続分放棄書

　私は本日、上記事件の被相続人亡○○○○（令和○年○月○日死亡）の相続について、不動産や預貯金等の一切の遺産に関する私の相続分を放棄します（自己の相続分は、すべていりません。）。

　令和○年○月○日

　　　住　所　○○県○○市…

　　　氏　名　▽▽▽▽　㊞

※　必ず、相続分放棄者本人の「印鑑登録証明書」を添付してください。

(2) 即時抗告権放棄書

事件番号：令和○年（家イ）第○○号 遺産分割申立事件

被相続人：○○○○

○○家庭裁判所　御中

　申立人　□□□□

　相手方　△△△△　外1名

即時抗告権放棄書

　上記遺産分割申立事件について、御庁の排除決定に対し、同決定を受けた私は即時抗告をする権利を放棄します。

令和○年○月○日

　　住所　○○県○○市…

　　氏名　▽▽▽▽㊞

---

(2) **段階的進行モデル**

　　遺産分割事件は、①相続人の範囲、②遺産の範囲、③遺産の評価、④各相続人の取得額（特別受益、寄与分の検討を含む。）、⑤遺産の分割方法という順に決定し、進行していくことが合理的であると考えられています（判タ1418号26頁）。これを「段階的進行モデル」といいます。

　　しかし、実際には、②の遺産の範囲、③の遺産の評価が確定していない時点でも、当事者から特別受益や寄与分の主張がなされた場合には、それらの資料の収集や提出を促す等のこともあります。そのため、段階的進行モデルは、ある程度柔軟に運用されているといえます。

(3) **欠席当事者への対応**

　　調停期日に欠席した当事者がいる場合、裁判所書記官は当該欠席当事者

に期日の通知をして出席を促します。また、当該欠席当事者と対立関係にない出席当事者に当該欠席当事者に対して調停期日に出席するよう働きかけをしてもらうことを依頼することもあります。

　遺産分割事件は、欠席当事者がいたとしても当事者の相続分を確保することで、遺産を分割し、事件を終了させることができるので、家庭裁判所調査官による勧告がなされることはほとんどありません。

(4)　**当事者以外の者の出席**

　調停期日には、原則として、当事者本人（本人の親権者、特別代理人、不在者財産管理人、未成年後見人、成年後見人、保佐人、補助人、任意後見人等の法定代理人等を含む。）及びその手続代理人弁護士以外の者の出席・同席は認められませんが、当事者が高齢であったり、病気を患っていたり、外国人であったりする場合に、介助や通訳の役割のために本人以外の者の同席が認められることがあります。

　しかし、当事者の配偶者、パートナー、子、知人等が、「調停の申立てに至る事情をよく知っているから」「遺産を事実上管理しているのは私だから」等の理由で、調停期日への出席・同席を求めたとしても、そのような請求は原則として認められません。それらの者が、許可代理を求めたとしても、それが認められることはほとんどありません。

(5)　**当事者が海外に居住している場合**

　当事者の中に、海外に居住していて、調停期日に出席することが困難である者がいる場合、信頼できる他の当事者を送達受取人として家庭裁判所に届け出ることが一般的です。当該当事者が手続代理人を置かない場合は、調停に代わる審判の成立を目指すことになります。

　なお、当該当事者が、自らの相続分を譲渡し、又は、放棄する意向をした場合は、それらの手続をして当該当事者を遺産分割調停の手続から排除することになります。

(6)　**先行の遺産分割の影響**

　例えば、遺産分割調停の期日において、「父が亡くなったときの遺産分

割では、私は譲歩してそれほど遺産を取得していないので、今回の母の遺産分割では、その分少し多めに遺産を取得したい。」という主張がなされることがありますが、先行の（父の）遺産分割と後行の（母の）遺産分割とは、被相続人も対象財産も異なるため、原則として別の事件となります。そのため、先行の遺産分割が、後行の遺産分割に影響するようなことはありません。

5　調停の終了

(1)　調停が成立した場合

　期日を何度か繰り返すことで、遺産分割の合意が成立したときは、調停が成立し、裁判所書記官が調停調書を作成します（後記資料1のとおり）。この調書が作成された時点で遺産分割の効力が生じます。調停調書の記載は、家事事件手続法39条により確定した審判と同一の効力を有します（家事事件手続法268条1項）。

(2)　調停が不成立の場合

　当事者に合意が成立する見込みがない場合、又は成立した合意が相当でないと認める場合は、調停は不成立に終わり、調停申立てのときに審判の申立てがあったものとみなされ（審判移行。家事事件手続法272条4項）、当然に遺産分割協議審判の手続が開始することになります（移行時に改めて審判の申立てをする必要はありません。）※。

　遺産分割調停の管轄は、原則的に、相手方の住所地の家庭裁判所であり、遺産分割審判の管轄は、相続開始地である被相続人の最後の住所地の家庭裁判所です（家事事件手続法191条1項）ので、調停が被相続人の最後の住所地を管轄する家庭裁判所でない家庭裁判所で行われた場合は、一般的には、自庁処理の裁判がなされ（同法9条1項）、調停委員会を構成していた裁判官が審判手続を行っていきます。審判手続では、期日に審問が実施され、事実の調査がなされていきます。

　また、調停が不成立に終わったときでも、遺産分割調停において、根本

的な問題では合意しており、僅かな意見の相違で全体の合意に至らない場合や一方当事者の頑なな態度によって合意ができない場合、家庭裁判所は、相当と認めるときは、一切の事情を考慮した上で（委員会調停の場合は、さらに調停委員の意見を聴いた上で）、職権で、事件の解決のため必要な審判（調停に代わる審判）をすることができ（家事事件手続法284条1項2項）、確定した調停に代わる審判（審判書例は、後記資料2のとおり）は、確定した審判と同一の効力を有します（同法287条）。なお、調停に代わる審判に適法な異議申立てがなされた場合は、前記審判移行がなされます。

※　当事者が早期に遺産分割調停を不成立にして、審判に移行することを求めたとしても、直ちに移行することはありません。審判に移行するには、調停において、審判により分割ができるように遺産の範囲や評価が確定され、特別受益・寄与分の主張立証が尽くされている必要があるためです。

(3)　調停を取り下げた場合

　　申立人は、調停が終了するまでの間、相手方の同意を要せず、いつでも遺産分割調停の申立てを取り下げることができます（家事事件手続法273条1項。取下書例は、後記資料3のとおり）。

　　一般的には、調停の成立前に、当事者間で遺産分割協議が成立し、協議書への当事者全員の署名・押印が行われた後で、取下げがなされることが多いのですが、取下書を提出するだけでは、遺産分割調停申立書とともに家庭裁判所に提出した戸籍謄本や住民票等の原本が返却されるわけではありません。取下げ後の相続手続のために、戸籍謄本や住民票等の原本の返却を求めるときは、その旨の上申書（後記資料4のとおり）を取下書と一緒に提出する必要があります。

【資料1　調停調書例】

(1)　基本型

調　書　（成　立）

事 件 の 表 示　令和○年（家イ）第○○○○号　遺産分割調停申立事件

期　　　　　日　令和○年○月○日午後○時○○分

場　　所　　等　○○家庭裁判所○○支部

裁　判　官　甲

家 事 調 停 委 員　乙

家 事 調 停 委 員　丙

裁 判 所 書 記 官　丁

当事者等及びその出頭状況　別紙当事者等目録記載のとおり

手 続 の 要 領 等

　別紙調停条項のとおり調停が成立した。

○○家庭裁判所○○支部

裁判所書記官　丁

（別紙）

当事者等目録

　住　　　所　○○市…

　　　　　　　申　立　人　　A（出頭）

　住　　　所　○○市…

　　　　　　　相　手　方　　B（出頭）

　住　　　所　○○市…

　　　　　　　相　手　方　　C（出頭）

　本　　　籍　○○市…

　最後の住所　本籍に同じ

（登記記録上の住所　○○市…）
　　　　　被　相　続　人　　Ｘ
　　　　　（令和○年○月○日死亡）

　　　　　　　　　　　　　　　　　　　　　　　　　　以　上

（別紙）

調　停　条　項

1　当事者全員は、被相続人の相続人が別紙相続関係説明図記載のとおり、申立人及び相手方両名の３名であることを確認する。

2　当事者全員は、別紙遺産目録（以下、「目録」という。）記載の財産が被相続人の遺産であることを確認する。

3　当事者全員は、被相続人の遺産を下記のとおり分割する。

　(1)　申立人Ａは、目録Ａ１からＡ３の遺産を単独取得する。

　(2)　相手方Ｂは、目録Ｂの遺産を単独取得する。

　(3)　相手方Ｃは、目録Ｃの遺産を単独取得する。

4　申立人Ａは、各相手方に対し、前項(1)の遺産を取得した代償として、各○○万円の支払義務があることを認め、これを次のとおり支払う。

　(1)　相手方Ｂに対し、令和○年○月○日限り、○○銀行○○支店の同相手方名義の普通預金口座（口座番号○○○○）に振り込む方法で支払う。ただし、振込手数料は申立人Ａの負担とする。

　(2)　相手方Ｃに対し、令和○年○月○日限り、○○銀行○○支店の同相手方名義の普通預金口座（口座番号○○○○）に振り込む方法で支払う。ただし、振込手数料は申立人Ａの負担とする。

5　当事者全員は、以上をもって被相続人の遺産に関する紛争を一切解決したものとして、本調停条項に定めるほか、何ら債権債務のないことを相互に確認する。

6　調停費用は、各自の負担とする。

　　　　　　　　　　　　　　　　　　　　　　　　　　以　上

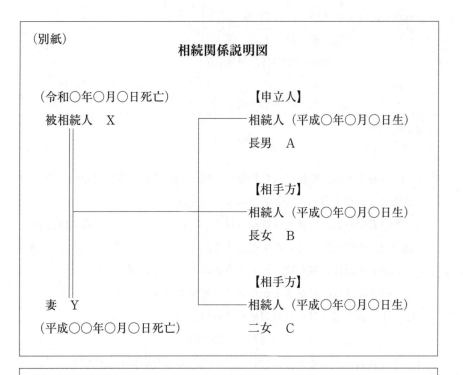

（別紙）

相続関係説明図

（令和○年○月○日死亡）　　　　　　【申立人】

被相続人　X　　　　　　　　　　　相続人（平成○年○月○日生）

　　　　　　　　　　　　　　　　　長男　A

　　　　　　　　　　　　　　　　【相手方】

　　　　　　　　　　　　　　　　相続人（平成○年○月○日生）

　　　　　　　　　　　　　　　　長女　B

　　　　　　　　　　　　　　　　【相手方】

妻　Y　　　　　　　　　　　　　相続人（平成○年○月○日生）

（平成○○年○月○日死亡）　　　　二女　C

（別紙）

遺 産 目 録

被相続人　X

A．不動産

番号	所在	地番／家屋番号	地目／種類・構造	地積／床面積（㎡）	持分
A1	○○市○○町	○番	宅地	○○．○○	1／2
A2	○○市○○町○番地	○番	居宅・木造瓦葺2階建	1階○○．○○ 2階○○．○○	1／1
A3	○○市○○町○番地	未登記	車庫・木造亜鉛メッキ鋼板葺平家建	○○．○○	1／1

B．預貯金

番号	金融機関名	種類	口座番号・記号番号
B1	○○銀行○○支店	普通預金	○○○○○
B2	○○銀行○○支店	定期預金	○○○○○

C. その他の有価証券

番号	種類	取扱金融機関等	金額（円）
C1	出資金	○○信用金庫○○支店	○○○○

これは正本である。

令和○年○月○日

○○家庭裁判所○○支部

裁判所書記官　　丁　　㊞

⑵　数次相続

　例えば、父、母の順に相続が開始し、その子が各相続について遺産分割調停を申し立てた場合は、一般的に、各遺産分割調停事件は併合されて手続が進むことになるため、本記載例のように1つの調停調書となります。

調　書　（成　立）

事 件 の 表 示　令和○年（家イ）第○○○1号　遺産分割調停申立事件

　　　　　　　　令和○年（家イ）第○○○2号　遺産分割調停申立事件

期　　　　　日　令和○年○月○日午後○時○○分

場　所　　等　○○家庭裁判所○○支部　（■電話会議の方法による）

裁　判　官　甲

　家 事 調 停 委 員　乙

　家 事 調 停 委 員　丙

　裁 判 所 書 記 官　丁

当事者等及びその出頭状況　別紙当事者等目録記載のとおり

手 続 の 要 領 等

　別紙調停条項のとおり調停が成立した。

○○家庭裁判所○○支部

裁判所書記官　丁

（別紙）

当事者等目録

住　　　　所　○○市…

　　　　　　　申 立 人　　A（出頭）

　　　　　　　（△△家庭裁判所△△支部　090-○○○○-○○○○）

住　　　　所　○○市…

　　　　　　　相 手 方　　B（出頭）

住　　　　所　○○市…

　　　　　　　相 手 方　　C（不出頭）

　　　　　　　同手続代理人弁護士　D（出頭）

本　　　　籍　○○市…

最後の住所　本籍に同じ

　（登記記録上の住所　○○市…）

　　　　　　　第○○○1号被相続人　X

　　　　　　　（令和○年○月○日死亡）（以下、「被相続人X」という。）

本　　　　籍　○○市…

最後の住所　本籍に同じ

（登記記録上の住所 　○○市…）

第○○○2号被相続人　Y

（令和○年○月○日死亡）（以下、「被相続人Y」という。）

以　上

（別紙）

調　停　条　項

1　当事者全員は、被相続人Xの相続人が、被相続人Y、申立人及び相手方らであったこと及び被相続人Yが死亡したことにより、被相続人Xの相続人が、申立人及び相手方らとなったことを確認する。

2　当事者全員は、被相続人Yの相続人が、申立人及び相手方らであることを確認する。

3　当事者全員は、別紙遺産目録1記載の財産が被相続人Xの遺産であることを確認する。

4　当事者全員は、別紙遺産目録2記載の財産が被相続人Yの遺産であることを確認する。

5　当事者全員は、別紙遺産目録1記載の遺産を次のとおり分割する。

　⑴　申立人は、被相続人Xの遺産すべてを単独取得する。

　⑵　相手方らは、被相続人Xの遺産を取得しない。

6　当事者全員は、別紙遺産目録2記載の遺産を次のとおり分割する。

　⑴　申立人は、被相続人Yの遺産すべてを単独取得する。

　⑵　相手方らは、被相続人Yの遺産を取得しない。

7　⑴　申立人は、第5項⑴及び第6項⑴の遺産を取得した代償として、相手方Bに対し、○○○万円を支払うこととし、これを、令和○年○月○日限り、○○銀行○○支店の相手方B名義の普通預金口座（口座番号○○○○○）に振り込む方法により支払う。振込手数料は、申立人の負担とする。

(2)　申立人が第7項(1)記載の代償金の支払を怠ったときは、申立人は、相手方Bに対し、第7項(1)の金員から既払金を控除した残額及びこれに対する令和○年○月○日から支払済みまで、年5％の割合による遅延損害金を支払う。

8　(1)　申立人は、第5項(1)及び第6項(1)の遺産を取得した代償として、相手方Cに対し、○○○万円を支払うこととし、これを、令和○年○月○日限り、相手方Cの指定する△△銀行△△支店の「預り金口弁護士D」名義の普通預金口座（口座番号○○○○○）に振り込む方法により支払う。振込手数料は、申立人の負担とする。

(2)　申立人が第8項(1)記載の代償金の支払を怠ったときは、申立人は、相手方Cに対し、第8項(1)の金員から既払金を控除した残額及びこれに対する令和○年○月○日から支払済みまで、年5％の割合による遅延損害金を支払う。

9　相手方らは、申立人に対し、申立人による別紙遺産目録2第3項記載の預貯金の払戻手続に協力する。

10　被相続人Yの相続に関する相続税の確定申告及び修正申告に関する税理士報酬等の費用は申立人が負担するものとし、申立人は、相手方らに対し、申立人が負担した税理士報酬等の費用の分担を求めない。

11　当事者全員は、以上をもって、被相続人X及び被相続人Yの別紙遺産目録1、2記載の遺産に関する紛争を一切解決したものとし、本件に関し、本調停条項に定めるもののほかは何らの債権債務がないことを相互に確認する。

12　別紙遺産目録1、2記載の遺産以外に被相続人X又は被相続人Yの遺産があることが判明したときは、当事者間においてその分割方法について別途協議する。

13　手続費用は、各自の負担とする。

以　上

（別紙）

遺産目録1

1　所　　在　○○市○○町○丁目

　　地　　番　○番

　　地　　目　宅地

　　地　　積　○○○．○○㎡

　　（被相続人X持分　2分の1）

2　所　　在　○○市○○町○丁目○番地

　　家屋番号　○番地

　　種　　類　居宅

　　構　　造　木造かわらぶき2階建

　　床 面 積　1階　○○．○○㎡

　　　　　　　2階　○○．○○㎡

　　（被相続人X持分　2分の1）

以　上

（別紙）

遺産目録2

1　所　　在　○○市○○町○丁目

　　地　　番　○番

　　地　　目　宅地

　　地　　積　○○○．○○㎡

　　（被相続人Y持分　2分の1）

2　所　　在　○○市○○町○丁目○番地

　　家屋番号　○番地

　種　　類　居宅

　構　　造　木造瓦かわらぶき2階建

　床面積　1階　○○. ○○㎡

　　　　　　2階　○○. ○○㎡

　（被相続人Y持分　2分の1）

3　預貯金

(1)　○○信用金庫　○○支店　普通預金　口座番号○○○○○○○

(2)　○○銀行　○○支店　普通預金　口座番号○○○○○○○

以　上

これは正本である。

　　令和○年○月○日

　　○○家庭裁判所○○支部

　　裁判所書記官　　丁　　㊞

【資料2　審判書例（相続人が多数の場合）】

令和○年（家イ）第○○○○号　遺産分割調停申立事件

審　判

当事者、排除前当事者及び被相続人につき別紙当事者等目録記載のとおり

主　文

1　別紙遺産目録記載の被相続人の遺産を次のとおり分割する。

(1)　申立人が別紙遺産目録記載の遺産すべてを単独取得する。

(2)　相手方B及び相手方Cは、遺産を取得しない。

2　申立人は、前項(1)の遺産を取得した代償として、相手方Dに対し、○
○万円の支払義務があることを認め、これをこの審判が確定した日から
1か月以内に支払え（同相手方が指定する金融機関の口座に振込送金す
る方法により支払う場合、振込手数料は、申立人の負担とする。）。

3　手続費用は、各自の負担とする。

理由の要旨

1　申立人は、別紙遺産目録記載の被相続人の遺産（以下、「本件遺産」
という。）を分割することを求める調停を申し立てた。

2　調停期日が○回にわたり実施されたが、その間に、排除前相手方らは、
別紙当事者等目録記載のとおりに、申立人にその相続分を譲渡し、ない
しは相続分を放棄した上、いずれも手続から排除され、相手方B及び相
手方Cは、遺産を取得することを希望しない意思を表示し、相手方Dは
代償金の取得を希望した。

3　本件記録によれば、以下の事実が認められる。

被相続人は、昭和○○年○月○日に死亡し、相続が開始した。その法
定相続人は、別紙相続関係図記載のとおり、申立人、相手方ら及び排除
前相手方らである。そして、申立人は、別紙遺産目録記載の遺産を取得
することを希望し（相手方Dに対して、○○万円を代償金として支払う
意思を示している。）、相手方B及び相手方Cは、遺産を取得することを
希望しない意思を表示し、相手方Dは代償金の取得を希望した。相手方
Dが取得する代償金の額として、○○万円は相応なものと考えられる。

したがって、本件遺産を申立人が単独で取得し、相手方Dに対し、申
立人が代償金として○○万円を支払うことにより、本件遺産を分割する
ことが相当である。

4　よって、当裁判所は、本件調停の上記状況に鑑み、調停に代わる審判
をするのが相当であると認め、当事者双方の衡平に考慮し、一切の事情
を考慮して、調停委員会を構成する家事調停委員乙及び同丙の各意見を

聴取して、調停に代わる審判として、主文のとおり審判する。

　令和○年○月○日

　　　○○家庭裁判所家事第○部

　　　　裁判官　　　甲

（別紙）

当事者等目録

〈当事者等の表示〉

住　　　所　○○県○○市…

　　　　　　　申　立　人（相続分譲受人）　　　A

住　　　所　○○県○○市…

　　　　　　　相　手　方　　B

住　　　所　○○県○○市…

　　　　　　　相　手　方　　C

住　　　所　○○県○○市…

　　　　　　　相　手　方　　D

〈排除前当事者の表示〉

住　　　所　○○県○○市…

　　　　　　　排除前相手方（相続分譲渡人）　　　E

住　　　所　○○県○○市…

　　　　　　　排除前相手方（相続分放棄人）　　　F

　　　　　　　・
　　　　　　　・　　　※　相続分を譲渡・放棄した相続人を記載
　　　　　　　・

〈被相続人の表示〉

本　　　籍　○○県○○市…

最後の住所　本籍に同じ

（登記記録上の住所　○○市…）

X

（令和○年○月○日死亡）

以　上

（別紙）

遺　産　目　録

1　所　　在　○○市○○町○丁目

　　地　　番　○番

　　地　　目　宅地

　　地　　積　○○○. ○○㎡

以　上

※　4頁目の相続関係図は、省略します。

これは正本である。

　　令和○年○月○日

　　○○家庭裁判所

　　　裁判所書記官　　丁　㊞

【資料3　取下書例】

令和○年（家イ）第○○○○号遺産分割調停申立事件

申立人　○○○○

相手方　△△△△　ほか

審判を受ける者等　□□□□

令和○年○月○日

○○家庭裁判所　御中

氏名　　○○○○　㊞

取　下　書

■本遺産分割調停申立てのすべてを取り下げます。

【資料4　戸籍等の原本還付の上申書例】

令和○年（家イ）第○○○○号

令和○年○月○日

○○家庭裁判所　御中

住所　○○市…

氏名　○○○○　㊞

上　申　書

（附属資料の原本還付）

御庁頭書事件につき、下記附属資料の写しを提出しますので、原本還付願います。

1　戸籍謄本（戸籍謄本、除籍謄本、原戸籍謄本）		16通
2　告知書		1通
3　戸籍の附票		4通
4　住民票		1通

請　書

上記附属資料原本を受領しました。

令和　　年　　月　　日

住所　○○市…

氏名　○○○○　㊞

　○○家庭裁判所　御中

6　審判の確定

　遺産分割による審判が下されると、家庭裁判所から審判書が特別送達郵便により送達され、当事者全員がそれを受領した日の翌日から起算して2週間以内に即時抗告がなされないと審判が確定します（家事事件手続法86条1項）。審判が確定するとその日に遺産分割が成立することになります。審判が確定すると家庭裁判所に申請することで確定証明書（申請書例は後記資料1、証明書例は後記資料2のとおり）を取得することができるようになり、当事者は審判書と審判確定証明書を用いて、各種の相続手続を行うことになります。

　審判が確定するには、原則的に、当事者全員に審判書が送達され、受領される必要がありますので、当事者の一部が審判書を受領しないといつまでも審判が確定せず、相続手続を行うことができません。そのような場合は、家庭裁判所が審判書を発送した時点で相手方に送達が完了したとみなす付郵便送達の方法により、その当事者に審判を告知することになります。付郵便送達による場合は、審判書を受領しない相手方が住所地に居住していること及びその相手方の就業場が不明であることを疎明する必要があります。具体的には、実際に現住所のある場所を訪問して、①表札、郵便受け、電気メーター、水道・ガスメーター、洗濯物、窓の開閉、建物内の証明等の確認、②インターホンを鳴らしたときの応対の確認、③関係者、近隣者、管理会社等への聞き込み等を行い、後記資料3の上申書兼報告書と疎明資料等を家庭裁判所に提出する必要があります。

【資料1　確定証明書の申請書例】　名古屋家庭裁判所ＨＰより

確定証明書交付申請書の記載例

太枠線内について，該当番号等を○で囲み，必要事項を記入してください。

申請者の本人確認書類（運転免許証，健康保険証等）のコピーを添付してください。健康保険証については，保険者番号及び被保険者等記号・番号にマスキングを施してください。

申請にかかる事件の手続終了後に，住所や氏名を変更した方は，変更の履歴が分かる書類（運転免許証の裏面，前住所の記載がある住民票等）のコピーを添付してください。

名古屋家庭裁判所　　　　　　　　　御中

平成・(令和)　○○　年（家　　）第　　○○○○○　号事件

家事審判官・裁判官	許	添付の郵便切手等		受付印	
		郵便切手　　　　円			
	否	印紙　　　　　　円			

申　請　書

下記書類を，
① 交付してください。
2　　　　　　　　　　に送達してください。

令和○○年○○月○○日

（収入印紙貼付欄）

証明事項が1つの証明書1通につき150円の収入印紙が必要です。

証明事項2つが1通→300円
証明事項1つが2通→300円

（住所　名古屋市○○区・・・　現住所を記入してください。　　　　　　　　　）

氏名　○　○　○　○　(印)　印（電話番号　○○○-○○○-○○○○　　）

1	審判書　正本・謄本		通	6	送達証明書	通
②	審判確定証明書	1	通	7	調停調書 正本・謄本・省略謄本	通
3	相続放棄申述受理証明書		通	8	調停不成立証明書	通
4	遺言書検認済証明書		通	9		通
5	事件係属証明書		通	10		通

請　書

上記書類を受け取りました。
令和　　年　　月　　日
　　　　　　　　氏名　　　　　　　　　　　印

上記書類を令和　　年　　月　　日通常郵便で送付した。

裁判所書記官

【資料2　確定証明書例】

審判確定証明書

事件の表示　　　令和○年（家イ）第○○○○号
　　　　　　　　遺産分割調停申立事件
当事者の表示　　申立人　A
　　　　　　　　相手方　B　ほか
　　　　　　　　被相続人　X
審判年月日　　　令和○年○月○日
確定年月日　　　令和○年○月○日

　上記のとおり証明する。

　　　　　　　　　　　　　　　令和○年○月○日
　　　　　　　　　　　　　　　○○家庭裁判所
　　　　　　　　　　　　　　　　　裁判所書記官　　丁　　㊞

【資料3　付郵便送達の上申書・調査報告書】

令和○年（家イ）第○○○○号　遺産分割調停申立事件
申立人　　　A
相手方　　　B　ほか
被相続人　　X

付郵便送達上申書

○○家庭裁判所　御中

　　　　　　　　　　　　　　　令和○年○月○日
　　　　　　　　　　　　　　　氏名　　　A　　㊞
　上記事件につき、相手方Bに対しては、申立書記載の住居所あて付郵便

による送達をされたく上申いたします。

記

添付書類　□　調査報告書

　　　　　　□　住民票

　　　　　　□　戸籍謄本

　　　　　　□　写真

以　上

（別紙）

調査報告書

　下記のとおり、申立書記載の住居所について調査した結果、相手方Bが居住していることを確認しました。なお、相手方Bの就業場所等他に送達すべき場所は不明です。

記

1　調査した日時　(1)　令和〇年〇月〇日　午後4時

　　　　　　　　　(2)　同日　午後6時

　　補足　居住建物の室内に照明がついていることを確認するため、2度足を運んで調査しました。

2　調査場所

　　　〇〇県〇〇市…（一戸建て住宅）

　　　　（相手方Bの審判書記載の住所であり、現住所地）

3　調査内容

　(1)　別紙写真のとおり、表札があります。(姓名：B)

　(2)　別紙写真のとおり、郵便受があります。（郵便物新聞等は入っておりません。）

　(3)　別紙写真のとおり、写真中央の部屋から左の部屋にかけて室内の照

明がついています。

(4)　面接した相手　隣人の○○さん（女性）

(5)　面接の内容

　　現地にて調査をした際、ちょうど隣人が玄関先にみえたので相手方Bが本調査場所に住んでいるか伺ったところ、「Bさん、普段はおられますよ。」との返答を得ました。

(6)　別紙写真についての説明

　　日が沈んだ後、相手方Bの居住建物の部屋に明かりがついていること、及び表札やポストの状況を疎明するために撮影しました。

以　上

※　この書面の添付書類として、相手方Bの居住建物の写真、現在戸籍及び住民票（又は戸籍の附票）を添付します。現在戸籍及び住民票（又は戸籍の附票）は、遺産分割調停申立書の添付書類として家庭裁判所に提出している場合でも、直近の本籍及び住所等を確認するため、添付が要請されることが多いです。

第4　遺産分割と登記

1　基本的な仕組み

　被相続人の遺産を構成する不動産について遺産分割が成立することで、その不動産について所有権の移転登記をすることになりますが、申請方法は、既に法定相続分による共同相続登記がなされているか否かによって異なります。

(1)　共同相続登記がない場合

ア　申請形式

　　　法定相続分による共同相続登記がなされる前の場合は、遺産分割の遡及効により、被相続人から遺産分割により当該不動産を取得するとされた者に、その者の単独申請によって「年月日相続」（※日付は被相続人

の相続開始日）を原因とする所有権移転登記をします（明治44年10月30日民刑第904号回答、昭和19年10月19日民甲第692号通達）。

【申請書例】

登記申請情報

登記の目的　　　所有権移転

原　　　因　　　令和○年○月○日　相続

相　続　人　　　（被相続人）　A

　　　　　　　　（住所）　　　　B

添付情報　　　　登記原因証明情報

　　　　　　　　住所証明情報

　　　　　　　　代理権限証明情報

上記代理人　　　（住所）司法書士　甲　㊞

　　　　　　　　（連絡先）

令和○年○月○日　申請　○○法務局　御中

課税価格　　　金1,000万円

登録免許税　　金4万円

不動産の表示

　(1)　土地

　　　所　　　在　○○市○○町○丁目

　　　地　　　番　○番

　　　地　　　目　宅地

　　　地　　　積　○○○. ○○m²

　　　　　　　　価格　金1,000万円

【登記記録例】

順位番号	登記の目的	受付年月日・受付番号	権利者その他の事項
○番	所有権移転	平成年月日受付第○号	原因　平成○○年○月○日売買 所有者（住所）A
△番	所有権移転	令和年月日受付第△号	原因　令和○年○月○日相続 所有者（住所）B

イ　添付情報

登記申請書には、次の書類を添付（提供）します。

① 登記原因証明情報

登記原因証明情報の具体的な内容は、次のとおりです。

(i) 戸　籍

具体的には、被相続人の出生時から死亡時までの連続した戸籍（除籍謄本、改製原戸籍謄本等）及び相続人全員の現在の戸籍謄（抄）本に加えて、①相続人の中に被相続人の兄弟姉妹が含まれる場合は、被相続人の父母の出生時から死亡時までの連続した戸籍（除籍謄本、改製原戸籍謄本等）及び父方及び母方の両方の祖父母の死亡事項が記載されている戸籍謄本、②相続人の中に被相続人の子又は兄弟姉妹の代襲者が含まれる場合は、被代襲者の出生時から死亡時までの連続した戸籍（除籍謄本、改製原戸籍謄本等）、③相続人の中に被相続人の後で死亡した者がいる場合や被相続人の相続人の地位を相続した後で死亡した者がいる場合は、その者の出生時から死亡時までの連続した戸籍（除籍謄本、改製原戸籍謄本等）等が必要になります（法定相続情報を提供するときは、それをもってこれら戸籍一式の提供に代えることができます。）。なお、実務上は、これらの戸籍一式を原本還付することが多いですが、その際は、相続関係説明図を提供することで戸籍一式の写しの提供を省略することができます。

また、調停分割及び審判分割の場合は、これら戸籍一式の提供は

　　　　要しません（昭和37年5月31日民甲第1489号回答）。

> ### コラム　除籍等が滅失等している場合
>
> 　遺産分割を経て行う相続による所有権移転登記においては、被相続人の除籍又は改製原戸籍（以下、「除籍等」といいます。）の添付が必要となりますが、それらの一部が保存期間の満了等で滅失等していることにより、その謄本を提供することができないときは、戸籍及び残存する除籍等の謄本に加え、除籍等（明治5年式戸籍（壬申戸籍）を除く。）の滅失等により「除籍等の謄本を交付することができない」旨の市町村長の証明書が提供されていれば、登記をすることができます（平成28年3月11日法務省民二第219号通達）。この市町村町の証明書には、具体的には、廃棄証明書（巻末資料19を参照）や焼失証明書（巻末資料20を参照）等が該当します。
>
> 　なお、従前は、この証明書に加えて、「他に相続人はない」旨の相続人全員による証明書（印鑑証明書添付）の提供を要するとされていましたが、同通達により、提供不要となりました。

　　(ⅱ)　遺産分割協議書、調停調書又は審判書

　　　　　協議分割の場合は、登記申請人を除く当事者全員が実印にて押印し、その印鑑証明書を添付した遺産分割協議書の提供が必要となります（昭和30年4月23日民甲第742号通達）。当事者の代理人として、親権者、特別代理人、不在者財産管理人、未成年後見人、成年後見人、保佐人、補助人、任意後見人等が遺産分割に参加した場合は、その法定代理人等が実印にて押印し、その印鑑証明書を添付した遺産分割協議書の提供が必要となります。その場合は、さらに、親権者についてはその親権を証する戸籍謄本、特別代理人については選任審判書、不在者財産管理人については選任審判書及び権限外行為許可書、未成年後見人については未成年者の戸籍謄本、成年後見人等においては後見登記事項証明書を提供する必要があります。

　　住所が海外にある日本人については、日本の市区町村役場にて印鑑証明書の発行を受けることができないため、その者については印鑑証明書の提供に代えて、その者が一時帰国したときに、公証人にその面前で遺産分割協議書に署名押印した旨の認証を受ける方法又は現住所地の国の在外公館にて遺産分割協議書への署名について署名証明を受ける方法により、遺産分割協議書に署名等をしますので、それがなされた遺産分割協議書を提供します。

　　また、調停分割においては調停調書、審判分割においては審判書及び確定証明書の提供が必要となります。

(iii)　相続放棄をしたことを証する情報

　　相続人の中に相続放棄をした者がいるときは、原則的に、その者の相続放棄申述受理証明書（証明書例は、後記資料1のとおり）の提供が必要となります。しかし、「相続放棄・限定承認の申述の有無についての照会に対する家庭裁判所からの回答書」又は「家庭裁判所からの相続放棄申述受理通知書（通知書例は、後記資料2のとおり）」の内容が相続放棄申述受理証明書と同等の内容が記載されているものと認められるものであれば、これらを登記原因証明情報の一部として提供することができます（登記研究808号147頁）。

【資料1　相続放棄申述受理証明書例】

相続放棄申述受理証明書

事 件 番 号　　令和○年（家）第○○号

申 述 人 氏 名　　○○○○

被 相 続 人 氏 名　　○○○○

本　　　　　籍　　○○県○○市○○町○番地

死亡年月日　　令和○年○月○日

申述を受理した日　令和○年○月○日
　　上記のとおり証明する。

令和○年○月○日
○○家庭裁判所
裁判所書記官　○○○○　㊞

【資料2　相続放棄申述受理通知書例】

相続放棄申述受理通知書

事　件　番　号　　令和○年（家）第○○号

申　述　人　氏　名　　○○○○

被　相　続　人　氏　名　　○○○○
死　亡　年　月　日　　令和○年○月○日

申述を受理した日　令和○年○月○日

　あなたの申述は以上のとおり受理されましたので、通知します。
　なお、手続費用は申述人の負担とされました。

令和○年○月○日
○○家庭裁判所
裁判所書記官　○○○○　㊞

　(ⅳ)　相続欠格者であることを証する情報
　　　　相続人の中に相続欠格者がいる場合、その相続欠格者の実印を押

印し、それについての印鑑証明書（発行後3か月以内の期限はない）を添付した民法891条所定の欠格事由が存在する旨の証明書（後記資料のとおり）又は確定判決の謄本（相続欠格者について相続権の不存在を確認する判決がなされた場合の確定判決の謄本、又は相続欠格者についての民法891条各号に該当すべき刑事上の判決がなされた場合の判決書の謄本）の提供が必要となります（昭和33年1月10日民甲第4号通達）。

【資料　相続欠格者であることの証明書】

相続欠格証明書

最後の本籍　　○○県○○市…
最後の住所　　○○県○○市…
被 相 続 人　　A（令和○年○月○日死亡）

　私は、被相続人の相続に関し、民法891条5号に規定する欠格者に該当する。

　以上のとおり相違ないことを証明します。

令和○年○月○日

住所　　○○県○○市…

B　㊞（実印）

(v)　相続分譲渡・放棄がなされたことを証する情報

　　相続人の中に相続分を譲渡した者がいるときは、その者の実印を押印し、それについての印鑑証明書（発行後3か月以内の期限はない。登記研究523号139頁）を添付した相続分譲渡証書（後記資料1のとおり）の提供が必要となります（前掲・昭和59年10月15日民三

第5195号回答）。

　　また、相続人の中に、相続分を放棄した者がいるときは、その者の実印を押印し、それについての印鑑証明書（発行後3か月以内の期限はない。）を添付した相続分放棄証書（後記資料2のとおり）を提供した相続による所有権移転登記も受理されているようですが、統一的な見解があるわけではないので事前に申請先の法務局と打ち合わせをすることが望ましいです。

【資料1　相続分譲渡証書】

相続分譲渡証書

最後の本籍　　○○県○○市…
最後の住所　　○○県○○市…
被 相 続 人　　A（令和○年○月○日死亡）

　　私は、被相続人の相続における自己の相続分の全部を下記の者に譲渡しました。

　　　　　　　　　　　　　　　　　　　　令和○年○月○日
　　　　　　　　　　　　　　　　　　　　住所　　○○県○○市…
　　　　　　　　　　　　　　　　　　　　譲渡人　　B　㊞（実印）
　　　　　　　　　　　　　　記
　　　　　　　　相続分譲受人　　△△県△△市…　　C　殿

【資料2　相続分放棄証書】

相続分放棄証書

最後の本籍　　○○県○○市…
最後の住所　　○○県○○市…

被 相 続 人　A（令和○年○月○日死亡）

　私は、本日被相続人の相続について、自己の相続分全部を放棄します。

　　　　　　　　　　　令和○年○月○日

　　　　　　　　　　　住所　○○県○○市…

　　　　　　　　　　　相続分放棄者　B　㊞（実印）

(vi)　特別受益を証する情報

　　　相続人の中に特別受益者がおり、特別受益の持戻しの結果、その
　者の具体的相続分が０となる場合は、その者の実印を押印し、それ
　についての印鑑証明書（発行後３か月以内の期限はない）を添付し
　た特別受益証明書（「相続分がない旨の証明書」ともいいます。後
　記資料のとおり）の提供が必要となります（前掲・昭和30年４月23
　日民甲第742号通達、登記研究114号46頁。なお、代襲相続人につい
　て昭和49年１月８日民三第242号回答）。

　　　なお、特別受益証明書の作成は、処分証書ではなく事実行為の証
　明に過ぎないため、未成年者が特別受益者である場合に、親権者が、
　その書面を作成することは民法826条の利益相反行為に該当しませ
　んので、共同相続人中配偶者が、その親権に服する未成年者につい
　て特別受益証明書を作成して自己のためにする相続登記の申請は受
　理されます（昭和23年12月18日民甲第95号回答、登記研究29号25
　頁）。また、特別受益者が未成年者であっても、自ら押印及び印鑑
　証明書の提供ができるのであれば、未成年者自身で特別受益証明書
　を作成することができます（昭和40年９月21日民甲第2821号民事局
　長電報回答）。

【資料　特別受益証明書】

特別受益証明書

最後の本籍　　○○県○○市…

最後の住所　　○○県○○市…

被相続人　　　A（令和○年○月○日死亡）

　私は、令和○年○月○日生計の資本として、被相続人から、既に相続分相当の財産の贈与を受けており、被相続人の相続については、相続する相続分のないことを証明します。

令和○年○月○日

△△県△△市…

相続人　B　㊞（実印）

コラム　特別受益証明書の真意

　登記手続上の便宜のために作成された特別受益証明書は、その内容が事実を反映していないことも多く、後日の紛争の火種になる可能性があります。そのような危険性が内在しているかもしれない事案における特別受益証明書の利用は、できる限り避けることが望ましいといえます。

(vii)　被相続人の同一性を証する書面

　　　　被相続人が、登記記録上の名義人と同一人であることを証明するために、原則的には、住民票の除票又は戸籍の附票（ともに本籍地の記載があるもの）を添付する必要があります。被相続人の最後の住所と登記記録上の住所が一致していることの確認はもちろん、それらが不一致であっても、住民票の除票又は戸籍の附票等で登記記録上の住所から被相続人の最後の住所までの連続性が確認できれば

登記手続上は、同一人であることの証明となります。ただし、被相続人の登記記録上の住所が、戸籍謄本に記載された本籍と一致する場合は、それにより同一人であることの証明となりますので、被相続人の同一性を証する書面としての被相続人の住民票の除票又は戸籍の附票の提供は必要ありません。

　なお、住民票の除票又は戸籍の附票が、保存期間の経過等により取得できず、被相続人の戸籍謄本に記載された本籍も登記記録上の住所と一致しない場合は、その不動産の所有権に関する被相続人名義の登記済証の提供があれば、それを被相続人の同一性を証する書面として登記をすることができます（平成29年3月23日民二第175号民事局民事第二課長通知）。さらに、その登記済証の提供をすることができないときは、不在籍証明書（巻末資料21を参照）、不在住証明書（巻末資料22を参照）、納税証明書（巻末資料23を参照）、固定資産評価証明書等、他の添付情報の提供により、被相続人の同一性を証明することになります（この場合の具体的な書類内容は、申請先の法務局に確認するようにしてください。）。

【平成29年3月23日民二第175号民事局民事第二課長通知】

被相続人の同一性を証する情報として住民票の写し等が提供された場合における相続による所有権の移転の登記の可否について

（通知）

　標記について、別紙甲号のとおり福岡法務局民事行政部長から当職宛てに照会があり、別紙乙号のとおり回答しましたので、この旨貴管下登記官に周知方お取り計らい願います。

（別紙甲号）

　相続による所有権の移転の登記（以下「相続登記」という。）の申請において、所有権の登記名義人である被相続人の登記記録上の住所が戸籍の謄本に記載された本籍と異なる場合には、相続を証する市区町村長が職務上作成した情

報（不動産登記令（平成16年政令第379号）別表の22の項添付情報欄）の一部
として、被相続人の同一性を証する情報の提出が必要であるところ、当該情報
として、住民票の写し（住民基本台帳法（昭和42年法律第81号）第7条第5号、
第12条。ただし、本籍及び登記記録上の住所が記載されているものに限る。）、
戸籍の附票の写し（同法第17条、第20条。ただし、登記記録上の住所が記載さ
れているものに限る。）又は所有権に関する被相続人名義の登記済証（改正前
の不動産登記法（明治32年法律第24号）第60条第1項）の提供があれば、不在
籍証明書及び不在住証明書など他の添付情報の提供を求めることなく被相続人
の同一性を確認することができ、当該申請に係る登記をすることができると考
えますが、いささか疑義がありますので照会します。

（別紙乙号）

　本月7日付け不登第51号をもって照会のありました標記の件については、貴
見のとおり取り扱われて差し支えありません。

②　住所証明情報

　　所有権を取得する登記申請人の住民票又は戸籍の附票（ともに本籍
地の記載があるもの）の提供が必要となります。なお、登記原因証明
情報として相続人の住所が記載された法定相続情報を提供するときは、
住民票又は戸籍の附票の提供は不要です。

③　代理権限証明情報

　　司法書士等の申請代理人に登記申請を委任する場合は、登記申請人
から申請代理人に対する委任状の提供が必要となります。

④　評価証明書

　　一般的には、申請する不動産の申請年度の評価額が記載された固定
資産評価証明書（評価通知書）、名寄帳を提供する必要があります。

ウ　登録免許税

　　相続による所有権移転登記の登録免許税は、固定資産税の評価額につ
いて1,000円未満の端数を切り捨てた課税価格に、1,000分の4を乗じた

金額について、100円未満の端数を切り捨てた金額となります（登録免許税法別表第1一（二）イ）。

(2)　共同相続登記がある場合

　既に法定相続分による共同相続登記がなされた後で、法定相続分とは異なる割合による遺産分割がされた場合、従前は遺産分割によって当該不動産について法定相続分よりも実際に取得する権利が増加した相続人（登記権利者）と権利が減少した相続人（登記義務者）との共同申請により（昭和28年8月10日民甲第1392号回答）、「年月日遺産分割」（※日付は遺産分割の成立日（審判分割の場合は、審判の確定日））による持分の全部又は一部の移転登記をする扱いでした。調停分割・審判分割でない場合は、登記権利者が、この登記を単独申請することはできず（昭和37年2月8日民甲第267号回答、昭和42年10月9日民三発第706号民事局第三課長回答）、添付情報として、登記義務者の登記識別情報や印鑑証明書の提供が必要とされていました。現在は、既に法定相続分による共同相続登記がなされた後で、遺産分割の協議又は審判若しくは調停による所有権の取得に関する登記をする場合は、登記権利者の単独申請により「年月日遺産分割」（※日付は遺産分割の成立日（審判分割の場合は、審判の確定日））による所有権の更正登記をする扱いとなりました（令和5年3月28日民二第538号民事局長通達）。添付情報は、①登記原因証明情報として、(i)協議分割においては、遺産分割協議書（当該遺産分割協議書に押印した申請人以外の相続人の印鑑証明書を含む。）、(ii)調停分割においては、調停調書、(iii)審判分割においては、審判書及び確定証明書、②住所証明情報として、登記権利者の住民票又は戸籍の附票、③司法書士等の申請代理人に登記申請を委任する場合は、代理権限証明情報として、登記権利者から申請代理人に対する委任状、④当該更正登記につき登記上の利害関係を有する第三者がある場合は、承諾証明情報として、当該第三者の承諾書（印鑑証明書を含む。）又はこれに対抗することができる裁判の謄本、⑤評価証明書等となります。なお、④の承諾証明情報の提供ができない場合は、従前の扱い通

り、遺産分割によって当該不動産について法定相続分よりも実際に取得する権利が減少した相続人から権利が増加した相続人に対する持分の全部または一部の移転登記によることになります。

【令和5年3月28日民二第538号民事局長通達】
民法等の一部を改正する法律の施行に伴う不動産登記事務の取扱いについて（令和5年4月1日施行関係）（抄）

第3　その他運用の見直し関係

1　法定相続分での相続登記がされた場合における登記手続の簡略化

(1)　法定相続分での相続登記（民法第900条及び第901条の規定により算定した相続分に応じてされた相続による所有権の移転の登記をいう。以下同じ。）がされている場合において、次に掲げる登記をするときは、所有権の更正の登記によることができるものとした上で、登記権利者が単独で申請することができるものとする。

　　一　遺産の分割の協議又は審判若しくは調停による所有権の取得に関する登記

　　二　他の相続人の相続の放棄による所有権の取得に関する登記

　　三　特定財産承継遺言による所有権の取得に関する登記

　　四　相続人が受遺者である遺贈による所有権の取得に関する登記

(2)　(1)の所有権の更正の登記の申請において、申請情報の内容とする登記原因及びその日付は、次の振り合いによるものとする。

　　ア　(1)一の場合

　　　　「年月日【遺産分割の協議若しくは調停の成立した年月日又はその審判の確定した年月日】遺産分割」

　　イ　(1)二の場合

　　　　「年月日【相続の放棄の申述が受理された年月日】相続放棄」

　　ウ　(1)三の場合

　　　　「年月日【特定財産承継遺言の効力の生じた年月日】特定財産承継

遺言」

エ　(1)四の場合

「年月日【遺贈の効力の生じた年月日】遺贈」

(3)　(1)の所有権の更正の登記の申請をする場合に提供する登記原因証明情報としては、次のようなものが該当する。

ア　(1)一の場合

遺産分割協議書（当該遺産分割協議書に押印した申請人以外の相続人の印鑑に関する証明書を含む。）、遺産分割の審判書の謄本（確定証明書付き）、遺産分割の調停調書の謄本

イ　(1)二の場合

相続放棄申述受理証明書及び相続を証する市町村長その他の公務員が職務上作成した情報（公務員が職務上作成した情報がない場合にあっては、これに代わるべき情報）

ウ　(1)三の場合

遺言書（家庭裁判所による検認が必要なものにあっては、当該検認の手続を経たもの）

エ　(1)四の場合

遺言書（家庭裁判所による検認が必要なものにあっては、当該検認の手続を経たもの）

(4)　登記官は、(1)の三及び四の登記（所有権の更正の登記）の申請（登記権利者が単独で申請するものに限る。）があった場合には、登記義務者に対し、当該申請があった旨を通知しなければならないこととされた（改正不登規則第183条第4項）。

この通知の様式等については、改正不登準則によるものとし（改正不登準則第117条、第118条第15号）、当該申請の調査完了後、速やかに登記義務者の登記記録上の住所に宛てて通知書を発送するものとする。

なお、登記官において、当該通知後に、登記義務者からの求め等に応じ、登記手続の処理を中止・停止することを要しない。

(5)　建設機械の登記（建設機械登記規則（平成17年法務省令第30号））及び船舶の登記（製造中の船舶の登記を除く。船舶登記規則（平成17年法務省令第27号））についても、所要の整備がされた（令和5年法務省令による改正後の建設機械登記規則第35条、船舶登記規則第49条）。

(6)　(1)の所有権の更正の登記は、登記上の利害関係を有する第三者がある場合には、当該第三者の承諾がなければ申請することができないことなどは、従前のとおりである（不登法第66条、第68条等）。

(7)　登記の記録は、別紙2の振り合いによるものとする。

(8)　本取扱いは、令和5年4月1日以後にされる登記の申請から実施するものとする。

2　胎児を相続人とする相続による所有権の移転の登記手続の見直し

(1)　胎児を相続人とする相続による所有権の移転の登記の申請において、申請情報の内容とする申請人たる胎児の表示は、「何某（母の氏名）胎児」とするものとする。

(2)　登記の記録は、別紙3の振り合いによるものとする。

(3)　本取扱いは、令和5年4月1日以後にされる登記の申請から実施するものとする。

別紙2

一　遺産の分割の協議又は審判若しくは調停による所有権の取得に関する登記の場合

権　利　部　（甲区）　　　（所有権に関する事項）			
順位番号	登　記　の　目　的	受付年月日・受付番号	権 利 者 そ の 他 の 事 項
3	所有権移転	令和何年何月何日 第何号	原因　令和何年何月何日相続 共有者 　何市何町何番地 　持分2分の1 　甲　某 　何市何町何番地 　4分の1 　乙　某 　何市何町何番地 　4分の1 　丙　某
付記1号	3番所有権更正	令和何年何月何日 第何号	原因　令和何年何月何日遺産分割 共有者 　何市何町何番地 　持分2分の1 　甲　某 　何市何町何番地 　2分の1 　乙　某

（注）更正前の共有者を抹消する記号（下線）を記録する。

二　他の相続人の相続の放棄による所有権の取得に関する登記の場合

権　利　部　（甲区）　　　（所有権に関する事項）			
順位番号	登　記　の　目　的	受付年月日・受付番号	権 利 者 そ の 他 の 事 項
3	所有権移転	令和何年何月何日 第何号	原因　令和何年何月何日相続 共有者 　何市何町何番地 　持分2分の1 　甲　某 　何市何町何番地 　4分の1 　乙　某 　何市何町何番地 　4分の1 　丙　某
付記1号	3番所有権更正	令和何年何月何日 第何号	原因　令和何年何月何日相続放棄 共有者 　何市何町何番地 　持分2分の1 　甲　某 　何市何町何番地 　2分の1 　乙　某

（注）更正前の共有者を抹消する記号（下線）を記録する。

三　特定財産承継遺言による所有権の取得に関する登記の場合

権　利　部　　（甲区）　　　（所有権に関する事項）			
順位番号	登　記　の　目　的	受付年月日・受付番号	権　利　者　そ　の　他　の　事　項
3	所有権移転	令和何年何月何日 第何号	原因　令和何年何月何日相続 共有者 <u>何市何町何番地</u> <u>持分2分の1</u> <u>甲　某</u> <u>何市何町何番地</u> <u>4分の1</u> <u>乙　某</u> <u>何市何町何番地</u> <u>4分の1</u> 丙　某
付記1号	3番所有権更正	令和何年何月何日 第何号	原因　令和何年何月何日特定財産承継遺言 共有者 何市何町何番地 持分2分の1 甲　某 何市何町何番地 2分の1 乙　某

（注）更正前の共有者を抹消する記号（下線）を記録する。

四　相続人が受遺者である遺贈による所有権の取得に関する登記の場合

権　利　部　　（甲区）　　　（所有権に関する事項）			
順位番号	登　記　の　目　的	受付年月日・受付番号	権　利　者　そ　の　他　の　事　項
3	所有権移転	令和何年何月何日 第何号	原因　令和何年何月何日相続 共有者 <u>何市何町何番地</u> <u>持分2分の1</u> <u>甲　某</u> <u>何市何町何番地</u> <u>4分の1</u> <u>乙　某</u> <u>何市何町何番地</u> <u>4分の1</u> 丙　某
付記1号	3番所有権更正	令和何年何月何日 第何号	原因　令和何年何月何日遺贈 共有者 何市何町何番地 持分2分の1 甲　某 何市何町何番地 2分の1 乙　某

（注）更正前の共有者を抹消する記号（下線）を記録する。

別紙3

1　所有権の移転の登記（胎児の相続）

順位番号	登　記　の　目　的	受付年月日・受付番号	権　利　者　そ　の　他　の　事　項
権　利　部　　（甲区）　　　　（所有権に関する事項）			
3	所有権移転	令和何年何月何日 第何号	原因　令和何年何月何日相続 共有者 何市何町何番地 持分2分の1 乙　某 何市何町何番地 　2分の1 　乙　某　胎　児

2　登記名義人の氏名等の変更の登記（胎児が生きて生まれた場合）

順位番号	登　記　の　目　的	受付年月日・受付番号	権　利　者　そ　の　他　の　事　項
権　利　部　　（甲区）　　　　（所有権に関する事項）			
3	所有権移転	令和何年何月何日 第何号	原因　令和何年何月何日相続 共有者 何市何町何番地 持分2分の1 乙　某 何市何町何番地 　2分の1 　乙　某　胎　児
付記1号	3番登記名義人住所、氏名変更	令和何年何月何日 第何号	原因　令和何年何月何日出生 共有者乙某胎児の氏名住所　何市何町何番地 何　某

（注）変更前の氏名及び住所を抹消する記号（下線）を記録する。

3　所有権の更正の登記（胎児が死体で生まれた場合）

順位番号	登　記　の　目　的	受付年月日・受付番号	権　利　者　そ　の　他　の　事　項
権　利　部　　（甲区）　　　　（所有権に関する事項）			
3	所有権移転	令和何年何月何日 第何号	原因　令和何年何月何日相続 共有者 何市何町何番地 持分2分の1 乙　某 何市何町何番地 　4分の1 　丙　某 何市何町何番地 　4分の1 　乙　某　胎　児
付記1号	3番所有権更正	令和何年何月何日 第何号	原因　錯誤 共有者 何市何町何番地 持分2分の1 乙　某 何市何町何番地 　2分の1 　丙　某

（注）更正前の共有者を抹消する記号（下線）を記録する。

2　数次相続

　相続が数次にわたって開始した場合には、各次の相続について相続による所有権移転登記（以下、単に「相続登記」といいます。）をすることが基本原則です。しかし、権利部甲区の所有権登記名義人に数次の相続が生じているにも関わらず、登記されないままの状態になっていることもあり、その場合には、中間の相続が単独相続であれば、登記原因に「年月日Ａ相続　年月日相続」（※Ａは中間の相続における被相続人）というように、登記申請情報に各次の相続の登記原因を順次権利承継者たる相続人の氏名を付して連記し、添付情報として各次の相続についての相続を証する情報をすべて提供するときは、中間の相続登記を経ずに最終の相続人名義に相続登記をすることができます（昭和30年12月16日民甲第2670号通達）。これは、家督相続が数次にわたって開始した後に、中間の相続登記を経ずに最終の家督相続人への相続による所有権移転登記をすることができるとした明治33年3月7日民刑第260号民刑局長回答が発端となったとされているようです。必ず単独相続となる家督相続に限らず、より広義に現行民法下における相続において中間の相続が単独相続である場合にも、同様の申請が可能となります。「中間の相続が単独である場合」には、相続人が当初から一人である場合に限らず、相続人が複数いる場合でも、その中に相続欠格者、被廃除者や特別受益者がいて中間の相続の相続人が一人になる場合や、相続放棄、遺産分割、相続分の指定等により中間の相続の相続人が一人になる場合も含まれます。

　なお、中間の相続について遺産分割が未了のまま数次相続が発生し、中間の相続が単独相続であったか否かについて遺産分割協議書に記載がなく、明らかでない場合であっても、最終的な遺産分割協議の結果のみが記載された相続人全員の署名押印のある遺産分割協議書で、そこから合理的に推認できれば、その協議書を添付して中間の相続登記を経ずに最終の相続人名義に相続登記をすることができます（平成29年3月30日民二第237号民事局民事第二課長通知）。また、不動産の登記名義人に相続が開始し、その相続人Ａ、Ｂ及びＣによる遺

産分割協議が未了のまま、Cに相続が開始し、その相続人がD及びEである場合に、A及びBが、D及びEに対して各々の相続分を譲渡し、DE間でDが当該不動産を単独で取得する旨の遺産分割協議が成立したときは、「年月日C相続、年月日相続」を登記原因として中間の相続登記を経ずに最終の相続人であるD名義に相続登記をすることができます（平成30年3月16日民二第137号民事局民事第二課長通知、登記研究848号159頁）。

〈参考〉

　表題部の所有者に数次相続が生じた場合に相続人から申請する不動産登記法74条1項1号後段の所有権保存登記は、中間の相続が共同相続であっても、所有権保存登記には、常に登記原因を記載しないため、直接最終の相続人名義に所有権保存登記することができます。

【明治33年3月7日民刑第260号民刑局長回答】

　甲戸主死亡シ乙者其相続人ト為リ家督相続ノ登記ヲ受ケザル前隠居シテ丙者其相続ヲ為セリ。此場合丙者ニ於テ相続登記ヲ受ケントスルモ丙者ハ乙者ノ相続人ナレバ、先以テ乙者ガ相続登記ヲ受ケタル後ニアラザレバ丙者ニ於テ相続登記ヲ受クル能ハザルニ似タリ。然レドモ身分ヲ証スル戸籍吏ノ書面ニ依ルトキハ其沿革明瞭ナルノミナラズ、若シ丙者ニシテ死亡ニ因ル相続ナルトキハ如何トモ致方ナキニ付キ別ニ乙者ノ相続登記ヲ要セズ直チニ丙者ニ於テ登記ヲ申請セシメ差支ナシ。但シ登記用紙中相当区事項欄ニハ「明治何年何月何日乙ガ家督相続ニ因リテ取得シタル権利ヲ明治何年何月何日丙ガ家督相続ニ因リテ取得シタルニ付キ丙ノ為メ何権利ノ取得ヲ登記ス」ト記載スルヲ相当トス。

【昭和30年12月16日民甲第2670号通達】

相続登記申請について

　標記の件について、今般別紙甲号のとおり東京法務局長から照会があつたので、別紙乙号のとおり回答したから、この旨貴管下登記官吏に周知方しかるべく取り計らわれたい。

　（別紙甲号）

　甲死亡により、乙、丙が共同相続人となり、その登記前に、更に乙、丙が順次死亡し、丁が乙の、戊が丙の各相続人となりたる場合、甲名義の不動産を、直接丁、戊名義にする相続登記は一個の申請でなし得ないものと考えますが、いかがでしようか、何分の御回示賜りたくお伺いします。

（別紙乙号）

　本年11月24日付登第232号をもつて照会のあつた標記の件については、貴見のとおりと考える。

　なお、単独相続（遺産分割、相続放棄又は他の相続人に相続分のないことによる単独相続を含む。）が中間において数次行われた場合に限り、明治33年3月7日民刑第260号民刑局長回答により、一個の申請でさしつかえない。

【平成29年3月30日民二第237号民事局民事第二課長通知】
数次相続が生じている場合において最終的な遺産分割協議の結果のみが記載された遺産分割協議書を添付してされた相続による所有権の移転の登記の可否について

（通知）

　標記について、別紙甲号のとおり福岡法務局民事行政部長から当職宛てに照会があり、別紙乙号のとおり回答しましたので、この旨貴管下登記官に周知方お取り計らい願います。

（別紙甲号）

　Aを所有権の登記名義人とする甲不動産について、別添の相続関係説明図記載のとおり遺産分割が未了のまま数次相続が発生したことを前提に、今般、Eの相続人の一人であるGから、Gが甲不動産を相続したことを内容とする遺産分割協議書を登記原因証明情報の一つとして添付した上で、「年月日B相続、年月日E相続、年月日相続」を登記原因とするGへの所有権の移転の登記の申請（以下「本件登記申請」という。）が1件の申請でされました。

　単独相続が中間において数次行われた場合には、相続を原因とする所有権の移転登記を1件の申請で行うことができ、この単独相続には遺産分割により単

独相続になった場合も含まれることについては先例（昭和30年12月16日付け民事甲第2670号民事局長通達。以下「昭和30年通達」という。）において示されているところですが、本件においては、第一次相続の相続人による遺産分割が未了のまま第二次相続及び第三次相続が発生し、その後の遺産分割協議が第一次相続及び第二次相続の各相続人の地位を承継した者並びに第三次相続の相続人によって行われたものであり、本遺産分割協議書には、A名義の不動産をGが単独で相続した旨の記載があるのみであることから、昭和30年通達の取扱いの対象となるかどうかが明らかではありません。

　本遺産分割協議書の当該記載の趣旨は、第一次相続から第三次相続までの相続関係から合理的に推認すれば、まず、①第一次相続の相続人の地位を承継した者（FからSまで）により亡Bに甲不動産を承継させる合意、次に、②亡Bを被相続人とする第二次相続の相続人（J、K及びL）及び相続人の地位を承継した者（F、G、H及びI）により亡Eに甲不動産を承継させる合意、そして、③亡Eを被相続人とする第三次相続の相続人（F、G、H及びI）により、Gに甲不動産を承継させる合意の各合意をいずれも包含するものと解されますので、登記原因欄の上記記載は相当であると考えられます。また、上記各相続における相続人又は相続人の地位を承継した者であるFからSまでの全員の署名押印があり、第一次相続から第三次相続までの遺産分割協議をするためにそれぞれ必要な者によって遺産分割が行われたと考えられます。そうすると、昭和30年通達に従って、本件登記申請に係る登記をすることができると考えますが、いささか疑義がありますので照会します。

被相続人Ａ　相続関係説明図　　　　　　　　　　　　　　　別添

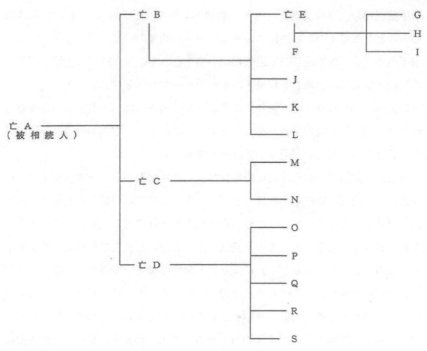

（別紙乙号）

　本月28日付け不登第64号をもって照会のありました標記の件については、貴見のとおり取り扱われて差し支えありません。

【平成30年３月16日民二第137号民事局民事第二課長通知】
異順位の共同相続人の間で相続分の譲渡がされた後に遺産分割協議が行われた場合における所有権の移転の登記の可否について
（通知）

　標記について、別紙甲号のとおり名古屋法務局民事行政部長から当職宛てに照会があり、別紙乙号のとおり回答しましたので、この旨貴管下登記官に周知方お取り計らい願います。
（別紙甲号）

　甲不動産の所有権の登記名義人Ａが死亡し、その相続人Ｂ、Ｃ及びＤによる遺産分割協議が未了のまま、更にＤが死亡し、その相続人がＥ及びＦであった場合において、Ｂ及びＣがＥ及びＦに対してそれぞれの相続分を譲渡した上で、ＥＦ間において遺産分割協議をし、Ｅが単独で甲不動産を取得することとしたとして、Ｅから、登記原因を証する情報（不動産登記令（平成16年政令第379号）第7条第1項第5号ロただし書、別表22の項添付情報欄）として、当該相続分の譲渡に係る相続分譲渡証明書及び当該遺産分割協議に係る遺産分割協議書を提供して、「平成何年何月何日（Ａの死亡の日）Ｄ相続、平成何年何月何日（Ｄの死亡の日）相続」を登記原因として、甲不動産についてＡからＥへの所有権の移転の登記の申請があったときは、遺産の分割は相続開始の時にさかのぼってその効力を生じ（民法（明治29年法律第89号）第909条）、中間における相続が単独相続であったことになることから、他に却下事由が存在しない限り、当該申請に基づく登記をすることができると考えますが、いささか疑義がありますので照会します。

　（別紙乙号）

　本月9日付け不登第52号をもって照会のありました標記の件については、貴見のとおり取り扱われて差し支えありません。

3　遺産分割による贈与

　代償分割において、現物取得者が、その現物を相続により取得する代償として自己の金銭ではなく、不動産を提供する場合、その不動産の所有権移転登記の登記原因は、「年月日遺産分割による贈与（※日付は、遺産分割の成立日）」となります（登記研究528号184頁）。その申請は、代償として不動産を取得する者を登記権利者、現物取得者を登記義務者とする共同申請により行います。

　また、登録免許税率は、相続や遺産分割を原因とする所有権移転登記の登録免許税に関する登録免許税法別表第1一（二）イの1,000分の4ではなく、同別表1一（二）ハの1,000分の20となります。

　なお、登記原因証明情報としては、遺産分割協議、相続関係を証する戸籍、

報告形式の登記原因証明情報のうちどの提供が必要になるかについては、見解が統一されていないようですので申請先の法務局に確認するようにしてください。

4　相続人申告登記

(1)　相続登記の義務化

　　令和6年4月1日より「民法等の一部を改正する法律」（令和3年法律第24号）が施行されたことにより、相続登記の申請が義務化され、不動産の所有権登記名義人について相続が開始した場合は、当該相続又は遺贈により不動産の所有権を取得した相続人は、自己のために相続の開始があったことを知り、かつ、当該所有権を取得したことを知った日から3年以内に相続登記の申請をしなければならないこととされました（不動産登記法76条の2第1項）。

　　また、法定相続分による共同相続登記がなされた後で、遺産分割によって法定相続分を超える所有権を取得した相続人は、当該遺産分割の日から3年以内に所有権移転登記の申請をする義務を負います（不動産登記法76条の2第2項）。ここにいう「所有権移転登記」には、前述の令和5年3月28日民二第538号通達における所有権の更正登記も含まれると解されています。

　　上記の義務規定は、代位者その他の者の申請又は嘱託により、当該各項の規定による登記がされた場合には、適用されません（不動産登記法76条の2第3項）。

　　相続登記の申請義務のある者が、正当な理由なく、その申請を怠ったときは、10万円以下の過料に処せられる可能性があります（同法164条1項）。この「正当な理由」として認められる場合は、具体的に、①相続登記の義務に係る相続について、相続人が極めて多数に上り、かつ、戸籍関係書類等の収集や他の相続人の把握等に多くの時間を要する場合、②相続登記の義務に係る相続について、遺言の有効性や遺産の範囲等が相続人等の間で

争われているために相続不動産の帰属主体が明らかにならない場合、③相続登記の義務を負う者自身に重病その他これに準ずる事情がある場合、④相続登記の義務を負う者が配偶者からの暴力の防止及び被害者の保護等に関する法律（平成13年法律第31号）1条2項に規定する被害者その他これに準ずる者であり、その生命・心身に危害が及ぶおそれがある状態にあって避難を余儀なくされている場合、⑤相続登記の義務を負う者が経済的に困窮しているために、登記の申請を行うために要する費用を負担する能力がない場合等が該当するとされていますが、その他の場合においても、個別の事案における具体的な事情に応じ、登記をしないことについて理由があり、その理由に正当性が認められる場合には、「正当な理由」があると認められます。

(2)　経過措置

相続登記の義務化は、令和6年4月1日に施行された「民法等の一部を改正する法律」（令和3年法律第24号）により開始され、施行日前に開始した相続についても適用されますが、その申請期間については、自己のために相続の開始があったことを知り、かつ、当該所有権を取得したことを知った日又は施行日のいずれか遅い日から3年以内に相続登記の申請をしなければならないという経過措置が設けられています（附則5条6項）。

(3)　相続人申告登記

上記(1)の不動産登記法76条の2第1項の申請義務を負う者が、法務省令で定めるところにより、登記官に対し、所有権の登記名義人について相続が開始した旨及び自らが当該所有権の登記名義人の相続人である旨を申請義務の履行期間内に申し出ることで、その申出人については、相続登記の申請義務を履行したものとみなされます（不動産登記法76条の3第1項・2項）[※1・※2]。相続人が複数いる場合でも、相続人の一人から申し出ることができますが、それにより申請義務を履行したものとみなされるのは当該申出をした相続人のみとなります。ただし、他の相続人の分も含めた代理申出をすることができるので、それにより相続人全員が申請義務を履行

したことになります。

　この申出があると、登記官は、職権で、その旨並びに当該申出をした者の氏名及び住所その他法務省令で定める事項を所有権の登記に付記する登記をします（同条3項）。この登記を相続人申告登記といいます[3]・[4]。

　この申出は、申出手続（オンラインでも可）において、押印・電子署名は不要[5]で、専用のソフトウェアを利用することなく、Webブラウザ上で手続をすることができます（「かんたん登記申請」の利用が可能）。また、相続登記の場合と異なり、法定相続人の範囲・法定相続分の割合の確定が不要ですので、戸籍等の必要書類が少なく、非課税で行うことができ、簡易・迅速に手続をすることができるようになっています。

　申出の際に必要となる戸籍関係書類の例・申出書の記載例（法務局のHPより）は、次のとおりです。

※1　相続人申告登記をした者が、その後の遺産分割によって所有権を取得したとき（法定相続分による共同相続登記がなされた後の遺産分割によって所有権を取得したときを除く。）は、当該遺産分割の日から3年以内に、所有権の移転の登記を申請しなければなりません（不動産登記法76条の3第4項）。この義務規定は、代位者その他の者の申請又は嘱託により、登記がされた場合には、適用されません（同条第5項）。

※2　登記申請と相続人申出等を申請書兼申出書などとして一括で提出することは認められません。

※3　遺産分割がされた後にこれに基づく登記をする義務を相続人申告登記によって履行することはできないことや、不動産についての権利関係を公示するものではなく、効果が限定的であることに留意が必要です。

※4　例えば、所有権の登記名義人Aの共同相続人がX及びYの場合において、①X及びYを所有権の登記名義人とする相続登記の申請がXからされた後、②YからAの相続人である旨の相続人申出がされた場合は、①の登記の完了により、Aは所有権の登記名義人ではなくなるため、②の申出は却下事由（不動産登記規則158条の16第1項4号）に該当することになります。しかし、直ちに②の申出が却下されるのではなく、登記官は、申出人に対して、①の登記の完了により相続登記の義務は履行されたことになる旨を伝え、②の申出を適宜取下げるように促すような対応をすることが考えられます。

※5　司法書士が委任を受け作成した相続人申出等情報については司法書士法施行規則28条2項の電子署名をすることを要します。

ア　登記記録上の所有者が死亡し、その子において、相続人申告登記の申
出を行う場合

相　続　人　申　出　書

申出の目的　　　相続人申告

法務太郎の相続人

相続開始年月日　令和○年○月○日

　（申出人）　○県○市○町二丁目１２番地

　　　　　　　法務　優子

　　　　　　　（氏名ふりがな　ほうむ　ゆうこ）

　　　　　　　（生年月日　昭和○○年○月○日）

　　　　　　　　　連絡先の電話番号００－００００－００００

添付情報（※１）

申出人が登記名義人の相続人であることを証する情報（※２、３）

住所証明情報（※４）

令和○年○月○日申出　○○法務局（又は地方法務局）○○支局（又は出
張所）

不動産の表示

　不動産番号　　１２３４５６７８９０１２３

　所　　　在　　○市○町一丁目

　地　　　番　　２３番

　不動産番号　　０９８７６５４３２１０１２

```
所　　　在　　○市○町一丁目２３番地
家 屋 番 号　　２３番
```

※１　被相続人と申出人の相続関係を明らかにした相続関係説明図が提出された場合には、申出書に添付した戸籍の証明書（戸除籍謄本等）及び住民票の写しについて、原本還付の手続をすることができます。

※２　一般的に、①被相続人の相続開始日が分かる戸籍の証明書（戸除籍謄本等）、②申出人が被相続人の子であることが分かる戸籍の証明書、③被相続人の相続開始日以後に発行された申出人についての戸籍の証明書が必要になります。１通の証明書で①～③を満たす場合には、その証明書の添付で足ります。

　　例えば、１通の証明書に被相続人の相続開始日が記載され、かつ、申出人が被相続人の子として記載されている場合（申出人につきその戸籍から除籍された旨の記載があるものを除く。）には、その証明書の添付で足ります。

　　これに対し、被相続人が死亡する前に申出人が結婚した場合など、被相続人の相続開始日（上記①）が記載された証明書に、申出人の記載がされていないときは、上記①の証明書に加えて、上記②を満たす被相続人の過去の戸籍の証明書と上記③の証明書が必要になります。

　　また、法定相続情報証明制度を利用している場合には、法定相続情報一覧図の写しを提出するか、法定相続情報番号（法定相続情報一覧図の写しの右上に記載された番号）を申出書に記載することで、上記①～③の証明書の添付に代えることができます。

※３　被相続人の最後の氏名及び住所が登記記録上の氏名及び住所と異なる場合や被相続人の本籍が登記記録上の住所と異なる場合には、被相続人が登記名義人（登記記録上の所有者）であることが分かる被相続人の本籍の記載のある住民票の除票又は戸籍の表示の記載のある戸籍の附票の写し等が必要となります。

※４　申出人の住民票の写し（マイナンバー（個人番号）が記載されていないもの）です。住民票上の申出人の氏名のふりがな及び生年月日を記載した場合は、提出する必要はありません（登記所において、記載された情報により住基ネットに照会を行い、住基ネットから提供された住所と申出書に記載された住所が合致しているかどうかの確認がされます。）。ただし、国内に住所のない者については住所証明情報の提出を省略することはできません。

　　また、申出人の現在の住所が記載されている法定相続情報一覧図の写しを提出するか、その法定相続情報番号を申出書に記載することで、住所証明情報の添付に代えることができます。

イ　登記記録上の所有者が死亡し、その配偶者において、相続人申告登記
　　の申出を行う場合

相　続　人　申　出　書

申出の目的　　　相続人申告

法務太郎の相続人

相続開始年月日　令和〇年〇月〇日

　（申出人）　　〇県〇市〇町二丁目１２番地

　　　　　　　法務　花子

　　　　　　　（氏名ふりがな　ほうむ　はなこ）

　　　　　　　（生年月日　昭和〇〇年〇月〇日）

　　　　　　　　　連絡先の電話番号００－００００－００００

添付情報（※１）

申出人が登記名義人の相続人であることを証する情報（※２、３）

住所証明情報（※４）

令和〇年〇月〇日申出　　〇〇法務局（又は地方法務局）〇〇支局（又は出
張所）

不動産の表示

　　不動産番号　　　１２３４５６７８９０１２３

　　所　　　在　　　〇市〇町一丁目

　　地　　　番　　　２３番

　　不動産番号　　　０９８７６５４３２１０１２

```
所　　在　　○市○町一丁目23番地
家屋番号　　23番
```

※1　前記ア（※1）の解説と同じ。

※2　一般的に、被相続人の相続開始日及び申出人が被相続人の配偶者であることが分かる
　　戸籍の証明書（戸除籍謄本等）が必要になります。
　　　また、法定相続情報証明制度を利用している場合には、法定相続情報一覧図の写しを
　　提出するか、法定相続情報番号を申出書に記載することで、戸籍の証明書の添付に代え
　　ることができます。

※3　前記ア（※3）の解説と同じ。

※4　前記ア（※4）の解説と同じ。

　　ウ　登記記録上の所有者が死亡し、その配偶者と子の一人において、相続
　　　　人申告登記の申出を一括で行う場合

```
　　　　　　　　　　相　続　人　申　出　書

申出の目的　　　　相続人申告
法務太郎の相続人
相続開始年月日　　令和○年○月○日

　（申出人）　　○県○市○町二丁目12番地
　　　　　　　　法務　花子
　　　　　　　　（氏名ふりがな　ほうむ　はなこ）
　　　　　　　　（生年月日　昭和○○年○月○日）
　　　　　　　　　連絡先の電話番号00-0000-0000
　（申出人）　　○県○市○町二丁目12番地
　　　　　　　　法務　一郎
　　　　　　　　（氏名ふりがな　ほうむ　いちろう）
　　　　　　　　（生年月日　平成○○年○月○日）
```

連絡先の電話番号００－００００－００００

添付情報（※１）
申出人が登記名義人の相続人であることを証する情報（※２、３）
住所証明情報（※４）

令和○年○月○日申出　○○法務局（又は地方法務局）○○支局（又は出張所）

不動産の表示
　　不動産番号　　１２３４５６７８９０１２３
　　所　　　在　　○市○町一丁目
　　地　　　番　　２３番

　　不動産番号　　０９８７６５４３２１０１２
　　所　　　在　　○市○町一丁目２３番地
　　家 屋 番 号　　２３番

※１　前記ア（※１）の解説と同じ。

※２　一般的に、①被相続人の相続開始日及び申出人（配偶者）が被相続人の配偶者であることが分かる戸籍の証明書（戸除籍謄本等）、②申出人（子）が被相続人の子であることが分かる戸籍の証明書、③被相続人の死亡した日以後に発行された申出人（子）についての戸籍の証明書が必要になります。１通の証明書で①～③を満たす場合には、その証明書の添付で足ります。

　　　これに対し、被相続人が死亡する前に申出人（子）が結婚した場合など、被相続人の死亡した日及び申出人（配偶者）が被相続人であること（上記①）が記載された証明書に、申出人（子）の記載がされていないときは、上記①の証明書に加えて、上記②を満たす被相続人の過去の戸籍の証明書と上記③の証明書が必要になります。

　　　また、法定相続情報証明制度を利用している場合には、法定相続情報一覧図の写しを提出するか、法定相続情報番号を申出書に記載することで、上記①～③の証明書の添付

に代えることができます。

※3　前記ア（※3）の解説と同じ。

※4　前記ア（※4）の解説と同じ。

エ　登記記録上の所有者が死亡し、その親において、相続人申告登記の申出を行う場合

相　続　人　申　出　書

申出の目的　　　相続人申告

法務太郎の相続人

相続開始年月日　令和○年○月○日

　（申出人）　○県○市○町二丁目１２番地

　　　　　　　法務　　町子

　　　　　　　（氏名ふりがな　ほうむ　まちこ）

　　　　　　　（生年月日　昭和○○年○月○日）

　　　　　　　　　連絡先の電話番号００－００００－００００

添付情報（※1）

申出人が登記名義人の相続人であることを証する情報（※2、3）

住所証明情報（※4）

令和○年○月○日申出　○○法務局（又は地方法務局）○○支局（又は出張所）

不動産の表示

　不動産番号　　１２３４５６７８９０１２３

　所　　　在　　○市○町一丁目

```
地　　番　　　２３番


不動産番号　　０９８７６５４３２１０１２
所　　在　　　○市○町一丁目２３番地
家屋番号　　　２３番
```

※１　前記ア（※１）の解説と同じ。
※２　一般的に、①申出人が被相続人の親であること及び被相続人に子がないことが分かる
　　戸籍の証明書（戸除籍謄本等）（被相続人の出生から死亡までの全ての戸籍の証明書）、
　　②被相続人の死亡した日以後に発行された申出人についての戸籍の証明書が必要になり
　　ます。１通の証明書で①・②を満たす場合には、その証明書の添付で足ります。
　　　なお、被相続人に子がいたが、被相続人の死亡前に死亡した場合には、その子に子が
　　ないことが分かる戸籍の証明書（その子の出生から死亡までの全ての戸籍の証明書）が
　　別途必要となる場合があります。
　　　また、法定相続情報証明制度を利用している場合には、法定相続情報一覧図の写しを
　　提出するか、法定相続情報番号を申出書に記載することで、上記①及び②の証明書の添
　　付に代えることができます。
※３　前記ア（※３）の解説と同じ。
※４　前記ア（※４）の解説と同じ。

　オ　登記記録上の所有者が死亡し、その兄弟姉妹において、相続人申告登
　　　記の申出を行う場合

```
　　　　　　　　　　　相　続　人　申　出　書

申出の目的　　　　相続人申告
法務太郎の相続人
相続開始年月日　　令和○年○月○日


　（申出人）　○県○市○町二丁目１２番地
　　　　　　　法務　次郎
```

（氏名ふりがな　ほうむ　じろう）

（生年月日　昭和〇〇年〇月〇日）

連絡先の電話番号００−００００−００００

添付情報（※１）

申出人が登記名義人の相続人であることを証する情報（※２、３）

住所証明情報（※４）

令和〇年〇月〇日申出　〇〇法務局（又は地方法務局）〇〇支局（又は出張所）

不動産の表示

　不動産番号　　１２３４５６７８９０１２３

　所　　　在　　〇市〇町一丁目

　地　　　番　　２３番

　不動産番号　　０９８７６５４３２１０１２

　所　　　在　　〇市〇町一丁目２３番地

　家 屋 番 号　　２３番

※１　前記ア（※１）の解説と同じ。

※２　一般的に、①申出人が被相続人の兄弟姉妹であること及び被相続人に子がないことが分かる戸籍の証明書（戸除籍謄本等）（被相続人の出生から死亡までの全ての戸籍の証明書など）、②被相続人の死亡前に被相続人の直系尊属（父母、祖父母等）が死亡していることが分かる戸籍の証明書、③被相続人の相続開始日以後に発行された申出人についての戸籍の証明書が必要になります。①〜③で重複するものがある場合には、重ねて同じものを添付する必要はありません。

　　　なお、被相続人に子がいたが、その子が被相続人の死亡前に死亡している場合には、その子に子がないことが分かる戸籍の証明書（その子の出生から死亡までの全ての戸籍

の証明書）が別途必要となる場合があります。

　また、法定相続情報証明制度を利用している場合には、法定相続情報一覧図の写しを提出するか、法定相続情報番号を申出書に記載することで、上記①～③の証明書の添付に代えることができます。

※3　前記ア（※3）の解説と同じ。

※4　前記ア（※4）の解説と同じ。

カ　登記名義人の死亡により、その子（第一次相続人）が所有権を取得

　　→第一次相続人の死亡によりその子（第二次相続人）がその所有権を取得

　　→第二次相続人において、相続人申告登記の申出を行う場合

相 続 人 申 出 書

申出の目的　　　相続人申告

法務太郎（※1）の相続人

相続開始年月日　平成○年○月○日（※2）

　　　　　　　○県○市○町二丁目１２番地

　　　　　　　法務　一郎（※3）

法務一郎の相続人

相続開始年月日　平成○年○月○日（※4）

　（申出人）　○県○市○町二丁目１２番地

　　　　　　　法務　優子（※5）

　　　　　　　（氏名ふりがな　ほうむ　ゆうこ）

　　　　　　　（生年月日　昭和○○年○月○日）

　　　　　　　　連絡先の電話番号００－００００－００００

添付情報（※6）

第一次相続人が登記名義人の相続人であることを証する情報（※7、8）

第一次相続人の住所証明情報（※9）

申出人が第一次相続人の相続人であることを証する情報（※7）

申出人の住所証明情報（※10）

令和○年○月○日申出　○○法務局（又は地方法務局）○○支局（又は出張所）

不動産の表示

　不動産番号　　１２３４５６７８９０１２３

　所　　　在　　○市○町一丁目

　地　　　番　　２３番

　不動産番号　　０９８７６５４３２１０１２

　所　　　在　　○市○町一丁目２３番地

　家 屋 番 号　　２３番

※1　登記名義人である被相続人の氏名を記載します。

※2　登記名義人である被相続人の相続開始日を記載します。

※3　第一次相続人の氏名及び住所を記載します。

※4　第一次相続人の相続開始日を記載します。

※5　第二次相続人である申出人の氏名及び住所等を記載します。

※6　登記名義人である被相続人、第一次相続人と申出人の相続関係を明らかにした相続関係説明図が提出された場合には、申出書に添付した戸籍の証明書（戸除籍謄本等）及び住民票の写しについて、原本還付の手続をすることができます。

※7　一般的に、①登記名義人である被相続人の相続開始日が分かる戸籍の証明書（戸除籍謄本等）、②第一次相続人が被相続人の子であることが分かる戸籍の証明書、③第一次

相続人の相続開始日が分かる戸籍の証明書、④申出人が第一次相続人の子であることが分かる戸籍の証明書、⑤第一次相続人の相続開始日以後に発行された申出人についての戸籍の証明書が必要になります。①～⑤で重複するものがある場合には、重ねて同じものを添付する必要はありません。

　また、法定相続情報証明制度を利用している場合には、法定相続情報一覧図の写しを提出するか、法定相続情報番号を申出書に記載することで、上記①～⑤の証明書の添付に代えることができます。

※8　前記ア（※3）の解説と同じ。

※9　（※3）の住所として、第一次相続人が死亡したときの本籍を記載した場合は提出する必要はありません。

　　　（※3）の住所として、第一次相続人の住民票上の最後の住所を記載した場合は、住民票の除票の写し等が必要となります。

※10　前記ア（※4）の解説と同じ。

　キ　登記名義人の死亡により、配偶者（第一次相続人）と子（第一次相続人）が所有権を取得

　　　→当該配偶者の死亡によりその子（第二次相続人）がその所有権を取得

　　　→第二次相続人において、相続人申告登記の申出を行う場合（申出人が登記名義人の第一次相続人かつ第二次相続人のケース）

相　続　人　申　出　書

申出の目的　　　相続人申告

法務太郎（※1）の相続人

相続開始年月日　平成〇年〇月〇日（※2）

　　　　　　〇県〇市〇町二丁目１２番地

　　　　　　法務　花子（※3）

　（申出人）　〇県〇市〇町二丁目１２番地

　　　　　　法務　一郎（※4）

法務花子（※5）の相続人

相続開始年月日　令和〇年〇月〇日（※6）

　　（申出人）　〇県〇市〇〇町二丁目12番地

　　　　　　　法務　一郎（※4）

　　　　　　　（氏名ふりがな　ほうむ　いちろう）

　　　　　　　（生年月日　平成〇〇年〇月〇日）

　　　　　　　　　連絡先の電話番号00-0000-0000

添付情報（※7）

申出人及び第一次相続人が登記名義人の相続人であることを証する情報（※8、9）

申出人が第一次相続人の相続人であることを証する情報（※8）

第一次相続人の住所証明情報（※10)

申出人の住所証明情報（※11)

令和〇年〇月〇日申出　〇〇法務局（又は地方法務局）〇〇支局（又は出張所）

不動産の表示

　不動産番号　　1234567890123

　所　　　在　　〇市〇町一丁目

　地　　　番　　23番

　不動産番号　　0987654321012

　所　　　在　　〇市〇町一丁目23番地

　家屋番号　　23番

※1　登記名義人である被相続人の氏名を記載します。

※2　登記名義人である被相続人の相続開始日を記載します。

※3　第一次相続人の氏名及び住所を記載します。

※4　申出人の住所及び氏名等を被相続人ごとにそれぞれ記載します。

※5　第一次相続人の氏名を記載します。

※6　第一次相続人の相続開始日を記載します。

※7　前記カ（※6）の解説と同じ。

※8　一般的に、①登記名義人である被相続人の相続開始日が分かる戸籍の証明書（戸除籍謄本等）、②第一次相続人が被相続人の配偶者であり、かつ、申出人が被相続人の子であることが分かる戸籍の証明書、③第一次相続人の相続開始日が分かる戸籍の証明書、④申出人が第一次相続人の子であることが分かる戸籍の証明書、⑤第一次相続人の死亡した日以後に発行された申出人についての戸籍の証明書が必要になります。①〜⑤で重複するものがある場合には、重ねて同じものを添付する必要はありません。

　　また、法定相続情報証明制度を利用している場合には、法定相続情報一覧図の写しを提出するか、法定相続情報番号を申出書に記載することで、上記①〜⑤の証明書の添付に代えることができます。

※9　前記ア（※3）の解説と同じ。

※10　前記カ（※9）の解説と同じ。

※11　前記ア（※4）の解説と同じ。

　　また、申出人が手続を代理人に委任して行う場合は、添付書類として、次のような委任状が必要となります。代理人の資格については、他人の依頼を受けて、業として相続人申告登記に関する手続について代理することができる者は、弁護士又は司法書士に限られますが業としてするものではないのであれば申出人の親族等も当該手続を代理することができます。

〈委任状例〉法務局ＨＰより

委任状の例

委　任　状

私は、〇〇市〇〇町二丁目１２番 乙野　次郎 に、次の権限を委任します。

1　下記の申出に関し、申出書を作成すること及び当該申出に必要な書面と共に申出書を管轄登記所に提出すること。
2　職権による登記が完了した旨の通知事項を記載した書面を受領すること。
3　申出に不備がある場合に、当該申出の取下げ、又は補正をすること。
4　上記１から３までのほか、下記の申出に関し必要な一切の権限

令和〇年〇月〇日

〇県〇市〇町二丁目１２番地

法務　優子

記

申出の目的　　　相続人申告

法務太郎の相続人
　　相続開始年月日　令和〇年〇月〇日
　　　　　　申出人　〇県〇市〇町二丁目１２番地　法務　優子

不動産の表示

　　所　　在　　〇〇市〇〇町一丁目
　　地　　番　　２３番

　　所　　在　　〇〇市〇〇町一丁目２３番地
　　家屋番号　　２３番

＊　これは、記載例です。この記載例を参考に、申出の内容に応じて作成してください。
＊　相続人である旨の申出を代理人に委任する場合には、相続人申出書に代理人の氏名及び住所を記載した上で、添付情報欄に「代理権限証明情報」と記載してください。

- 1 -

最後に

　本書においては、遺産分割の実務についてイメージを掴んでいただくため、遺産分割の仕組みを簡潔に解説した上で、遺産分割協議書（証明書）・遺産分割調停申立書・登記申請書やそれらに関する書式を多く掲載することを心掛けました。

　相続登記が義務化されたことで、登記名義人に相続が開始してから何十年と登記申請が放置されているようなケースの登記事件が増加していると感じています。そのようなケースにおいては、数次相続が生じていたり、登記申請に必要な添付書類が保存期間満了により取得できなかったり、旧法の知識が必要になったりととても難しい手続が必要になることもあります。また、遺産分割の協議が調わなかったり、協議をすることができなかったりして調停・審判により遺産分割を成立させなければならなくなることもあります。専門職には、相続開始から遺産分割の成立、遺産の名義変更までの一連の手続がスムーズに進むように最適な手続を選択し、依頼人に提案する能力が要求されます。

　本書が、遺産分割の実務の理解に役立つものとなれば幸いです。

〈参考文献リスト〉

青山修『不動産登記申請MEMO—権利登記編—〔補訂新版〕』（新日本法規、2009年）

梶村太市・石田賢一・石井久美子『家事事件手続書式体系〈1〉（第2版）』（青林書院、2018年）

梶村太市・石田賢一・石井久美子『家事事件手続書式体系〈2〉（第2版）』（青林書院、2018年）

窪田充見『家族法—民法を学ぶ』（第4版、有斐閣、2021年）

二宮周平『家族法　新法学ライブラリ（第5版）』（新世社、2019年）

日本公証人連合会『新版 証書の作成と文例 家事関係編』（立花書房、2017年）

日本司法書士会連合会『離婚調停・遺産分割調停の実務—書類作成による当事者支援』（民事法研究会、2015年）

藤原勇喜『新訂　相続・遺贈の登記』（テイハン、2016年）

巻 末 資 料

資料1 推定相続人の廃除審判申立書（生前）例

受付印		家事審判申立書　事件名（　推定相続人廃除　）

（この欄に申立て1件あたり収入印紙800円分を貼ってください。）

```
印
紙
```

（貼った印紙に押印しないでください。）

収入印紙	円
予納郵便切手	円

東京 家庭裁判所　　　　御中　令和 〇〇年 〇 月 〇 日	申　立　人（又は法定代理人など）の 記名押印	**甲 野 一 郎** ㊞	準 口 頭

添付書類	（審理のために必要な場合は，追加書類の提出をお願いすることがあります。）申立人及び本人の戸籍謄本、申立書の写し　財産目録

		（戸籍の添付が必要とされていない申立ての場合は，記入する必要はありません。）
申立人	本 籍（国 籍）	〇〇 都道府県 〇〇 市 〇〇 町 〇 番地
	住 所	〒 〇〇〇 － 〇〇〇〇　東京都 〇〇 区 ××× 〇丁目〇番〇号 ハイツ〇〇　〇〇〇 号（　　　方）
	フリガナ 氏 名	コウノ イチロウ　**甲 野 一 郎**	昭和平成 〇 年〇 月〇 日生（　〇〇　歳）
相手方	本 籍（国 籍）	〇〇 都道府県 〇〇 市 〇〇 町 〇 番地
	住 所	〒 〇〇〇 － 〇〇〇〇　東京都 〇〇 区 ××× 〇丁目〇番〇号（　　　方）
	フリガナ 氏 名	コウノ ハナコ　**甲 野 花 子**	昭和平成 〇 年〇 月〇 日生（　〇〇　歳）

（注）太枠の中だけ記入してください。

申　立　て　の　趣　旨
相手方が、申立人の推定相続人であることを廃除するとの審判を求めます。

申　立　て　の　理　由
1　相手方は、申立人の長女ですが、10年程前に離婚して以来、ギャンブル依存症
になり、申立人は、相手方のお金の使い方等を注意する都度、暴力を振るわれて
きました。相手方は、ギャンブル依存と申立人に対する暴力に加え、申立人名義
で借金をするなど非行を重ねています。
2　このような状況では、相手方に申立人の財産を相続させることはできませんの
で相手方を申立人の推定相続人から廃除するため、本申立てをしました。

※財産目録の記載は省略します。

資料2　推定相続人の廃除審判申立書（遺言）例

受付印	家事審判申立書　事件名（　推定相続人廃除　）
	（この欄に申立て1件あたり収入印紙800円分を貼ってください。）
	印 紙
収入印紙　　　　円	（貼った印紙に押印しないでください。）
予納郵便切手　　　円	

東京 家庭裁判所 　　　　　　　　　　　御中 令和 〇〇年 〇 月 〇 日	申　立　人 （又は法定代理人など） の記名押印	乙　野　一　郎　㊞

添付書類	（審理のために必要な場合は，追加書類の提出をお願いすることがあります。） 申立人及び被相続人の戸籍謄本，遺言書の写し	準口頭

申立人	本　籍 （国籍）	（戸籍の添付が必要とされていない申立ての場合は，記入する必要はありません。） 〇〇 都 道 　　 府 県 〇〇 市 〇〇 町 〇 番地	
	住　所	〒 〇〇〇 － 〇〇〇〇 東京都 〇〇 区 ××× 〇丁目〇番〇号 ハイツ〇〇　〇〇〇 号 　　　　　　　　　　　（　　　　方）	
	フリガナ 氏　名	オツノ　イチロウ 乙　野　一　郎	昭和 平成 〇 年 〇 月 〇 日生 （　　 〇〇 　歳）
相手方	本　籍 （国籍）	（戸籍の添付が必要とされていない申立ての場合は，記入する必要はありません。） 〇〇 都 道 　　 府 県 〇〇 市 〇〇 町 〇 番地	
	住　所	〒 〇〇〇 － 〇〇〇〇 東京都 〇〇 区 ××× 〇丁目〇番〇号　　　　　　　　（　　　 方）	
	フリガナ 氏　名	コウノ　ハナコ 甲　野　花　子	昭和 平成 〇 年 〇 月 〇 日生 （　　 〇〇 　歳）
被相続人	本　籍 （国籍）	（戸籍の添付が必要とされていない申立ての場合は，記入する必要はありません。） 〇〇 都 道 　　 府 県 〇〇 市 〇〇 町 〇 番地	
	住　所	〒 〇〇〇 － 〇〇〇〇 東京都 〇〇 区 ××× 〇丁目〇番〇号　　　　　　　　（　　　 方）	
	フリガナ 氏　名	コウノ　イチロウ 甲　野　一　郎	昭和 平成 〇 年 〇月〇日死亡

（注）太枠の中だけ記入してください。

資料 2　推定相続人の廃除審判申立書（遺言）例

申　　立　　て　　の　　趣　　旨
相手方が被相続人の推定相続人であることを廃除するとの審判を求めます。

申　　立　　て　　の　　理　　由
1　相手方は、被相続人の長女であり、推定相続人です。
2　被相続人は、令和○年○月○日死亡し、相続が開始しました。
3　被相続人は、令和○年○月○日付公正証書遺言をしました。この遺言には、被相続人が相手方から度重なる暴力を受けたことから相手方を推定相続人から廃除する旨の記載があります。
4　申立人は、この遺言にて遺言執行者に指定されており、令和○年○月○日、その就任を承諾しました。
5　この遺言は、被相続人の死亡によりその効力が生じたので、本申立てをします。

資料3　推定相続人の廃除取消審判申立書（生前）例

<table>
<tr>
<td rowspan="2">受付印</td>
<td colspan="2">家事審判申立書　事件名（　推定相続人廃除の取消し　）</td>
</tr>
<tr>
<td colspan="2">
（この欄に申立て1件あたり収入印紙800円分を貼ってください。）

印
紙

（貼った印紙に押印しないでください。）
</td>
</tr>
<tr>
<td colspan="1">
収入印紙　　　　円
予納郵便切手　　　　円
</td>
</tr>
</table>

東京 家庭裁判所 　　　　　　　御中 令和 ○○年 ○ 月 ○ 日	申　立　人 （又は法定代理人など） の 記 名 押 印	**甲　野　一　郎**　㊞

添付書類	（審理のために必要な場合は，追加書類の提出をお願いすることがあります。） 相手方の戸籍謄本、申立人の戸籍謄本、推定相続人廃除審判書謄本	準 口 頭

申	本　籍 （国　籍）	（戸籍の添付が必要とされていない申立ての場合は，記入する必要はありません。） ○○ 都道 　　府（県）　○○ 市 ○○ 町 ○ 番地	
立	住　所	〒 ○○○ － ○○○○ 東京都 ○○ 区 ××× ○丁目○番○号 ハイツ○○　○○○ 号 　　　　　　　　　　　　　　　　　　　（　　　方）	
人	フリガナ 氏　名	コウノ　イチロウ **甲　野　一　郎**	昭和 （平成）○ 年 ○ 月 ○ 日生 （　　　　○○　　歳）
相	本　籍 （国　籍）	（戸籍の添付が必要とされていない申立ての場合は，記入する必要はありません。） ○○ 都道 　　府（県）　○○ 市 ○○ 町 ○ 番地	
手	住　所	〒 ○○○ － ○○○○ 東京都 ○○ 区 ××× ○丁目○番○号　　　　　　　　　　（　　　方）	
方	フリガナ 氏　名	コウノ　ハナコ **甲　野　花　子**	昭和 （平成）○ 年 ○ 月 ○ 日生 （　　　　○○　　歳）

（注）太枠の中だけ記入してください。

資料3　推定相続人の廃除取消審判申立書（生前）例

申　　立　　て　　の　　趣　　旨
東京家庭裁判所が、令和〇年〇月〇日、相手方に対してなした申立人の推定 相続人廃除の審判の取消しの審判を求めます。

申　　立　　て　　の　　理　　由
1　相手方は、申立人の長女です。
2　相手方は、令和〇年〇月〇日、御庁において推定相続人廃除の審判により、申 立人の相続権を喪失した者です。
3　相手方は、廃除審判を受けた当時は、仕事に就かず、ギャンブルと多額の借金 で申立人に迷惑をかけ、家庭内暴力で申立人に暴力を振るい、御庁で令和〇年〇 月〇日、推定相続人廃除の審判を受けました。
4　相手方は、審判を受けて10年が経過し、家庭をもうけ、職に就いて真面目に生 活しているとのことでした。
5　申立人は現在高齢の上、自宅療養中です。申立人は生存中に本人の相続権を回 復させたく、本申立てをします。

資料4　遺言による推定相続人の廃除取消し審判申立書例

受付印	

家事審判申立書　事件名（　推定相続人廃除の取消し　）

（この欄に申立て1件あたり収入印紙800円分を貼ってください。）

印
紙

（貼った印紙に押印しないでください。）

収 入 印 紙	円
予納郵便切手	円

東京 家庭裁判所	申　立　人		
御中	（又は法定代理人など）の記名押印	乙 野 一 郎 ㊞	
令和 〇〇年 〇 月 〇 日			

（審理のために必要な場合は，追加書類の提出をお願いすることがあります。）

添 付 書 類　相手方及び被相続人の戸籍謄本，遺言書の写し，推定相続人廃除審判書謄本

準 口頭

申	本　籍 (国　籍)	（戸籍の添付が必要とされていない申立ての場合は，記入する必要はありません。）　都　道　府　県		
立	住　所	〒 〇〇〇 － 〇〇〇〇　東京都 〇〇 区 ××× 〇丁目〇番〇号 ハイツ〇〇　〇〇〇 号　　（　　方）		
人	フリガナ 氏　名	オ ツ ノ　イ チ ロ ウ 乙 野 一 郎	昭和 平成 〇 年〇 月〇 日生 （　　〇〇　歳）	
相	本　籍 (国　籍)	〇〇 都道府県 〇〇 市 〇〇 町 〇 番地		
手	住　所	〒 〇〇〇 － 〇〇〇〇　東京都 〇〇 区 ××× 〇丁目〇番〇号　　（　　方）		
方	フリガナ 氏　名	コ ウ ノ　ハ ナ コ 甲 野 花 子	昭和 平成 〇 年〇 月〇 日生 （　　〇〇　歳）	
被	本　籍 (国　籍)	〇〇 都道府県 〇〇 市 〇〇 町 〇 番地		
相	住　所	〒 〇〇〇 － 〇〇〇〇　東京都 〇〇 区 ××× 〇丁目〇番〇号　　（　　方）		
続 人	フリガナ 氏　名	コ ウ ノ　イ チ ロ ウ 甲 野 一 郎	昭和 平成 〇 年〇 月〇 日死亡	

（注）太枠の中だけ記入してください。

申　立　て　の　趣　旨
東京家庭裁判所が、令和〇年〇月〇日、相手方に対してなした被相続人の推定相続人廃除の審判の取消しの審判を求めます。

申　立　て　の　理　由
1　相手方は、令和〇年〇月〇日、御庁において推定相続人廃除の審判により、被相続人の相続権を喪失した者です。
2　被相続人は、令和〇年〇月〇日死亡し、相続が開始しました。
3　被相続人には、令和〇年〇月〇日付公正証書遺言があり、相手方に対する推定相続人の廃除を取り消す旨と遺言執行者として申立人を選任する旨の記載がありました。
4　よって、推定相続人廃除の取消しを求めます。

資料5 失踪宣告審判申立書例

東京家庭裁判所HPより

<table>
<tr>
<td rowspan="2">受付印</td>
<td colspan="2">**失 踪 宣 告 審 判 申 立 書**</td>
</tr>
<tr>
<td colspan="2">（収入印紙800円分を貼ってください。）</td>
</tr>
<tr>
<td>収 入 印 紙　　　　円</td>
<td rowspan="2"></td>
<td rowspan="2">（貼った印紙に押印しないでください。）</td>
</tr>
<tr>
<td>予納郵便切手　　　　円</td>
</tr>
</table>

準口頭		関連事件番号　平成・令和　　年（家　）第　　　　　号

東京　家庭裁判所 　　　　　御中 令和○○年○○月○○日	申　立　人 又は法定代理人 など の記名押印	東　山　一　郎　　㊞

添付書類	不在者の戸籍謄本、戸籍附票各1通、生死不明を証する証明書・失踪を証明する資料 申立人の利害関係を証明する資料

<table>
<tr>
<td rowspan="5">申

立

人</td>
<td>本　籍</td>
<td colspan="2">東　京　㊞都道／府県　　○○区○○町○丁目○番</td>
</tr>
<tr>
<td>住　所</td>
<td colspan="2">〒○○○－○○○○　　　　　　　電話○○（○○○○）○○○○
東京都○○区○○町○丁目○番○号　　　　　　（　　　　方）</td>
</tr>
<tr>
<td>フリガナ
氏　名</td>
<td>ヒガシ　ヤマ　イチ　ロウ
東　山　一　郎</td>
<td>昭和／㊤平成○○年○月○日生</td>
</tr>
<tr>
<td>不在者
との関係</td>
<td colspan="2">1　配偶者　②　父母　　3　兄弟姉妹　　4　その他（　　　　　）</td>
</tr>
</table>

<table>
<tr>
<td rowspan="4">不

在

者</td>
<td>本　籍</td>
<td colspan="2">東　京　㊞都道／府県　　○○区○○町○丁目○番</td>
</tr>
<tr>
<td>従来の
住　所</td>
<td colspan="2">〒○○○－○○○○　　　　　　　電話　（　　　　）
東京都○○区○○町○丁目○番○号　　　　　　（　　　　方）</td>
</tr>
<tr>
<td>フリガナ
氏　名</td>
<td>ヒガシ　ヤマ　タ　ロウ
東　山　太　郎</td>
<td>大正
㊤昭和○○年○月○日生
平成</td>
</tr>
<tr>
<td>生死不明
となった
年月日</td>
<td>昭和・㊤平成　○　年　○　月　○　日</td>
<td>生死不明
となった
場　所　　　　○　○　○　○</td>
</tr>
</table>

（注）太枠の中だけ記入してください。

失踪宣告（1／2）　　　　　（令5．2　東京家）

資料5　失踪宣告審判申立書例

申　立　て　の　趣　旨
不在者に対し、失踪の宣告を求める。

申　立　て　の　理　由
① 　7年以上生死不明のため。
2 　戦地に臨み、戦争の終了した後、1年以上生死不明のため。
3 　乗った船が沈没し、その後、1年以上生死が不明のため。
4 　死亡の原因となる危難に遭い、その危難が去った後1年以上生死が不明のため。
5 　その他
（その具体的な実情の詳細）
1 　申立人は、不在者の父です。
2 　不在者は、平成〇年〇月〇日の朝、平常どおり会社へ出勤し、同日夜8時ころ、仕事で帰りが遅くなるとの電話連絡がありましたが、帰宅しませんでした。
申立人は、警察に捜索願いをするとともに、親戚、知人、友人に照会して不在者の行方を探しましたが、その所在は今日まで判明しません。
3 　不在者が行方不明となって7年以上が経過し、その生死が不明であり、また、不在者が申立人のもとへ帰来する見込みもありませんので、申立ての趣旨のとおりの審判を求めます。

（注）太枠の中だけ記入してください。

失踪宣告（2／2）　　　　　　　　　（令5．2　東京家）

資料6 相続放棄申述書例

東京家庭裁判所ＨＰより

(1) 申述人が成人の場合

受付印	相 続 放 棄 申 述 書
	（この欄に申立人1人について収入印紙８００円分を貼ってください。）
収入印紙　　　　円	
予納郵便切手　　円	（貼った印紙に押印しないでください。）

準口頭		関連事件番号　平成・令和　　年（家　　）第　　　　　号

東京　家庭裁判所 　　　　　　御中 令和〇年〇月〇日	申　述　人 未成年者などの場 合は法定代理人 の記名押印	甲　野　一　郎　　印

添付書類	（同じ書類は1通で足ります。審理のために必要な場合は追加書類の提出をお願いすることがあります。） □戸籍（除籍・改製原戸籍）謄本（全部事項証明書）　合計　　通 □被相続人の住民票除票又は戸籍附票 □

	本　籍 （国籍）	〇〇 都道府県　〇〇市〇〇町〇丁目〇〇番地			
申	住　所	〒〇〇〇 － 〇〇〇〇　　　　　電話　〇〇〇（〇〇〇〇）〇〇〇〇 東京都〇〇区×××〇丁目〇〇番〇号　〇〇アパート〇号室（　　　　方）			
述	フリガナ 氏　名	コウ ノ　イチ ロウ 甲　野　一　郎	昭和・平成・令和 〇〇年 〇〇月 〇〇日生（〇〇 歳）	職業	会社員
人	被相続人 との関係	※被相続人の・・・ ① 子　2 孫　3 配偶者　4 直系尊属（父母・祖父母） 5 兄弟姉妹　6 おいめい　7 その他（　　　　）			

法定代理人等	※ 1 親権者 2 後見人 3	住　所	〒　　－　　　　　　電話　（　　　） （　　　　方）	フリガナ 氏　名	
				フリガナ 氏　名	

被	本　籍 （国籍）	〇〇 都道府県　〇〇市〇〇町〇丁目〇〇番地	
相	最後の 住　所	東京都〇〇区×××〇丁目〇〇番〇〇号	死亡当時 の職業　無職
続	フリガナ 氏　名	コウ ノ　オツタロウ 甲　野　乙太郎	平成・令和 〇〇年 〇〇月 〇〇日死亡

(注) 太枠の中だけ記入してください。　※の部分は、当てはまる番号を〇で囲み、被相続人との関係欄の7、法定代理人等欄の3を選んだ場合には、具体的に記載してください。

相続放棄（1／2）　　　　（令5.2　東京家）

資料6　相続放棄申述書例

<table>
<tr><td colspan="2" align="center">申　述　の　趣　旨</td></tr>
<tr><td colspan="2">相　続　の　放　棄　を　する　。</td></tr>
</table>

<table>
<tr><td colspan="2" align="center">申　述　の　理　由</td></tr>
<tr><td colspan="2">※
相続の開始を知った日・・・・平成・令和 ○○ 年 ○○ 月 ○○ 日

　① 被相続人死亡の当日　　　3　先順位者の相続放棄を知った日
　2　死亡の通知をうけた日　　4　その他（　　　　　　　　　）</td></tr>
<tr><td align="center">放　棄　の　理　由</td><td align="center">相　続　財　産　の　概　略</td></tr>
<tr>
<td>※
1　被相続人から生前に贈与
　を受けている。
2　生活が安定している。
3　遺産が少ない。
4　遺産を分散させたくない。
⑤　債務超過のため。
6　その他
　〔　　　　　　　　　　〕</td>
<td>

資	農　地・・・・・　約＿＿＿＿＿平方メートル
	山　林・・・・・　約＿＿＿＿＿平方メートル
	宅　地・・・・・　約＿＿＿＿＿平方メートル
	建　物・・・・・　約＿＿＿＿＿平方メートル
産	現金・預貯金・・　約**１００**万円
	有価証券・・・・　約＿＿＿＿＿万円

負　債・・・・・・　約 **１０００** 万円
</td>
</tr>
</table>

（注）太枠の中だけ記入してください。　※の部分は、当てはまる番号を○で囲み、申述の理由欄の4、
　　　放棄の理由欄の6を選んだ場合には、（　　　）内に具体的に記入してください。

相続放棄（2／2）　　　　　　（令5．2　東京家）

(2) 申述人が未成年者の場合

<table>
<tr><td rowspan="3">受付印</td><td colspan="2">相 続 放 棄 申 述 書</td></tr>
<tr><td colspan="2">（この欄に申立人1人について収入印紙800円分を貼ってください。）</td></tr>
<tr><td></td><td></td></tr>
</table>

| 収入印紙 | 円 |
| 予納郵便切手 | 円 |

（貼った印紙に押印しないでください。）

| 準口頭 | | 関連事件番号 平成・令和　年（家　）第　　　号 |

| 東京 家庭裁判所　　　御中　令和 ○ 年 ○ 月 ○ 日 | 申　述　人 未成年者などの場合は法定代理人 の記名押印 | 甲野次郎の法定代理人　　　甲 野 花 子　㊞ |

添付書類（同じ書類は1通で足ります。審理のために必要な場合は追加書類の提出をお願いすることがあります。）
□戸籍（除籍・改製原戸籍）謄本（全部事項証明書）　合計　通
□被相続人の住民票除票又は戸籍附票
□

申述人	本籍（国籍）	○ ○ 都道府県 ○○市○○町○丁目○○番地
	住所	〒○○○ － ○○○○　電話 ○○○（○○○○）○○○○ 東京都○○区×××○丁目○○番○○号　○○アパート○号室（　　　方）
	フリガナ 氏名	コウ ノ ジ ロウ 甲 野 次 郎	昭和 平成 令和 ○○年 ○○ 月○○ 日生（ ○○ 歳） 職業 小学生
	被相続人との関係	※ 被相続人の・・・ ①子　2 孫　3 配偶者　4 直系尊属（父母・祖父母）5 兄弟姉妹　6 おいめい　7 その他（　　）
法定代理人等	※①親権者 2後見人 3	住所 〒 － 電話（ ） 申述人の住所に同じ（　　方）
	フリガナ 氏名	コウ ノ ハナ コ 甲 野 花 子	フリガナ 氏名
被相続人	本籍（国籍）	○ ○ 都道府県 ○○市○○町○丁目○○番地
	最後の住所	東京都○○区×××○丁目○○番○○号	死亡当時の職業 無 職
	フリガナ 氏名	コウ ノ オツタロウ 甲 野 乙太郎	平成・令和 ○○年 ○○月 ○○日死亡

（注）太枠の中だけ記入してください。　※の部分は、当てはまる番号を○で囲み、被相続人との関係欄の7、法定代理人等欄の3を選んだ場合には、具体的に記載してください。

相続放棄（1／2）　　　　　（令5．2　東京家）

資料６　相続放棄申述書例

申　述　の　趣　旨
相　続　の　放　棄　を　する　。

申　述　の　理　由

※

相続の開始を知った日・・・・平成・㋹ 令和 〇〇 年 〇〇 月 〇〇 日

①　被相続人死亡の当日　　　3　先順位者の相続放棄を知った日

2　死亡の通知をうけた日　　4　その他（　　　　　　　　　）

放　棄　の　理　由	相　続　財　産　の　概　略		
※ 1　被相続人から生前に贈与を受けている。 2　生活が安定している。 3　遺産が少ない。 4　遺産を分散させたくない。 ⑤　債務超過のため。 6　その他 〔　　　　　〕	資 産	農　地・・・・・　約＿＿＿＿平方メートル 山　林・・・・・　約＿＿＿＿平方メートル 宅　地・・・・・　約＿＿＿＿平方メートル 建　物・・・・・　約＿＿＿＿平方メートル 現金・預貯金・・　約**１００**万円 有価証券・・・・　約＿＿＿万円	
	負　債・・・・・・　約　**１０００**　万円		

（注）太枠の中だけ記入してください。　※の部分は、当てはまる番号を〇で囲み、申述の理由欄の４、
放棄の理由欄の６を選んだ場合には、（　　　）内に具体的に記入してください。

相続放棄（２／２）　　　　　　（令５．２　東京家）

資料7 相続分譲渡に関する登記先例

⑴ 昭和40年12月7日民甲第3320号民事局長回答

相続分譲渡に関する調停調書を添付してなされた相続による所有権移転登記申請の取扱いについて

【要旨】

1．相続人である被相続人の配偶者及び子4人が家事調停において遺産分割協議をなし、子の1人が「その相続分を他の相続人に譲渡し、その共有であることを認める」旨の調停が成立したときは、この子を除いた他の共同相続人に直ちに相続による所有権移転の登記をすることができる。

2．右の場合における各共同相続人の持分は被相続人の配偶者は8分の3、子は各自24分の5である。

　当管内松阪支局長より、別紙遺産分割調停調書を添付し、持分妻（ミツエ）1／3、子（守正、容子、富子）各2／9の割合で申請された相続による所有権移転登記の受否につき左記疑義があるため指示を求められましたところ、当職としては、

　⑴　さしつかえない

　⑵　㈹説による

と考えますが、調停調書の表現が相当でないと思料される点もあり決しかねますので何分の御指示をお願いします。

　(注)　ミツエは被相続人の配偶者、他は子である旨については申請書に添付されている戸籍謄本により明らかである。

記

⑴　行江の相続分を含め、行江を除く他の共同相続人に直ちに相続による所有権移転登記をしてさしつかえないか。

⑵　本調停調書による所有権移転があつた結果取得する各共同相続人の持分は、

　　㈑　妻2／5子各1／5（行江の相続分を他の相続人の相続分の割合で帰属
　　　させる）

　　㈠　妻3／8子各5／24（行江の相続分を平等に帰属させる）

　　㈨　妻1／3子各2／9（申請書のとおり）

　　㈡　妻1／4子各1／4（調停により各相続分は平等となる）

　　㈭　調書に各人に譲渡された割合が記載されていないから持分は不明

のいずれに解するか。

　|別紙|　調書（遺産分割調停事件）　　抄

調停条項

　　本件遺産分割調停事件において、被相続人北村恵一所有にかかる遺産の範囲
を別紙目録（省略）記載のとおり合意のうえ、次のとおり分割した。

　　1　申立人中山行江は被相続人名義の別件物件目録（省略）について有する
　　　相続分を、相手方北村ミツエ、同守正、同容子、同富子に譲渡し、同人等
　　　の共有であることを認めること。

　　2　上記対価として、相手方北村ミツエ外3名は申立人に対し金17万円也の
　　　金員を支払うこと。

　　　（本日、調停委員会の面前で上記金員の授受を完了した。）

　　3　当事者双方は、今後いかなる名義をもつてするも、互に財産上の請求は
　　　しないこと。

　　4　本件調停費用は各自弁のこと

　（回答）

　　昭和40年9月27日付日記登第255号をもつて照会のあつた標記の件について
は、いずれも貴見のとおりと考える。

⑵　**昭和59年10月15日民三第5195号民事局第三課長回答**
弁護士法第23条の2に基づく照会について（相続分譲渡による相続登記の可
否）
【要旨】

1．共同相続人A・B・C・DのうちA・B・Cがその相続分をDに譲渡した場合は、被相続人名義の不動産につき、A・B・Cの印鑑証明書付相続分譲渡証書を添付して、Dから、D1人を相続人とする相続登記を申請することができる。

2．共同相続人A・B・C・DのうちA・Bがその相続分をDに譲渡し、D・C間で不動産はDが取得する旨の遺産分割協議が成立した場合には、被相続人名義の不動産につき、A・Bの印鑑証明書付相続分譲渡証書及びD・C間の遺産分割協議書を添付して、D1人から、D1人を相続人とする相続登記をすることができる。

（照会）

1．X（被相続人）が死亡し、その相続人がABCDの4名であるところ、ABCの3名がその相続分を各々Dに譲渡した場合、DはABC3名の印鑑証明書付相続分譲渡証書を登記申請書に添付してX名義の不動産についてD1人を権利者とする相続登記を申請すると受理され、相続を登記原因とし相続人をDのみとする登記ができるか。

2．X（被相続人）が死亡しその相続人がABCDの4名であるところ、ABの2名がその相続分をDに譲渡し、その後D・C間の話し合いがつき、DがAB2名の印鑑証明書付相続分譲渡証書とD・C間の印鑑証明書付遺産分割協議書（その内容はXの名義の不動産はDが取得するというものである）を添付してX名義の不動産についてD1人を相続人とする相続登記を申請すると受理され、相続を登記原因とし相続人をDのみとする登記ができるか。

3．前第1項又は前第2項各記載のいずれかの登記申請が受理されるのであれば、相続分譲渡証書にDの印鑑証明書を添付する必要があるか。

（回答）

昭和57年8月27日付け第211号をもって照会のあった標記の件については、下記のとおり回答します。

記

1　照会事項1及び2について

　所問の登記は、できるものと考えます。

2　照会事項3について

　相続分譲渡証書には、Dの印鑑証明書の添付を要しないものと考えます。

⑶　昭和59年10月15日民三第5196号民事局第三課長回答

弁護士法第23条の2に基づく照会について（相続分譲渡による相続登記について）

【要旨】

　被相続人Aの共同相続人B・C・D・E・F（法定相続分各5分の1）のうち、C・D・Eがその相続分をBに譲渡した場合には、被相続人名義の不動産につき、B持分5分の4、F持分5分の1とする相続登記をすることができる。

（照会）

1．事案の概要

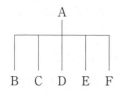

　①　被相続人Aの相続人は上図のとおり、B〜Fの5名であり、各相続人の相続分はいずれも5分の1である。

　②　相続人C・D・Eの3名は、それぞれ、その相続分をBに譲渡した（民法905条の解釈により、相続分譲渡は可能と考えます）。

2．照会事項

　右事案において、A所有名義の不動産につき、Bは、A名義から直ちに、Bの持分を5分の4、Fの持分を5分の1とする相続による所有権移転登記ができると考えますが、貴庁のご見解をご指示されたくお願いします。

　（なお、右小職の見解は、類似事案の先例である昭和40年12月7日民事甲第3320号・民事局長回答を参考にしておりますが、所轄法務局は本件と右先例とは事案が異なるとの見解により、申請書を受理されなかったことを付記いたし

ます。)

（回答）

　昭和55年12月26日付け第2898号をもって照会のあった標記の件については、貴見のとおりと考えます。

⑷　平成４年３月18日民三第1404号民事局第三課長回答

弁護士法第23条の２に基づく照会（数次相続人間における相続分譲渡と所有権移転登記手続）について

【要旨】

　被相続人甲が死亡し乙、丙及び戊（丁の代襲相続人）が相続した甲名義の不動産につき、相続登記未了のうちに乙の死亡によりＡ、Ｂ、Ｃが、丙の死亡によりＸ（Ｄの代襲相続人）が相続し、さらにその後、さらに戊、Ａ及びＸが各自の相続分をそれぞれＢに２分の１、Ｃに２分の１ずつ譲渡した場合において、Ｂ及びＣ名義への移転登記をするには、①相続を原因とする乙、丙及び戊名義への所有権移転の登記、②乙持分について相続を原因とするＢ及びＣ名義への持分全部移転の登記（Ａの印鑑証明書付相続分譲渡証書添付）、③丙持分について相続を原因とするＸ名義への持分全部移転の登記、④戊及びＸ持分について相続分の売買又は相続分の贈与等を原因とするＢ及びＣ名義への持分全部移転の登記を順次申請するのが相当である。

（照会）

　別紙事案において、平成３年10月１日にＡ、戊及びＸが相続分をＢに２分の１、Ｃに２分の１譲渡しました。なお、Ｂ及びＣの間で遺産分割の協議はされていません。

　この場合、昭和59年10月15日付け法務省民三第5195号民事局第三課長回答を前提として、被相続人甲名義の不動産についてＡ、Ｂ、Ｃ、戊及びＸが共同相続人であるとみなし、印鑑証明書付相続分譲渡証書を添付して、Ｂ及びＣ両名から、両名を相続人とする相続登記はできないのでしょうか。

　仮に戊及びＸの相続分の譲渡が共同相続人に対する譲渡ではなく、第三者に

対する譲渡であるとしても、前記民事局第三課長回答に従えば右登記が可能と
思料されますがいかがでしょうか。

（別　紙）

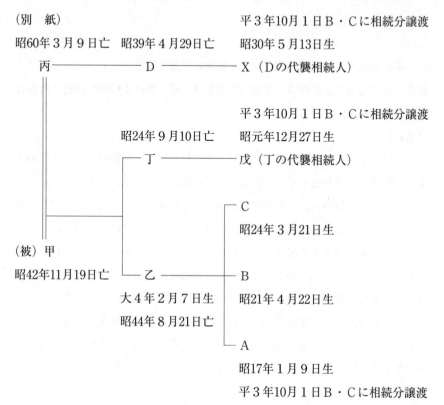

（回答）
　客年10月30日付け第7709号をもって照会のあった標記の件について、左記の
とおり回答します。

記

　所問の事案においては、
　1　昭和42年11月19日相続を原因とする乙、丙及び戊への所有権移転登記
　2　昭和44年8月21日相続を原因とする乙持分のB及びCへの持分全部移転
　　登記（Aの相続分譲渡証書を添付のこと。）

3　昭和60年３月９日相続を原因とする丙持分のＸへの持分全部移転登記

4　平成３年10月１日相続分の売買又は相続分の贈与等を原因とする戊及び
　　Ｘ持分のＢ及びＣへの持分全部移転登記

を順次申請するのが相当であると考えます。

なお、右の３の登記については、Ｂ及びＣは、持分全部移転登記請求権を代位原因としてＸへの移転登記を申請することができるものと考えます（不動産登記法第46条の２）。

おって、右の４の登記については、登記権利者及び登記義務者とが共同して申請することを要します（同法第26条第１項）ので、念のため申し添えます。

資料8　検認申立書例

東京家庭裁判所ＨＰより

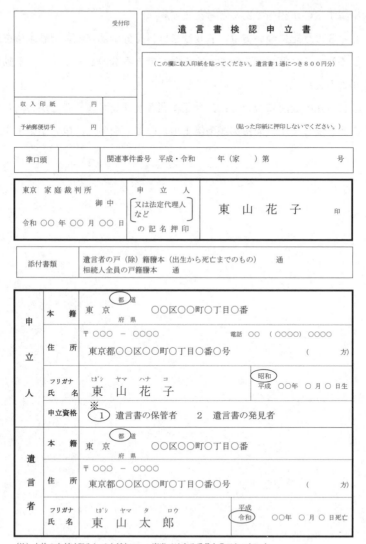

受付印	遺 言 書 検 認 申 立 書
	（この欄に収入印紙を貼ってください。遺言書1通につき800円分）
収 入 印 紙　　　　　円	
予納郵便切手　　　　円	（貼った印紙に押印しないでください。）

準口頭		関連事件番号 平成・令和　　年（家　　）第　　　　　号

東京 家庭裁判所 　　　　　御中 令和 ○○ 年 ○○ 月 ○○ 日	申　立　人 又は法定代理人 など の記名押印	東 山 花 子　　㊞

添付書類	遺言者の戸（除）籍謄本（出生から死亡までのもの）　　通 相続人全員の戸籍謄本　通

申立人	本　籍	東 京　都道府県　　○○区○○町○丁目○番
	住　所	〒 ○○○ － ○○○○　　　　　電話 ○○ （○○○○）○○○○ 東京都○○区○○町○丁目○番○号　　　　　　　　（　　　　方）
	フリガナ 氏　名	ﾋｶﾞｼ ﾔﾏ ﾊﾅ ｺ 東 山 花 子　　　　昭和／平成 ○○年 ○ 月 ○ 日生
	申立資格	※　① 遺言書の保管者　　2 遺言書の発見者
遺言者	本　籍	東 京　都道府県　　○○区○○町○丁目○番
	住　所	〒 ○○○ － ○○○○ 東京都○○区○○町○丁目○番○号　　　　　　　　（　　　　方）
	フリガナ 氏　名	ﾋｶﾞｼ ﾔﾏﾀ ﾛｳ 東 山 太 郎　　　　平成／令和 ○○年 ○ 月 ○ 日死亡

（注）太枠の中だけ記入してください。　※当てはまる番号を○でかこむこと。

遺言書検認（1／3）　　　　　　　（令5. 2　東京家）

－210－

申　立　て　の　趣　旨
遺言者の自筆証書による遺言書の検認を求める。

申　立　て　の　理　由	
封印等の状　況	※ ①封印されている。　2 封印されていたが相続人（　　　）が開封した。 3 開封されている。　4 その他（　　　　　　　　　）
遺言書の保管・発見の状況・場所等	※ ①申立人が遺言者から平成・令和 ○○年○○月○○日に預かり、下記の場所で保管してきた。 2 申立人が平成・令和　　年　月　　日下記の場所で発見した。 3 遺言者が貸金庫に保管していたが、遺言者の死後、申立人は平成・令和　　年　月　　日から下記の場所で保管している。 4 その他（　　　　　　　　　　　　　　　） （場所）　東京都○○区○○町○丁目○番○号　申立人自宅内金庫 ‥‥‥‥‥‥‥‥‥‥‥‥‥‥‥‥‥‥‥‥‥‥‥‥‥‥‥‥‥‥‥‥‥
特記事項その　他	
相続人等の表示	別紙相続人等目録記載のとおり

(注) 太枠の中だけ記入してください。※の部分は、当てはまる番号を○で囲み、4を選んだ場合には、（　　）内に具体的に記入してください。

検　認　済　証　明　申　請　書
（この欄に遺言書1通につき収入印紙150円を貼ってください。） 　　　　　　　　　　（貼った印紙に押印しないでください。）
本件遺言書が検認済みであることを証明してください。 　　　令和○○年 ○ 月 ○○ 日 　　　　　申　立　人　　東山花子　　　　　　印

上記検認済証明書　　通を受領しました。	上記検認済証明書　　通を郵送した。
令和　年　月　日	令和　年　月　日
申立人　　　　　　印	裁判所書記官　　　　　　印

遺言書検認（2／3）　　　　　（令5．2　東京家）

相 続 人 等 目 録

※ 申 立 人 兼 相 続 人	住　所	〒 ○○○ － ○○○○　　　　　　　　電話 ○○ （○○○○） ○○○○ 東京都○○区○○町○丁目○番○号　　　　　　　　　（　　　方）			
	フリガナ 氏　名	ﾋｶﾞｼﾔﾏ ﾊﾅ ｺ 東　山　花　子	昭和 （平成） 令和	○○年 ○ 月 ○ 日生	続柄	妻
※ 相 続 人	住　所	〒 ○○○ － ○○○○　　　　　　　　電話 ○○ （○○○○） ○○○○ 東京都○○区○○町○丁目○番○号　　　　　　　　　（　　　方）			
	フリガナ 氏　名	ｷﾀｶﾞﾜ ﾏ ﾕﾐ 北　川　真　弓	昭和 （平成） 令和	○○年 ○ 月 ○ 日生	続柄	長女
※ 相 続 人	住　所	〒 ○○○ － ○○○○　　　　　　　　電話 ○○ （○○○○） ○○○○ 東京都○○区○○町○丁目○番○号　　　　　　　　　（　　　方）			
	フリガナ 氏　名	ﾋｶﾞｼﾔﾏ ｲﾁﾛｳ 東　山　一　郎	昭和 （平成） 令和	○○年 ○ 月 ○ 日生	続柄	長男
※ 相 続 人	住　所	〒 ○○○ － ○○○○　　　　　　　　電話 ○○ （○○○○） ○○○○ 東京都○○区○○町○丁目○番○号　　　　　　　　　（　　　方）			
	フリガナ 氏　名	ﾋｶﾞｼﾔﾏ ｼﾞﾛｳ 東　山　次　郎	昭和 （平成） 令和	○○年 ○ 月 ○ 日生	続柄	二男
※	住　所	〒　　　－　　　　　　　　　　　電話　　（　　　） （　　　方）			
	フリガナ 氏　名		昭和 平成 令和	年　　月　　日生	続柄	
※	住　所	〒　　　－　　　　　　　　　　　電話　　（　　　） （　　　方）			
	フリガナ 氏　名		昭和 平成 令和	年　　月　　日生	続柄	

（注）太枠の中だけ記入してください。　　※の部分は、相続人、受遺者の別を記入してください。
　　　申立人が相続人の場合には、「申立人兼相続人」と記入してください。

　　　　　　　　　　　遺言書検認（3／3）　　　　　　　　（令5．2　東京家）

資料9 未成年後見人選任申立書例

最高裁判所ＨＰより

【令和3年4月版】

申立後は，家庭裁判所の許可を得なければ申立てを取り下げることはできません。

※ 太わくの中だけ記載してください。
※ 該当する部分の□にレ点（チェック）を付してください。

受付印

未 成 年 後 見 人 選 任 申 立 書

※ 収入印紙（申立費用）８００円分をここに貼ってください。

申立書を提出する裁判所

作成年月日

【注意】貼った収入印紙に押印・消印はしないでください。

収入印紙	円		準口頭		関連事件番号	年（家 ）第 号
予納郵便切手	円					

○○ 家庭裁判所	申立人又は同手続	丁 川 竹 子 ㊞
○○ 支部・出張所 御中	代理人の記名押印	
令和 ○ 年 ○ 月 ○ 日		

平日（午前9時～午後5時）に連絡が取れる電話及び携帯電話の番号を正確に記載してください。

申立人

住所	〒 ○○○ ― ○○○○ ○○県○○市○○町○丁目○番○号 電話 ○○（○○○○）○○○○ 携帯電話 ○○○（○○○○）○○○○	
ふりがな 氏名	てい かわ たけ こ 丁 川 竹 子	□大正 ☑昭和 □平成 □令和 ○ 年 ○ 月 ○ 日生 （ ○ 歳）
未成年者 との関係	□ 本人 ☑ 直系尊属（父母・祖父母） □ 兄弟姉妹 □ 父方親族（未成年者との関係： ） □ 母方親族（未成年者との関係： ） □ 未成年後見人 □ 未成年後見監督人 □ 児童相談所長 □ その他（ ）	

手続代理人

住所 （事務所等）	〒 ― ※法令により裁判上の行為をすることができる代理人又は弁護士を 記載してください。 電話 （ ） ファクシミリ （ ）	
氏名	

未成年者

未成年後見人を選任する必要がある方について記載してください。

本籍 （国籍）	○○ 都道 府県 ○○市○○町○丁目○番地	
住民票上 の住所	☑ 申立人と同じ 〒 ―	
実際に 住んでいる 場所	電話 ☑ 住民票上の住所と同じ 〒 ― ※ 寮や施設の場合には，所在地，名称，連絡先を記載してください。 寮・施設名（ ） 電話 （ ） （ 方）	
ふりがな 氏名	へいやま はづき 丙 山 葉 月	☑平成 □令和 ○ 年 ○ 月 ○ 日生 （ ○ 歳）
在校名 又は職業	○○高校	（ 2 年生）

申 立 て の 趣 旨

未 成 年 後 見 人 の 選 任 を 求 め る 。

申 立 て の 理 由
※　該当する部分の□にレ点（チェック）を付けてください。

申立ての原因	申立ての動機（複数選択可）
☑1　親権者の　　　☑ 死亡　　□ 所在不明	☑ 未成年者の監護教育
□2　親権者の親権の　□ 喪失　□ 停止　□ 辞任	□ 入学　□ 就職　□ 就籍
□3　親権者の管理権の　□ 喪失　□ 辞任	□ 養子縁組・養子離縁
□4　未成年後見人の　□ 死亡　□ 所在不明 　　　　　　　　　　□ 辞任　□ 解任　□ 欠格	□ 訴訟　☑ 遺産分割　□ 相続放棄
□5　父母の不分明	□ 亡親権者の債務の返済
□6　その他（　　　　　　　　　　　　　　）	☑ 扶養料・退職金・保険金等の請求
申立ての原因が生じた年月日	□ その他の財産の管理処分（　　　　）
平成　(令和)　○　年　○　月　○　日	□ その他（　　　　　　　　　　　）

※　上記申立ての原因及び動機について具体的な事情を記載してください。書ききれない場合は別紙★に記載してください。★A4サイズの用紙をご自分で準備してください。

未成年者の父母が離婚し，実母が未成年者の親権者として未成年者を養育してきた。

しかし，令和○年○月○日に実母が後見人を指定することなく死亡したので，この申立て

を行った。未成年後見人として，申立人を選任していただきたい。

なお，実母の遺産について，未成年者の姉（成人）との間で遺産分割協議を行う予定で

ある。また，未成年者は実母の死亡保険金を受け取る予定である。

この申立てをするに至ったいきさつや事情をわかりやすく記載してください。

□ 家庭裁判所に一任　※　以下この欄の記載は不要
☑ 申立人　※　申立人が候補者の場合には，本籍欄のみ記載
□ 申立人以外の〔　□ 以下に記載の者　□ 別紙★に記載の者　〕★A4サイズの用紙をご自分で準備してください。

未成年後見人候補者

本　籍 （国　籍）	○○　都・道 　　　府・(県)　　○○市○○町○丁目○番地
住　所	〒　　－ 電話　（　　　）　　　携帯電話　（　　　）
ふりがな 氏　名	□昭和　□平成 　　年　　月　　日生 （　　　歳）
未成年者 との関係	□ 親　族：□ 直系尊属（父母・祖父母）　□ 兄弟姉妹 　　　　　　□ 父方親族（未成年者との関係：　　　） 　　　　　　□ 母方親族（未成年者との関係：　　　） □ 親族外（関係：　　　　）

法人の場合には，商業登記簿上の名称又は商号，代表者名及び主たる事務所又は本店の所在地を通宣の欄を使って記載してください。

手続費用の上申
- □ 手続費用については，未成年者の負担とすることを希望する。
- ※ 申立手数料，送達・送付費用の全部又は一部について，未成年者の負担とすることが認められる場合があります。

添付書類	※ 審理のために必要な場合は，追加書類の提出をお願いすることがあります。 ※ **個人番号（マイナンバー）が記載されている書類は提出しないようにご注意ください。** ☑ 未成年者の戸籍謄本（全部事項証明書） ☑ 未成年者の住民票又は戸籍附票 ☑ 未成年後見人候補者の戸籍謄本（全部事項証明書） 　（未成年後見人候補者が法人の場合には，当該法人の商業登記簿謄本（登記事項証明書）） ☑ 未成年後見人候補者の住民票又は戸籍附票 ☑ 未成年者の財産に関する資料 ☑ 未成年者が相続人となっている遺産分割未了の相続財産に関する資料 ☑ 未成年者の収支に関する資料 ☑ 親権を行う者がないことを証する資料 　（親権者が死亡した旨の記載がある戸籍謄本（全部事項証明書）等） □（利害関係人からの申立ての場合）利害関係を証する資料 □ 未成年後見人候補者が未成年者との間で金銭の貸借等を行っている場合には，その関係書類（未成年後見人候補者事情説明書4項に関する資料）

3

資料10 　**後見開始申立書例**

最高裁判所ＨＰより

【令和3年4月版】

申立後は，家庭裁判所の許可を得なければ申立てを取り下げることはできません。

※　太わくの中だけ記載してください。
※　該当する部分の□にレ点（チェック）を付してください。

記載例（後見開始）

受付印

（ ☑後見 □保佐 □補助 ） 開始等申立書

※　該当するいずれかの部分の□にレ点（チェック）を付してください。

申立書を提出する裁判所

作成年月日

収入印紙（申立費用）	円
収入印紙（登記費用）	円
予納郵便切手	円

※ 収入印紙（申立費用）をここに貼ってください。
　後見又は保佐開始のときは，８００円分
　保佐又は補助開始＋代理権付与又は同意権付与のときは，１，６００円分
　保佐又は補助開始＋代理権付与＋同意権付与のときは，２，４００円分
【注意】貼った収入印紙に押印・消印はしないでください。
　　収入印紙（登記費用）２，６００円分はここに貼らないでください。

準口頭	関連事件番号	年（家 ）第	号

○○　家庭裁判所 ○○（支部）出張所 御中 令和○年○月○日	申立人又は同手続 代理人の記名押印	**甲 野 花 子** ㊞

平日（午前9時～午後5時）に連絡が取れる電話及び携帯電話の番号を正確に記載してください。

申立人	住所	〒 ○○県○○市○○町○丁目○番○号 電話 ○○（○○○○）○○○○　　携帯電話 ○○○（○○○○）○○○○	
	ふりがな 氏名	こうの　　はなこ **甲 野 花 子**	□ 大正 ☑ 昭和　○年○月○日生 □ 平成　　（○○歳）
	本人との関係	□ 本人　☑ 配偶者　□ 親　□ 子　□ 孫　□ 兄弟姉妹　□ 甥姪 □ その他の親族（関係：　　　　　）□ 市区町村長 □ その他（　　　　）	

手続代理人	住所（事務所等）	〒　　－ ※法令により裁判上の行為をすることができる代理人又は弁護士を記載してください。 電話　（　　　）　　　　ファクシミリ　　（　　　）
	氏名	

成年後見人を選任する必要がある方について記載してください。

本人	本籍（国籍）	○○ 都道府（県）　○○市○○町○○番地	
	住民票上の住所	☑ 申立人と同じ 〒 電話　○○（○○○○）○○○○	
	実際に住んでいる場所	□ 住民票上の住所と同じ 〒○○○－○○○○　※病院や施設の場合は，所在地，名称，連絡先を記載してください。 ○○県○○市○○町○丁目○番○号 病院・施設名（ ○○病院　　　　）電話 ○○（○○○○）○○○○	
	ふりがな 氏名	こうの　　たろう **甲 野 太 郎**	□ 大正 ☑ 昭和　○年○月○日生 □ 平成　　（○○歳）

1

申 立 て の 趣 旨
※ 該当する部分の□にレ点（チェック）を付してください。

☑ 　本人について**後見**を開始するとの審判を求める。

□ 　本人について**保佐**を開始するとの審判を求める。
　　※ 　以下は，<u>必要とする場合に限り</u>，該当する部分の□にレ点（チェック）を付してください。なお，保佐開始申立ての場合，民法１３条１項に規定されている行為については，同意権付与の申立ての必要はありません。

　　□ 　本人のために<u>別紙代理行為目録記載</u>の行為について<u>保佐人</u>に<u>代理権</u>を付与するとの審判を求める。

　　□ 　本人が民法１３条１項に規定されている行為のほかに，下記の行為（日用品の購入その他日常生活に関する行為を除く。）をするにも，<u>保佐人の同意を得なければならない</u>との審判を求める。

記

_____

_____

□ 　本人について**補助**を開始するとの審判を求める。
　　※ 　以下は，<u>少なくとも１つは</u>，該当する部分の□にレ点（チェック）を付してください。

　　□ 　本人のために<u>別紙代理行為目録記載</u>の行為について<u>補助人</u>に<u>代理権</u>を付与するとの審判を求める。

　　□ 　本人が<u>別紙同意行為目録記載</u>の行為（日用品の購入その他日常生活に関する行為を除く。）をするには，<u>補助人の同意を得なければならない</u>との審判を求める。

申 立 て の 理 由

本人は，（※　　　　　**認知症**　　　　　　　　）により
判断能力が欠けているのが通常の状態又は判断能力が（著しく）不十分である。
　※　診断書に記載された診断名（本人の判断能力に影響を与えるもの）を記載してください。

申 立 て の 動 機
※ 該当する部分の□にレ点（チェック）を付してください。

本人は，
☑ 預貯金等の管理・解約　□ 保険金受取　□ 不動産の管理・処分　☑ 相続手続
□ 訴訟手続等　□ 介護保険契約　□ 身上保護（福祉施設入所契約等）
□ その他（　　　　　　　　　　　　　　）
の必要がある。

　※　上記申立ての理由及び動機について具体的な事情を記載してください。書ききれない場合は別紙★を利用してください。★Ａ４サイズの用紙をご自分で準備してください。

本人は，〇年程前から認知症で〇〇病院に入院しているが，その症状は回復の
見込みがなく，日常的に必要な買い物も一人でできない状態である。

令和〇年〇月に本人の弟である甲野次郎が亡くなり遺産分割の必要が生じたこ
とから本件を申し立てた。申立人も病気がちなので，成年後見人には，健康状態
に問題のない長男の甲野夏男を選任してもらいたい。

この申立てをするに至ったいきさつや事情をわかりやすく記載してください。

2

<table>
<tr><td rowspan="6" style="writing-mode:vertical-rl">法人の場合には，商業登記簿上の名称又は事務所又は本店の所在地を適宜の欄を使って記載してください。代表者名及び主たる商号，</td><td rowspan="5">成年後見人等候補者</td><td colspan="2">□ 家庭裁判所に一任　※　以下この欄の記載は不要
□ 申立人　※　申立人が候補者の場合は，以下この欄の記載は不要
☑ 申立人以外の〔 ☑ 以下に記載の者　□ 別紙★に記載の者〕★A4サイズの用紙をご自分で準備してください。</td></tr>
<tr><td>住　所</td><td>〒　　－
申立人の住所と同じ
電話 〇〇（〇〇〇〇）〇〇〇〇　携帯電話 〇〇〇（〇〇〇〇）〇〇〇〇</td></tr>
<tr><td>ふりがな
氏　名</td><td>こう　の　　なつ　お
甲　野　夏　男　　☑ 昭和　〇年〇月〇日生
□ 平成　（ 〇〇 歳）</td></tr>
<tr><td>本人との
関　係</td><td>☑ 親　族：□ 配偶者　□ 親　☑ 子　□ 孫　□ 兄弟姉妹
　　　　　□ 甥姪　□ その他（関係：　　　）
□ 親族外：（関係：　　　　　　　　　　　　）</td></tr>
</table>

手続費用の上申

□ 手続費用については，本人の負担とすることを希望する。

※ 申立手数料，送達・送付費用，後見登記手数料，鑑定費用の全部又は一部について，本人の負担とすることが認められる場合があります。

<table>
<tr><td rowspan="14">添付書類</td><td>※ 同じ書類は本人1人につき1通で足ります。審理のために必要な場合は，追加書類の提出をお願いすることがあります。</td></tr>
<tr><td>※ **個人番号（マイナンバー）が記載されている書類は提出しないようにご注意ください。**</td></tr>
<tr><td>☑ 本人の戸籍謄本（全部事項証明書）</td></tr>
<tr><td>☑ 本人の住民票又は戸籍附票</td></tr>
<tr><td>☑ 成年後見人等候補者の住民票又は戸籍附票
（成年後見人等候補者が法人の場合には，当該法人の商業登記簿謄本（登記事項証明書））</td></tr>
<tr><td>☑ 本人の診断書</td></tr>
<tr><td>☑ 本人情報シート写し</td></tr>
<tr><td>☑ 本人の健康状態に関する資料</td></tr>
<tr><td>☑ 本人の成年被後見人等の登記がされていないことの証明書</td></tr>
<tr><td>☑ 本人の財産に関する資料</td></tr>
<tr><td>☑ 本人が相続人となっている遺産分割未了の相続財産に関する資料</td></tr>
<tr><td>☑ 本人の収支に関する資料</td></tr>
<tr><td>□ （保佐又は補助開始の申立てにおいて同意権付与又は代理権付与を求める場合）
同意権，代理権を要する行為に関する資料（契約書写しなど）</td></tr>
<tr><td>□ 成年後見人等候補者が本人との間で金銭の貸借等を行っている場合には，その関係書類（後見人等候補者事情説明書4項に関する資料）</td></tr>
</table>

3

資料11 保佐開始申立書例

最高裁判所ＨＰより

【令和3年4月版】

記載例（保佐開始）

申立後は、家庭裁判所の許可を得なければ申立てを取り下げることはできません。
※ 太わくの中だけ記載してください。
※ 該当する部分の□にレ点（チェック）を付してください

受付印

（ □後見 ☑保佐 □補助 ）開始等申立書
※ 該当するいずれかの部分の□にレ点（チェック）を付してください。

※ 収入印紙（申立費用）をここに貼ってください。
後見又は保佐開始のときは，８００円分
保佐又は補助開始＋代理権付与又は同意権付与のときは，１，６００円分
保佐又は補助開始＋代理権付与＋同意権付与のときは，２，４００円分
【注意】貼った収入印紙に押印・消印はしないでください。
収入印紙（登記費用）２，６００円分はここに貼らないでください。

申立書を提出する裁判所

作成年月日

収入印紙（申立費用）	円
収入印紙（登記費用）	円
予納郵便切手	円

準口頭	関連事件番号	年（家 ）第	号

○○ 家庭裁判所
○○ ⊘支部・出張所 御中
令和○年○月○日

申立人又は同手続
代理人の記名押印

甲 野 花 子 ㊞

平日（午前９時～午後５時）に連絡が取れる電話及び携帯電話の番号を正確に記載してください。

申立人	住 所	〒○○○－ ○○○○ ○○県○○市○○町○丁目○番○号 電話 ○○（○○○○）○○○○ 携帯電話 ○○○（○○○○）○○○○
	ふりがな 氏 名	こうの はなこ 甲 野 花 子	□大正 ☑昭和 ○年○月○日生 □平成 （○○歳）
	本人との 関 係	□本人 ☑配偶者 □親 □子 □孫 □兄弟姉妹 □甥姪 □その他の親族（関係： ） □市区町村長 □その他（ ）

手続代理人	住 所 （事務所等）	〒 － ※法令により裁判上の行為をすることができる代理人又は弁護士を記載してください。 電話 （ ） ファクシミリ （ ）
	氏 名	

保佐人を選任する必要がある方について記載してください。

本人	本 籍 （国籍）	○○ 都道府⊘県 ○○市○○町○○番地
	住民票上の住所	☑申立人と同じ 〒 － 電話 ○○（○○○○）○○○○
	実際に住んでいる場所	□住民票上の住所と同じ 〒○○○－○○○○ ※病院や施設の場合は，所在地，名称，連絡先を記載してください。 ○○県○○市○○町○丁目○番○号 病院・施設名（ ○○病院 ）電話 ○○（○○○○）○○○○
	ふりがな 氏 名	こうの たろう 甲 野 太 郎	□大正 ☑昭和 ○年○月○日生 □平成 （○○歳）

1

申 立 て の 趣 旨

※ 該当する部分の□にレ点（チェック）を付してください。

□ 本人について**後見**を開始するとの審判を求める。

☑ 本人について**保佐**を開始するとの審判を求める。

※ 以下は，<u>必要とする場合に限り</u>，該当する部分の□にレ点（チェック）を付してください。なお，保佐開始申立ての場合，民法１３条１項に規定されている行為については，<u>同意権付与の申立ての必要はありません。</u>

☑ 本人のために**別紙代理行為目録記載**の行為について**保佐人**に**代理権**を付与するとの審判を求める。

□ 本人が民法１３条１項に規定されている行為のほかに，下記の行為（日用品の購入その他日常生活に関する行為を除く。）をするにも，<u>保佐人の同意を得なければならない</u>との審判を求める。

記

_____

_____

□ 本人について**補助**を開始するとの審判を求める。

※ 以下は，少なくとも１つは，該当する部分の□にレ点（チェック）を付してください。

□ 本人のために**別紙代理行為目録記載**の行為について<u>補助人</u>に**代理権**を付与するとの審判を求める。

□ 本人が別紙同意行為目録記載の行為（日用品の購入その他日常生活に関する行為を除く。）をするには，<u>補助人の同意を得なければならない</u>との審判を求める。

左余白（縦書き）： 民法１３条１項に規定されている行為とは，補助用の「同意行為目録」に記載している行為とは，「同意行為目録」に記載している事項です。

申 立 て の 理 由

本人は，（※　　　**認知症**　　　）により

判断能力が欠けているのが通常の状態又は判断能力が（著しく）不十分である。

※ 診断書に記載された診断名（本人の判断能力に影響を与えるもの）を記載してください。

申 立 て の 動 機

※ 該当する部分の□にレ点（チェック）を付してください。

本人は，

☑ 預貯金等の管理・解約　□ 保険金受取　□ 不動産の管理・処分　☑ 相続手続
□ 訴訟手続等　□ 介護保険契約　□ 身上保護（福祉施設入所契約等）
□ その他（　　　　　　　　　　　　　）

の必要がある。

※ 上記申立ての理由及び動機について具体的な事情を記載してください。書ききれない場合は別紙★を利用してください。★Ａ４サイズの用紙をご自分で準備してください。

本人は，〇年程前から認知症で〇〇病院に入院しているが，その症状は回復の

見込みがない状態である。

令和〇年〇月に本人の弟である甲野次郎が亡くなり遺産分割の必要が生じたが，

本人が一人で手続を行うことには不安があるので，本件を申し立てた。申立人も

病気がちなので，保佐人には，健康状態に問題のない長男の甲野夏男を選任して

もらいたい。

左余白（縦書き）： この申立てをするに至ったいきさつや事情をわかりやすく記載してください。

2

		成年後見人等候補者	
法人の場合には，商業登記簿上の名称又は商号，代表者名及び主たる事務所又は本店の所在地を適宜の欄を使って記載してください。		☐ 家庭裁判所に一任 ※ 以下この欄の記載は不要 ☐ 申立人 ※ 申立人が候補者の場合は，以下この欄の記載は不要 ☑ 申立人以外の〔 ☑ 以下に記載の者 ☐ 別紙★に記載の者 〕★A4サイズの用紙をご自分で準備してください。	

住 所	〒 － **申立人の住所と同じ** 電話 ○○（○○○○）○○○○ 携帯電話 ○○○（○○○○）○○○○
ふりがな 氏 名	こうの なつお **甲野 夏男**	☑ 昭和 ☐ 平成 ○年○月○日生 （○○歳）
本人との関係	☑ 親族：☐ 配偶者 ☐ 親 ☑ 子 ☐ 孫 ☐ 兄弟姉妹 ☐ 甥姪 ☐ その他（関係： ） ☐ 親族外：（関係： ）

手続費用の上申

☐ 手続費用については，本人の負担とすることを希望する。

※ 申立手数料，送達・送付費用，後見登記手数料，鑑定費用の全部又は一部について，本人の負担とすることが認められる場合があります。

添付書類	※ 同じ書類は本人1人につき1通で足ります。審理のために必要な場合は，追加書類の提出をお願いすることがあります。 ※ **個人番号（マイナンバー）が記載されている書類は提出しないようにご注意ください。** ☑ 本人の戸籍謄本（全部事項証明書） ☑ 本人の住民票又は戸籍附票 ☑ 成年後見人等候補者の住民票又は戸籍附票 （成年後見人等候補者が法人の場合には，当該法人の商業登記簿謄本（登記事項証明書）） ☑ 本人の診断書 ☑ 本人情報シート写し ☑ 本人の健康状態に関する資料 ☑ 本人の成年被後見人等の登記がされていないことの証明書 ☑ 本人の財産に関する資料 ☑ 本人が相続人となっている遺産分割未了の相続財産に関する資料 ☑ 本人の収支に関する資料 ☑ （保佐又は補助開始の申立てにおいて同意権付与又は代理権付与を求める場合） 同意権，代理権を要する行為に関する資料（契約書写しなど） ☐ 成年後見人等候補者が本人との間で金銭の貸借等を行っている場合には，その関係書類（後見人等候補者事情説明書4項に関する資料）

3

－221－

（別紙）
【保佐，補助用】

【令和3年4月版】（令和3年11月修正）

> この目録は，後見開始の申立ての場合には提出する必要はありません。

代 理 行 為 目 録

※　下記の行為のうち，必要な代理行為に限り，該当する部分の□にチェック又は必要な事項を記
　載してください（包括的な代理権の付与は認められません。）。

※　内容は，本人の同意を踏まえた上で，最終的に家庭裁判所が判断します。

1　財産管理関係

(1)　不動産関係

□　①　本人の不動産に関する〔□ 売却　□ 担保権設定　□ 賃貸　□ 警備　□＿＿＿＿＿〕
　　　契約の締結，更新，変更及び解除

□　②　他人の不動産に関する〔□ 購入　□ 借地　□ 借家〕契約の締結，更新，変更及び
　　　解除

□　③　住居等の〔□ 新築　□ 増改築　□ 修繕（樹木の伐採等を含む。）　□ 解体
　　　　　□＿＿＿＿＿＿＿〕に関する請負契約の締結，変更及び解除

□　④　本人又は他人の不動産内に存する本人の動産の処分

□　⑤　＿＿＿＿＿＿＿＿＿＿＿＿＿＿＿＿＿＿＿＿＿＿＿＿＿＿＿＿＿＿＿＿＿＿＿＿

(2)　預貯金等金融関係

□　①　預貯金及び出資金に関する金融機関等との一切の取引（解約（脱退）及び新規口座
　　　の開設を含む。）

　　　※　一部の口座に限定した代理権の付与を求める場合には，③に記載してください。

□　②　預貯金及び出資金以外の＿＿＿＿＿

> 一部の口座に限定した代理権の付与を求める場合
> 別紙には，対象となる口座ごとに，銀行名，支店名，口座番号，口
> 座種別，口座名義，取引の内容等を記載してください。
> 　（例）
> 預金に関する○○銀行○○支店の口座（口座番号○○○○○○○，
> 口座種別○○，口座名義○○○○○○○○）との一切の取引（解約
> （脱退）を含む。）

　　　〔□ 貸金庫取引　□ 証券取〔
　　　　　□＿＿＿＿＿＿＿〕

☑　③　別紙のとおり

(3)　保険に関する事項

□　①　保険契約の締結，変更及び＿＿＿

□　②　保険金及び賠償金の請求及び受領

(4)　その他

☑　①　以下の収入の受領及びこれに関する諸手続
　　　〔☑ 家賃，地代　☑ 年金・障害手当・生活保護その他の社会保障給付
　　　　☑ 臨時給付金その他の公的給付　☑ 配当金　□＿＿＿＿＿＿＿〕

☑　②　以下の支出及びこれに関する諸手続
　　　〔☑ 家賃，地代　☑ 公共料金　☑ 保険料　☑ ローンの返済金　☑ 管理費等
　　　　☑ 公租公課　□＿＿＿＿＿＿＿〕

□　③　情報通信（携帯電話，インターネット等）に関する契約の締結，変更，解除及び費用
　　　の支払

□　④　本人の負担している債務に関する弁済合意及び債務の弁済（そのための調査を含む。）

□　⑤　本人が現に有する債権の回収（そのための調査・交渉を含む。）

□　⑥　＿＿＿＿＿＿＿＿＿＿＿＿＿＿＿＿＿＿＿＿＿＿＿＿＿＿＿＿＿＿＿＿＿＿＿＿

1

2 相続関係

※ 審判手続，調停手続及び訴訟手続が必要な方は，4⑤又は⑥についても検討してください。

- □ ① 相続の承認又は放棄
- □ ② 贈与又は遺贈の受諾
- ☑ ③ 遺産分割又は単独相続に関する諸手続
- □ ④ 遺留分減殺請求又は遺留分侵害額請求に関する諸手続
- □ ⑤ _____

3 身上保護関係

- □ ① 介護契約その他の福祉サービス契約の締結，変更，解除及び費用の支払並びに還付金等の受領
- □ ② 介護保険，要介護認定，障害支援区分認定，健康保険等の各申請（各種給付金及び還付金の申請を含む。）及びこれらの認定に関する不服申立て
- □ ③ 福祉関係施設への入所に関する契約（有料老人ホームの入居契約等を含む。）の締結，変更，解除及び費用の支払並びに還付金等の受領
- □ ④ 医療契約及び病院への入院に関する契約の締結，変更，解除及び費用の支払並びに還付金等の受領
- □ ⑤ _____

4 その他

- □ ① 税金の申告，納付，更正，還付及びこれらに関する諸手続
- □ ② 登記・登録の申請
- □ ③ 個人番号（マイナンバー）に関する諸手続
- □ ④ 住民票の異動に関する手続
- □ ⑤ 家事審判手続，家事調停手続（家事事件手続法２４条２項の特別委任事項を含む。），訴訟手続（民事訴訟法５５条２項の特別委任事項を含む。），民事調停手続（非訟事件手続法２３条２項の特別委任事項を含む。）及び破産手続（免責手続を含む。）

  ※ 保佐人又は補助人が上記各手続について手続代理人又は訴訟代理人となる資格を有する者であるときに限ります。
- □ ⑥ ⑤の各手続について，手続代理人又は訴訟代理人となる資格を有する者に委任をすること
- □ ⑦ _____

5 関連手続

- ☑ ① 以上の各事務の処理に必要な費用の支払
- ☑ ② 以上の各事務に関連する一切の事項（戸籍謄抄本・住民票の交付請求，公的な届出，手続等を含む。）

2

最高裁判所ＨＰより

【令和3年4月版】

申立後は，家庭裁判所の許可を得なければ申立てを取り下げることはできません。

記載例
（補助開始）

※ 太わくの中だけ記載してください。
※ 該当する部分の□にレ点（チェック）を付けてください。

受付印

（ □後見 □保佐 ☑補助 ） 開始等申立書

※ 該当するいずれかの部分の□にレ点（チェック）を付けてください。

※ 収入印紙（申立費用）をここに貼ってください。
後見又は保佐開始のときは，８００円分
保佐又は補助開始＋代理権付与又は同意権付与のときは，１，６００円分
保佐又は補助開始＋代理権付与＋同意権付与のときは，２，４００円分
【注意】貼った収入印紙に押印・消印はしないでください。
収入印紙（登記費用）２，６００円分はここに貼らないでください。

申立書を提出する裁判所

作成年月日

収入印紙（申立費用）	円
収入印紙（登記費用）	円
予納郵便切手	円

| 準口頭 | 関連事件番号 | 年（家 ）第 号 |

○○ 家庭裁判所
○○ 支部・出張所 御中

令和 ○ 年 ○ 月 ○ 日

申立人又は同手続
代理人の記名押印

甲野 花子 ㊞

申立人	住所	〒○○○－○○○○ ○○県○○市○○町○丁目○番○号	平日（午前9時〜午後5時）に連絡が取れる電話及び携帯電話の番号を正確に記載してください。
		電話 ○○（○○○○）○○○○ 携帯電話 ○○○（○○○○）○○○○	
	ふりがな	こうの はなこ	□ 大正
	氏名	**甲野 花子**	☑ 昭和 ○年○月○日生 □ 平成 （ ○○ 歳）
	本人との関係	□ 本人 ☑ 配偶者 □ 親 □ 子 □ 孫 □ 兄弟姉妹 □ 甥姪 □ その他の親族（関係： ） □ 市区町村長 □ その他（ ）	

手続代理人	住所（事務所等）	〒 － ※法令により裁判上の行為をすることができる代理人又は弁護士を記載してください。
		電話 （ ） ファクシミリ （ ）
	氏名	

補助人を選任する必要がある方について記載してください。

本人	本籍（国籍）	○○ 都道府県 ○○市○○町○○番地
	住民票上の住所	☑ 申立人と同じ 〒 － 電話 ○○（○○○○）○○○○
	実際に住んでいる場所	□ 住民票上の住所と同じ 〒○○○－○○○○ ※ 病院や施設の場合は，所在地，名称，連絡先を記載してください。 ○○県○○市○○町○丁目○番○号 病院・施設名（ ○○病院 ）電話 ○○（○○○○）○○○○
	ふりがな	こうの たろう
	氏名	**甲野 太郎** □ 大正 ☑ 昭和 ○年○月○日生 □ 平成 （ ○○ 歳）

1

申 立 て の 趣 旨

※ 該当する部分の□にレ点（チェック）を付けてください。

□　本人について**後見**を開始するとの審判を求める。

□　本人について**保佐**を開始するとの審判を求める。
　　※　以下は，必要とする場合に限り，該当する部分の□にレ点（チェック）を付けてください。なお，保佐開始申立ての場合，民法１３条１項に規定されている行為については，同意権付与の申立ての必要はありません。

　　□　本人のために**別紙代理行為目録記載**の行為について保佐人に**代理権**を付与するとの審判を求める。

　　□　本人が民法１３条１項に規定されている行為のほかに，下記の行為（日用品の購入その他日常生活に関する行為を除く。）をするにも，保佐人の同意を得なければならないとの審判を求める。

記

_____

_____

☑　本人について**補助**を開始するとの審判を求める。
　　※　以下は，少なくとも１つは，該当する部分の□にレ点（チェック）を付けてください。

　　☑　本人のために**別紙代理行為目録記載**の行為について補助人に**代理権**を付与するとの審判を求める。

　　☑　本人が別紙同意行為目録記載の行為（日用品の購入その他日常生活に関する行為を除く。）をするには，補助人の同意を得なければならないとの審判を求める。

申 立 て の 理 由

本人は，（※　　　　　**認 知 症**　　　　　　）により
判断能力が欠けているのが通常の状態又は判断能力が（著しく）不十分である。
※　診断書に記載された診断名（本人の判断能力に影響を与えるもの）を記載してください。

申 立 て の 動 機

※ 該当する部分の□にレ点（チェック）を付けてください。

本人は，
☑　預貯金等の管理・解約　□　保険金受取　□　不動産の管理・処分　☑　相続手続
□　訴訟手続等　□　介護保険契約　□　身上保護（福祉施設入所契約等）
□　その他（　　　　　　　　　　　　）
の必要がある。

※　上記申立ての理由及び動機について具体的な事情を記載してください。書ききれない場合は別紙★を利用してください。★Ａ４サイズの用紙をご自分で準備してください。

本人は，〇年程前から認知症の症状が出ていると言われている。

令和〇年〇月に本人の弟である甲野次郎が亡くなり遺産分割の必要が生じたが，

本人が一人で手続を行うことには不安があるので，本件を申し立てた。また，以前，

訪問販売で高価な物を購入して困ったことがあったので，補助人に同意権を与え

てほしい。申立人も病気がちなので，補助人には，健康状態に問題のない長男の

甲野夏男を選任してもらいたい。

（左余白・縦書き）この申立てをするに至ったいきさつや事情をわかりやすく記載してください。

2

<table>
<tr>
<td rowspan="5" style="writing-mode: vertical-rl;">法人の場合には，商業登記簿上の名称又は商号，代表者名及び主たる
事務所又は本店の所在地を適宜の欄を使って記載してください。</td>
<td rowspan="5">成年後見人等候補者</td>
<td colspan="2">
□ 家庭裁判所に一任　※　以下この欄の記載は不要
□ 申立人　※　申立人が候補者の場合は，以下この欄の記載は不要
☑ 申立人以外の〔 ☑ 以下に記載の者　□ 別紙★に記載の者 〕★A4サイズの用紙をご自分で準備してください。
</td>
</tr>
<tr>
<td>住　所</td>
<td>〒　　－
申立人の住所と同じ

電話 ○○ （○○○○） ○○○○　携帯電話 ○○○ （○○○○） ○○○○</td>
</tr>
<tr>
<td>ふりがな

氏　名</td>
<td>こう の　　　　なつ お

甲 野　　夏 男
　　　　　　　　　　　　　　　　　☑ 昭和　　　○ 年 ○ 月 ○ 日生
　　　　　　　　　　　　　　　　　□ 平成　　　　　　（ ○○ 歳）</td>
</tr>
<tr>
<td>本人との
関　係</td>
<td>☑ 親族：□ 配偶者　□ 親　☑ 子　□ 孫　□ 兄弟姉妹
　　　　　□ 甥姪　□ その他（関係：　　　　　　　　）
□ 親族外：（関係：　　　　　　　　　　　　　　　　　　　　　）</td>
</tr>
</table>

手続費用の上申

□　手続費用については，本人の負担とすることを希望する。

※　申立手数料，送達・送付費用，後見登記手数料，鑑定費用の全部又は一部について，本人の負担とすることが認められる場合があります。

<table>
<tr>
<td rowspan="11">添付書類</td>
<td>※　同じ書類は本人1人につき1通で足ります。審理のために必要な場合は，追加書類の提出をお願いすることがあります。
※　個人番号（マイナンバー）が記載されている書類は提出しないようにご注意ください。</td>
</tr>
<tr><td>☑　本人の戸籍謄本（全部事項証明書）</td></tr>
<tr><td>☑　本人の住民票又は戸籍附票</td></tr>
<tr><td>☑　成年後見人等候補者の住民票又は戸籍附票
　　（成年後見人等候補者が法人の場合には，当該法人の商業登記簿謄本（登記事項証明書））</td></tr>
<tr><td>☑　本人の診断書</td></tr>
<tr><td>☑　本人情報シート写し</td></tr>
<tr><td>☑　本人の健康状態に関する資料</td></tr>
<tr><td>☑　本人の成年被後見人等の登記がされていないことの証明書</td></tr>
<tr><td>☑　本人の財産に関する資料</td></tr>
<tr><td>☑　本人が相続人となっている遺産分割未了の相続財産に関する資料</td></tr>
<tr><td>☑　本人の収支に関する資料
☑　(保佐又は補助開始の申立てにおいて同意権付与又は代理権付与を求める場合)
　　同意権，代理権を要する行為に関する資料（契約書写しなど）
□　成年後見人等候補者が本人との間で金銭の貸借等を行っている場合には，その関係書類（後見人等候補者事情説明書4項に関する資料）</td></tr>
</table>

3

（別紙）
【保佐，補助用】

【令和3年4月版】（令和3年11月修正）

> この目録は，後見開始の申立ての場合には提出する必要はありません。

代 理 行 為 目 録

※ 下記の行為のうち，必要な代理行為に限り，該当する部分の□にチェック又は必要な事項を記載してください（包括的な代理権の付与は認められません。）。

※ 内容は，本人の同意を踏まえた上で，最終的に家庭裁判所が判断します。

1 財産管理関係

(1) 不動産関係

□ ① 本人の不動産に関する〔□ 売却 □ 担保権設定 □ 賃貸 □ 警備 □＿＿＿＿＿＿〕契約の締結，更新，変更及び解除

□ ② 他人の不動産に関する〔□ 購入 □ 借地 □ 借家〕契約の締結，更新，変更及び解除

□ ③ 住居等の〔□ 新築 □ 増改築 □ 修繕（樹木の伐採等を含む。） □ 解体 □＿＿＿＿＿＿＿＿＿〕に関する請負契約の締結，変更及び解除

□ ④ 本人又は他人の不動産内に存する本人の動産の処分

□ ⑤ ＿＿＿＿＿＿＿＿＿＿＿＿＿＿＿＿＿＿＿＿＿＿＿＿＿＿＿＿＿

(2) 預貯金等金融関係

□ ① 預貯金及び出資金に関する金融機関等との一切の取引（解約（脱退）及び新規口座の開設を含む。）

※ 一部の口座に限定した代理権の付与を求める場合には，③に記載してください。

□ ② 預貯金及び出資金以外の＿＿＿＿
〔□ 貸金庫取引 □ 証券取
□＿＿＿＿＿＿＿＿〕

☑ ③ 別紙のとおり

> 一部の口座に限定した代理権の付与を求める場合
> 別紙には，対象となる口座ごとに，銀行名，支店名，口座番号，口座種別，口座名義，取引の内容等を記載してください。
> （例）
> 預金に関する〇〇銀行〇〇支店の口座（口座番号〇〇〇〇〇〇〇，口座種別〇〇，口座名義〇〇〇〇〇〇〇〇）との一切の取引（解約（脱退）を含む。）

(3) 保険に関する事項

□ ① 保険契約の締結，変更及び＿＿

□ ② 保険金及び賠償金の請求及び受領

(4) その他

☑ ① 以下の収入の受領及びこれに関する諸手続
〔☑ 家賃，地代 ☑ 年金・障害手当・生活保護その他の社会保障給付 ☑ 臨時給付金その他の公的給付 ☑ 配当金 □＿＿＿＿＿＿＿＿〕

☑ ② 以下の支出及びこれに関する諸手続
〔☑ 家賃，地代 ☑ 公共料金 ☑ 保険料 ☑ ローンの返済金 ☑ 管理費等 ☑ 公租公課 □＿＿＿＿＿＿＿＿〕

□ ③ 情報通信（携帯電話，インターネット等）に関する契約の締結，変更，解除及び費用の支払

□ ④ 本人の負担している債務に関する弁済合意及び債務の弁済（そのための調査を含む。）

□ ⑤ 本人が現に有する債権の回収（そのための調査・交渉を含む。）

□ ⑥ ＿＿＿＿＿＿＿＿＿＿＿＿＿＿＿＿＿＿＿＿＿＿＿＿＿＿＿＿＿

1

2　相続関係

※　*審判手続，調停手続及び訴訟手続が必要な方は，4⑤又は⑥についても検討してください。*

- ☐　① 相続の承認又は放棄
- ☐　② 贈与又は遺贈の受諾
- ☑　③ 遺産分割又は単独相続に関する諸手続
- ☐　④ 遺留分減殺請求又は遺留分侵害額請求に関する諸手続
- ☐　⑤ _____

3　身上保護関係

- ☐　① 介護契約その他の福祉サービス契約の締結，変更，解除及び費用の支払並びに還付金等の受領
- ☐　② 介護保険，要介護認定，障害支援区分認定，健康保険等の各申請（各種給付金及び還付金の申請を含む。）及びこれらの認定に関する不服申立て
- ☐　③ 福祉関係施設への入所に関する契約（有料老人ホームの入居契約等を含む。）の締結，変更，解除及び費用の支払並びに還付金等の受領
- ☐　④ 医療契約及び病院への入院に関する契約の締結，変更，解除及び費用の支払並びに還付金等の受領
- ☐　⑤ _____

4　その他

- ☐　① 税金の申告，納付，更正，還付及びこれらに関する諸手続
- ☐　② 登記・登録の申請
- ☐　③ 個人番号（マイナンバー）に関する諸手続
- ☐　④ 住民票の異動に関する手続
- ☐　⑤ 家事審判手続，家事調停手続（家事事件手続法24条2項の特別委任事項を含む。），訴訟手続（民事訴訟法55条2項の特別委任事項を含む。），民事調停手続（非訟事件手続法23条2項の特別委任事項を含む。）及び破産手続（免責手続を含む。）
  - ※　*保佐人又は補助人が上記各手続について手続代理人又は訴訟代理人となる資格を有する者であるときに限ります。*
- ☐　⑥ ⑤の各手続について，手続代理人又は訴訟代理人となる資格を有する者に委任をすること
- ☐　⑦ _____

5　関連手続

- ☑　① 以上の各事務の処理に必要な費用の支払
- ☑　② 以上の各事務に関連する一切の事項（戸籍謄抄本・住民票の交付請求，公的な届出，手続等を含む。）

2

【令和3年4月版】

（別紙）

【補助用】

同 意 行 為 目 録
（民法13条1項各号所定の行為）

┌───┐
│ この目録は，後見開始の申立て，保佐開始の申立ての場合には提出する必要はありません。 │
└───┘

※ 下記の行為（日用品の購入その他日常生活に関する行為を除く。）のうち，必要な同意行為に限り，該当する部分の□にチェックを付けてください。

※ 保佐の場合には，以下の1から10までに記載の事項については，一律に同意権・取消権が付与されますので，同意権付与の申立てをする場合であっても本目録の作成は不要です。

※ 内容は，本人の同意を踏まえた上で，最終的に家庭裁判所が判断します。

1 **元本の領収又は利用（1号）のうち，以下の行為**
- □ (1) 預貯金の払戻し
- □ (2) 債務弁済の受領
- □ (3) 金銭の利息付貸付け

2 **借財又は保証（2号）のうち，以下の行為**
- □ (1) 金銭消費貸借契約の締結
  - ※ 貸付けについては1(3)又は3(7)を検討してください。
- □ (2) 債務保証契約の締結

3 **不動産その他重要な財産に関する権利の得喪を目的とする行為（3号）のうち，以下の行為**
- □ (1) 本人の所有の土地又は建物の売却
- □ (2) 本人の所有の土地又は建物についての抵当権の設定
- □ (3) 贈与又は寄附行為
- □ (4) 商品取引又は証券取引
- ☑ (5) 通信販売（インターネット取引を含む。）又は訪問販売による契約の締結
- ☑ (6) クレジット契約の締結
- □ (7) 金銭の無利息貸付け
- □ (8) その他 ※ 具体的に記載してください。

_____

4 □ **訴訟行為（4号）**
 ※ 相手方の提起した訴え又は上訴に対して応訴するには同意を要しません。

5 □ **贈与，和解又は仲裁合意（5号）**

1

6　□　相続の承認若しくは放棄又は遺産分割 *（6号）*

7　□　贈与の申込みの拒絶，遺贈の放棄，負担付贈与の申込みの承諾又は負担付遺贈の承認 *（7号）*

8　□　新築，改築，増築又は大修繕 *（8号）*

9　□　民法602条（短期賃貸借）に定める期間を超える賃貸借 *（9号）*

10　□　前各号に掲げる行為を制限行為能力者（未成年者，成年被後見人，被保佐人及び民法17条1項の審判を受けた被補助人をいう。）の法定代理人としてすること *（10号）*

11　□　その他　※　*具体的に記載してください。*
　　　※　*民法13条1項各号所定の行為の一部である必要があります。*

2

資料13 任意後見監督人選任申立書例

最高裁判所ＨＰより

【令和3年4月版】

<u>申立後は，家庭裁判所の許可を得なければ申立てを取り下げることはできません。</u>
※ 太わくの中だけ記載してください。
※ 該当する部分の□にレ点（チェック）を付してください。

受付印

任意後見監督人選任申立書

※ 収入印紙（申立費用）８００円分をここに貼ってください。

【注意】貼った収入印紙に押印・消印はしないでください。
収入印紙（登記費用）１，４００円分はここに貼らないでください。

申立書を提出する裁判所		
作成年月日		

収入印紙（申立費用）　　円
収入印紙（登記費用）　　円
予納郵便切手　　　　　円

準口頭　　関連事件番号　　年（家　）第　　号

○○ 家庭裁判所
○○ 支部・出張所 御中
令和 ○ 年 ○ 月 ○ 日

申立人又は同手続
代理人の記名押印　　　甲野 花子 ㊞

平日（午前9時～午後5時）に連絡が取れる電話及び携帯電話の番号を正確に記載してください。

申立人	住所	〒○○○-○○○○ ○○県○○市○○町○丁目○番○号 電話 ○○(○○○○)　携帯電話 ○○○(○○○○)○○○○
	ふりがな 氏名	こうの はなこ 甲野 花子	□大正 ☑昭和 ○年○月○日生 □平成 （○○歳）
	本人との関係	□本人 ☑配偶者 □四親等内の親族（　　） □任意後見受任者 □その他（　　）

手続代理人	住所（事務所等）	〒　-　※法令により裁判上の行為をすることができる代理人又は弁護士を記載してください。 電話（　）ファクシミリ（　）
	氏名	

任意後見監督人を選任する必要がある方について記載してください。

本人	本籍（国籍）	○○ 都道府県 ○○市○○町○丁目○番地
	住民票上の住所	☑申立人と同じ 〒　- 電話
	実際に住んでいる場所	□住民票上の住所と同じ 〒○○○-○○○○ ※病院や施設の場合は，所在地，名称，連絡先を記載してください。 ○○県○○市○○町○丁目○番○号 病院・施設名（○○施設○○○○）電話 ○○(○○○○)○○○○
	ふりがな 氏名	こうの たろう 甲野 太郎	□大正 ☑昭和 ○年○月○日生 □平成 （○○歳）

この申立てをするに至ったいきさつや事情をわかりやすく記載してください。

申　立　て　の　趣　旨

任意後見監督人の選任を求める。

申　立　て　の　理　由

本人は，（※　　　　**認知症**　　　　　　　）により
判断能力が欠けているのが通常の状態又は判断能力が（著しく）不十分である。
※　診断書に記載された診断名（本人の判断能力に影響を与えるもの）を記載してください。

申　立　て　の　動　機
※　該当する部分の□にレ点（チェック）を付けてください。

本人は，
☑ 預貯金等の管理・解約　□ 保険金受取　□ 不動産の管理・処分　☑ 相続手続
□ 訴訟手続等　□ 介護保険契約　□ 身上保護（福祉施設入所契約等）
□ その他（　　　　　　　　　）
の必要がある。

※　上記申立ての理由及び動機について具体的な事情を記載してください。書ききれない場合は別紙★に記載してください。★A4サイズの用紙をご自分で準備してください。

平成〇〇年〇月〇日に本人である甲野太郎を委任者，甲野夏男を受任者とする任意後見契約を締結した。その後，本人は，〇年程前から〇〇施設〇〇〇〇で生活しているが，本人の認知症が進行した。日常の生活や買い物は支障ないが，財産管理は難しく，令和〇年〇月に本人の弟である甲野次郎が亡くなり遺産分割の必要が生じたことから，本件の申立てをした。

任意後見契約	公正証書を作成した公証人の所属	〇〇 法務局	証書番号	☑ 平成 □ 令和 〇〇年 第〇〇〇〇号
	証書作成年月日	☑ 平成 □ 令和 〇〇年〇月〇日	登記番号	第〇〇〇〇－〇〇〇〇号

法人の場合には，商業登記簿上の名称又は商号，代表者名及び主たる事務所又は本店の所在地を適宜の欄を使って記載してください。

□ 申立人と同じ　※　以下色が付いている欄のみ記載してください。
☑ 申立人以外の〔 ☑ 以下に記載の者　□ 別紙★に記載の者 〕★A4サイズの用紙をご自分で準備してください。

任意後見受任者	住所	〒　－　**申立人の住所と同じ**　電話 〇〇（〇〇〇〇）〇〇〇〇　携帯電話 〇〇〇（〇〇〇〇）〇〇〇〇	
	ふりがな 氏名	こうの　なつお **甲野　夏男**	☑ 昭和 □ 平成 〇年〇月〇日生（〇〇歳）
	職業 **会社員**	勤務先 〒〇〇〇－〇〇〇〇 〇〇県〇〇市〇〇町〇丁目〇番〇号 〇〇株式会社 電話 〇〇（〇〇〇〇）〇〇〇〇	
	本人との関係	☑ 親族：□ 配偶者　□ 親　☑ 子　□ 孫　□ 兄弟姉妹　□ 甥姪　□ その他（関係：　） □ 親族外：（関係：　）	

2

- 232 -

手続費用の上申

□ 手続費用については，本人の負担とすることを希望する。

※ 申立手数料，送達・送付費用，後見登記手数料，鑑定費用の全部又は一部について，本人の負担とすることが認められる場合があります。

| 添付書類 | ※ 同じ書類は本人1人につき1通で足ります。審理のために必要な場合は，追加書類の提出をお願いすることがあります。
※ **個人番号（マイナンバー）が記載されている書類は提出しないようにご注意ください。**
☑ 本人の戸籍謄本（全部事項証明書）
☑ 本人の住民票又は戸籍附票
☑ 本人の診断書
☑ 本人情報シート写し
☑ 本人の健康状態に関する資料
☑ 任意後見契約公正証書写し
☑ 本人の登記事項証明書（任意後見契約）
☑ 本人の成年被後見人等の登記がされていないことの証明書（証明事項が「成年被後見人，被保佐人，被補助人とする記録がない。」ことの証明書）
☑ 本人の財産に関する資料
☑ 本人が相続人となっている遺産分割未了の相続財産に関する資料
☑ 本人の収支に関する資料
□ 任意後見受任者が本人との間で金銭の貸借等を行っている場合には，その関係書類（任意後見受任者事情説明書5項に関する資料） |

3

資料14　不在者財産管理人選任申立書例

最高裁判所ＨＰより

<table>
<tr>
<td rowspan="3">受付印</td>
<td colspan="2">家事審判申立書　事件名（不在者財産管理人選任）</td>
</tr>
<tr>
<td colspan="2">（この欄に申立手数料として1件について800円分の収入印紙を貼ってください。）

印　紙

（貼った印紙に押印しないでください。）
（注意）登記手数料としての収入印紙を納付する場合は、登記手数料としての収入印紙は貼らずにそのまま提出してください。</td>
</tr>
</table>

収入印紙	円
予納郵便切手	円
予納収入印紙	円

準口頭	関連事件番号　平成・令和　　　年（家　　）第　　　　　　　号

<table>
<tr>
<td>○　○　家庭裁判所
御中
令和○年○月○日</td>
<td>申　立　人
（又は法定代理人など）
の記名押印</td>
<td>甲　野　一　郎　㊞</td>
</tr>
</table>

添付書類	

<table>
<tr>
<td rowspan="6">申
立
人</td>
<td>本　籍
（国籍）</td>
<td colspan="2">（戸籍の添付が必要とされていない申立ての場合は、記入する必要はありません。）
　　　　都　道
　　　　府　県</td>
</tr>
<tr>
<td>住　所</td>
<td colspan="2">〒 ○○○ － ○○○○　　　　　　　　　電話　○○○（○○○）○○○○
○○県○○市○○町○丁目○○番○○号
 （　　　　方） </td>
</tr>
<tr>
<td>連絡先</td>
<td colspan="2">〒　－　　　　　　　　　　　　電話　（　　　）
（注：住所で確実に連絡ができるときは記入しないでください。）
 （　　　　方） </td>
</tr>
<tr>
<td>フリガナ
氏　名</td>
<td>コウノ　イチロウ
甲　野　一　郎</td>
<td>昭和
平成　○年○月○日生
令和
（　○○　歳）</td>
</tr>
<tr>
<td>職　業</td>
<td colspan="2">会　社　員</td>
</tr>
</table>

※

<table>
<tr>
<td rowspan="5">不
在
者</td>
<td>本　籍
（国籍）</td>
<td colspan="2">（戸籍の添付が必要とされていない申立ての場合は、記入する必要はありません。）
○○　　都道
　　　府㉕県　○○市○○町○丁目○番地</td>
</tr>
<tr>
<td>従来の
住　所</td>
<td colspan="2">〒 ○○○ － ○○○○　　　　　　　　電話　（　　　）
○○県○○市○○町○丁目○番○号○○コーポ○○○号室
 （　　　　方） </td>
</tr>
<tr>
<td>連絡先</td>
<td colspan="2">〒　－　　　　　　　　　　　電話　（　　　）
 （　　　　方） </td>
</tr>
<tr>
<td>フリガナ
氏　名</td>
<td>コウノ　ジロウ
甲　野　二　郎</td>
<td>昭和
平成　○年○月○日生
令和
（　○○　歳）</td>
</tr>
<tr>
<td>職　業</td>
<td colspan="2">無　職</td>
</tr>
</table>

（注）　太枠の中だけ記入してください。

※の部分は、申立人、法定代理人、成年被後見人となるべき者、不在者、共同相続人、被相続人等の区別を記入してください。

別表第一－（1/ 2 ）

申　立　て　の　趣　旨
不在者の財産管理人を選任するとの審判を求めます。

申　立　て　の　理　由
1　申立人は，不在者の兄です。
2　不在者は，平成〇年〇月〇日職を求めて大阪方面へ出かけて以来音信が途絶えたため，親戚，友人等に照会をしてその行方を探しましたが，今日までその所在は判明しません。
3　令和〇年〇月〇日に不在者の父太郎が死亡し，別紙財産目録記載の不動産等につき不在者がその共有持分（6分の1）を取得しました。また，不在者に負債はなく，その他の財産は別紙目録のとおりです。
4　このたび，亡太郎の共同相続人間で遺産分割協議をすることになりましたが，不在者は財産管理人を置いていないため，分割協議ができないので，申立ての趣旨のとおりの審判を求めます。
なお，財産管理人として，不在者の叔父（亡太郎の弟）である次の者を選任することを希望します。
住所　　　〇〇県〇〇市〇〇町〇丁目〇〇番〇〇号
（電話番号　〇〇〇−〇〇〇−〇〇〇〇）
氏名　　甲　野　五　郎（昭和〇年〇月〇日生　職業　会社員）

（別紙）

財　産　目　録
【土　地】

番号	所　　　　　在	地番	地目	地積	備考
1	○○市○○町○丁目	番 ○　○	宅地	平方メートル 150:00	甲野太郎名義 建物1の敷地 不在者の相続 分6分の1 評価額 ○○○万円

財　産　目　録
【建　物】

番号	所　　　在	家屋番号	種類	構造	床面積	備考
1	○○市○○町○丁目○番地	○番 ○	居宅	木造瓦葺平家建	平方メートル 90:00	甲野太郎名義 土地1上の建物 不在者の相続 分6分の1 評価額 ○○○万円

財　産　目　録
【現金，預・貯金，株式等】

番号	品　　　　目	単位	数量（金額）	備　　考
1	○○銀行定期預金 （番号○○○−○○○○）		3，104，000円	甲野太郎名義 不在者の相続分6分の1 申立人保管
2	○○銀行普通預金 （番号○○○−○○○○）		800，123円	甲野太郎名義 不在者の相続分6分の1 申立人保管
3	○○株式会社　株式	50円	8，000株	甲野太郎名義 不在者の相続分6分の1 申立人保管
4	現金		4，500円	不在者が残置していったもの 申立人保管

資料15　特別代理人選任申立書例

東京家庭裁判所ＨＰより

<table>
<tr><td rowspan="4">受付印</td><td colspan="2">特別代理人選任申立書</td></tr>
<tr><td colspan="2">（収入印紙８００円分を貼ってください。）</td></tr>
<tr><td>収入印紙　　　　円</td><td rowspan="2"></td></tr>
<tr><td>予納郵便切手　　円</td></tr>
</table>

（貼った印紙に押印しないでください。）

準口頭		関連事件番号　平成・令和　　年（家　　）第　　　　号

東京　家庭裁判所 　　　　　御中 令和○年○月○日	申　立　人 の記名押印	甲　野　花　子　　㊞

添付書類	（同じ書類は1通で足ります。審理のために必要な場合は、追加書類の提出をお願いすることがあります。） □未成年者の戸籍謄本（全部事項証明書）　□親権者又は未成年後見人の戸籍謄本（全部事項証明書） □特別代理人候補者の住民票又は戸籍附票　□利益相反に関する資料（遺産分割協議書案、契約書案等） □（利害関係人からの申立ての場合）利害関係を証する資料　□

申立人

	住所	〒○○○-○○○○　　　　　　電話○○（○○○○）○○○○ 東京都○○区×××○丁目○○番○○号　　（　　　方）
	フリガナ 氏名	コウノ　ハナコ 甲　野　花　子	昭和・平成○年○月○日生（○○歳）	職業	なし
	フリガナ 氏名		昭和・平成　年　月　日生（　歳）	職業	
	未成年者との関係	※1 父母　2 父　③母　4 後見人　5 利害関係人

未成年者

	本籍（国籍）	○○都道府県　○○市○○町○○番地
	住所	〒　-　　　　電話（　） 申立人の住所と同じ　　（　　方）
	フリガナ 氏名	コウノ　ジロウ 甲　野　次　郎	平成・令和○年○月○日生（○○歳）
	職業又は在校名	○○中学校

（注）太枠の中だけ記入してください。　※の部分は、当てはまる番号を○で囲んでください。

特代（1／2）

申　立　て　の　趣　旨
特別代理人の選任を求める。

申　立　て　の　理　由	
利益相反する者	利益相反行為の内容
※ ①親権者と未成年者との間で利益が相反する。 2　同一親権に服する他の子と未成年者との間で利益が相反する。 3　後見人と未成年者との間で利益が相反する。 4　その他	※ ①被相続人亡　**甲野太郎**　の遺産を分割するため 2　被相続人亡＿＿＿＿＿＿＿の相続を放棄するため 3　身分関係存否確定の調停・訴訟の申立てをするため 4　未成年者の所有する物件に〔 1 抵当権　2 根抵当権 〕を設定するため 5　その他（　　　　　　　　　　　） （その詳細） **申立人の夫、未成年者の父である被相続人亡甲野太郎（平成〇〇年〇月〇日死亡）の遺産につき、遺産分割の協議をするため。**

特別代理人候補者	住所	〒 〇〇〇 − 〇〇〇〇　　　　　電話 〇〇（〇〇〇〇）〇〇〇〇 **東京都〇〇区△△町〇〇番地の〇**　　　　　（　　方）
	フリガナ 氏名	オツノ　サブロウ **乙野　三郎**　／昭和・⦿平成 〇年〇月〇日生（〇〇歳）／職業 **会社員**
	未成年者との関係	**母方の叔父**

（注）太枠の中だけ記入してください。　※の部分については、当てはまる番号を〇で囲み、利益相反する者欄の4及び利益相反行為の内容欄の5を選んだ場合は、（　　　）何に具体的に記入してください。

資料16 寄与分調停申立書例

東京家庭裁判所ＨＰより

<u>この申立書の写しは、法律の定めるところにより、申立ての内容を知らせるため、相手方に送付されます。</u>

受付印	寄与分を定める処分 ☑調停 □審判 申立書
	（この欄に申立人1名につき収入印紙1200円分を貼ってください。）
	印紙
収入印紙　　　　円	
予納郵便切手　　円	（貼った印紙に押印しないでください。）

東京家庭裁判所　御中 令和　年　月　日	申立人 （法定代理人など） の記名押印	甲野一郎 ㊞

添付書類	（審理のために必要な場合は、追加書類の提出をお願いすることがあります。） ☑戸籍（除籍・改製原戸籍）謄本（全部事項証明書）合計 ● 通 ☑住民票又は戸籍附票 合計 ● 通	準口頭

被相続人	最後の住所	○○ 都道府（県） ○○市○○町○番○号	
	フリガナ	コウノ　タロウ	昭和 平成 （令和） ○○年○月○日死亡
	氏名	甲野　太郎	

申立人	住所	〒○○○ － ○○○○ ○○県○○市○○町○番○号　○○マンション○号 （　　　　方）	
	フリガナ	コウノ　イチロウ	大正 （昭和） 平成 ○○年○月○日生
	氏名	甲野　一郎	
	被相続人との続柄	長男	

（注）太枠の中だけ記入してください。
　　　□の部分は該当するものにチェックしてください。

寄与分（ 1／3 ）

（令5.2 東京家）

<u>この申立書の写しは、法律の定めるところにより、申立ての内容を知らせるため、相手方に送付されます。</u>

相手方	住所	〒 〇〇〇 － 〇〇〇〇 東京都 〇〇区〇〇 〇丁目〇番〇号　　　　　　　　　（　　　方）	大正 ⦅昭和⦆ 平成 令和	〇〇 年 〇 月 〇 日生
	フリガナ	オツカワ　ハルコ		
	氏名	乙川　春子		
	被相続人 との続柄	長女		
相手方	住所	〒 〇〇〇 － 〇〇〇〇 東京都 〇〇区〇〇 〇丁目〇番〇－〇〇〇号　　　　　（　　　方）	大正 ⦅昭和⦆ 平成 令和	〇〇 年 〇 月 〇 日生
	フリガナ	コウノ　ジロウ		
	氏名	甲野　二郎		
	被相続人 との続柄	二男		
相手方	住所	〒 － 　　　　　　　　　　　　　　　　　　　　　　　（　　　方）	大正 昭和 平成 令和	年 月 日生
	フリガナ			
	氏名			
	被相続人 との続柄			
相手方	住所	〒 － 　　　　　　　　　　　　　　　　　　　　　　　（　　　方）	大正 昭和 平成 令和	年 月 日生
	フリガナ			
	氏名			
	被相続人 との続柄			
相手方	住所	〒 － 　　　　　　　　　　　　　　　　　　　　　　　（　　　方）	大正 昭和 平成 令和	年 月 日生
	フリガナ			
	氏名			
	被相続人 との続柄			

寄与分（ 2／3 ）　　　　　　　　　　（令5.2 東京家）

この申立書の写しは、法律の定めるところにより、申立ての内容を知らせるため、相手方に送付されます。

申 立 て の 趣 旨
申立人の寄与分を定める調停を求める。

申 立 て の 理 由

1　申立人は、被相続人甲野太郎（令和〇年〇月〇日死亡）の長男であり、

相手方乙川春子は長女、相手方甲野二郎は二男です。

被相続人は、精密機器の部品を製造する工場を経営していました。

2　申立人は、平成〇〇年３月に高校を卒業すると同時に、被相続人の希望

もあり、被相続人の経営する工場を無給で手伝うようになりました。

当初、部品の製造作業のみを担当していましたが、平成〇年〇月ころか

らは、営業を担当するようになるとともに経営にも関与するようになりま

した。

3　その結果、工場（会社）の取引先も広がり、売上げも大きく伸びました。

またこの間、申立人は被相続人と同居し生活をともにしてきました。

4　そこで、申立人は、相手方らに対し、被相続人の遺産分割協議の際、前記

労務の提供による被相続人の財産の増加、維持に対する申立人の寄与を主

張しましたが、相手方らはこれに応じないため、本申立てをします。

以　上

寄与分（ 3／3 ）　　　　　　（令5.2 東京家）

<u>この申立書の写しは，法律の定めるところにより，申立ての内容を知らせるため，相手方に送付されます。</u>

受付印	☑ 調停
	家事　　　　申立書 事件名（特別の寄与に関する処分）
	☐ 審判

	（この欄に申立て1件あたり収入印紙1，200円分を貼ってください。）
	印 紙
	（貼った印紙に押印しないでください。）

収 入 印 紙	円
予納郵便切手	円

○　○　家庭裁判所 御中 令和 ○ 年 ○ 月 ○ 日	申　立　人 （又は法定代理人など） の 記名押印	甲　野　花　子	印

添付書類	（審理のために必要な場合は，追加書類の提出をお願いすることがあります。） 戸籍（除籍・改正原戸籍）謄本・全部事項証明書　○通	準 ☐ 頭

申	本　籍 (国　籍)	都 道 府 県		※1
立	住 所	〒○○○ － ○○○○ ○○県○○市○○町○番○号	（　　　　　　方）	
人	フリガナ 氏 名	コウノ　　ハナコ 甲　野　花　子	大正 昭和 平成 令和 ○ 年 ○ 月 ○ 日生 （　○　歳）	
相	本　籍 (国　籍)	都 道 府 県		※1
手	住 所	〒○○○ － ○○○○ 東京都○○区○○町○番○号		
方	フリガナ 氏 名	コウノ　　ジロウ 甲　野　二　郎	大正 昭和 平成 令和 ○ 年 ○ 月 ○ 日生 （　○　歳）	

（注）太枠の中だけ記入してください。

※1　本申立てについては，本籍の記入は不要です。

別表第二，調停（1／3）

※ 相手方	本　籍	都　道 府　県		※1
	住　所	〒 ○○○ － ○○○○ 東京都○○区○○町○番○号 （　　　　　　方）		
	フリガナ 氏　名	コ ウ ノ　　　サ ブ ロ ウ 甲　野　三　郎	大正 昭和 ○ 年 ○ 月 ○ 日生 平成 令和　　　　（ ○ 　歳）	
※ 被相続人	本　籍	都　道 府　県		※1
	最後の 住　所	〒 ○○○ － ○○○○ ○○県○○市○○町○番○号 （　　　　　　方）		
	フリガナ 氏　名	コ ウ ノ　　　ハ ル コ 甲　野　春　子	大正 　　　　　　　　死亡 昭和 ○ 年 ○ 月 ○ 日生 平成 令和　　　　（ 　　歳）	
※	本　籍	都　道 府　県		
	住　所	〒 　－ （　　　　　　方）		
	フリガナ 氏　名		大正 昭和 年 月 日生 平成 令和　　　　（ 　　歳）	
※	本　籍	都　道 府　県		
	住　所	〒 　－ （　　　　　　方）		
	フリガナ 氏　名		大正 昭和 年 月 日生 平成 令和　　　　（ 　　歳）	

(注)　太枠の中だけ記入してください。※の部分は，申立人，相手方，法定代理人，不在者，共同相続人，被
　　相続人等の区別を記入してください。

（2/3）

この申立書の写しは，法律の定めるところにより，申立ての内容を知らせるため，相手方に送付されます。

申　立　て　の　趣　旨
相手方らは，申立人に対し，特別寄与料として，それぞれ相当額を支払うとの調停を求めます。

申　立　て　の　理　由
申立人は，被相続人甲野春子の長男甲野太郎の妻であり，相手方甲野二郎は二男，甲野三郎は三男になります。
申立人は，甲野太郎と婚姻すると同時に，被相続人の希望もあったことから，甲野太郎とともに被相続人と同居を開始しました。
被相続人は，平成〇年〇月ころから，寝たきりの状態になり，家族による介護が必要になったため，申立人は，当時，勤めていた会社を退社し，同月〇日から被相続人が亡くなるまでの間，無償で，被相続人の療養看護を行ってきました。
被相続人は令和〇年〇月〇日に死亡し，申立人は，同日，相続が開始したこと，相手方らが相続人であることを知りました。
そこで，申立人は，相手方らに対し，療養看護をしたことによる被相続人の財産の維持，増加に対する申立人の特別の寄与を主張し，特別寄与料として，それぞれ相当額を支払うよう相手方らに協議を申し入れましたが，相手方らはこれに応じないため，本申立てをします。

別表第二，調停（3／3）

資料18　相続人の同一性に関する申述書

(1)　被相続人の最後の住所を証する情報が取得できない場合

申　述　書

最 後 の 本 籍　〇〇県〇〇市…

登記記録上の住所　〇〇県〇〇市…

被　相　続　人　甲（昭和〇年〇月〇日生、令和〇年〇月〇日死亡）

　上記被相続人の死亡により開始した相続に関し、被相続人の最後の住所を証する情報が、保存期間経過により既に廃棄されているため本登記申請書に添付することができません。しかし、下記不動産の所有権登記名義人である甲が、本相続登記の被相続人と同一であること及び最後の住所が「〇〇県〇〇市…」であることに相違ない旨を申述いたします。

　なお、本件に関し、万一他より異議等が生じましても、当方において一切の責任をもち、貴庁には一切ご迷惑をおかけいたしません。

　令和〇年〇月〇日

　　　〇〇法務局　御中

　相続人　住所　〇〇県〇〇市…

　　　　　氏名　A　㊞

　相続人　住所　〇〇県〇〇市…

　　　　　氏名　B　㊞

　不動産の表示

　　所　在　〇〇市〇〇町〇丁目

　　地　番　〇番

　　地　目　宅地

　　地　積　〇〇．〇〇㎡

⑵　被相続人の登記記録上の住所から最後の住所までの住所移転の経過を証する情報が取得できない場合

申　述　書

最　後　の　本　籍　　○○県○○市…

登記記録上の住所　　○○県○○市…

被　相　続　人　甲（昭和○年○月○日生、令和○年○月○日死亡）

　上記被相続人の死亡により開始した相続に関し、被相続人は、下記不動産について登記を受けた時点では、確かに登記記録上の住所である「○○市…」に居住しておりましたが、その後、昭和○年○月○日に「△△市…」に住所移転し、さらに、平成○年○月○日に「□□市…」に転居しました。

　ところが、登記記録上の住所である「○○市…」から「△△市…」への住所移転の経緯についての公的証明書が保存期間経過により既に廃棄されているため本登記申請書に添付することができません。

　しかし、下記不動産の所有権登記名義人である甲が、本相続登記の被相続人と同一であること及び最後の住所が「○○県○○市…」であることに相違ない旨を申述いたします。

　なお、本件に関し、万一他より異議等が生じましても、当方において一切の責任をもち、貴庁には一切ご迷惑をおかけいたしません。

　令和○年○月○日

　　　○○法務局　御中

　相続人　住所　○○県○○市…

　　　　　氏名　A　㊞

　相続人　住所　○○県○○市…

　　　　　氏名　B　㊞

不動産の表示

所　在　〇〇市〇〇町〇丁目

地　番　〇番

地　目　宅地

地　積　〇〇．〇〇㎡

廃 棄 証 明 書

本　　籍　　○○県○○市…

筆 頭 者　甲

（戸主氏名）（大正○年　除籍）

事　　由　　上記の除籍については、戸籍法施行規則第５条第４項（除
　　　　　　籍簿の保存期間80年）に基づき、保存期間経過により廃棄済
　　　　　　みであるため、謄抄本を発行することはできません。

上記のとおり証明する。

令和○年○月○日

○○市長
○○○○　㊞

資料20 焼失証明書例

告　知　書

除籍謄（抄）本の交付ができないことについて

除かれた戸籍の表示

　　本　　　籍　　○○県○○市…

　　筆　頭　者　甲

　　消除年月日　　昭和○年○月○日

　上記の除籍簿及び○○法務局に保管中の副本は、昭和○○年○○月○○日に戦災で焼失しました。

　このために再製することができないので、除籍の謄（抄）本は交付できません。

　令和○年○月○日

　　　　　　　　　　　　　　　　　　　　　　　○○市長

　　　　　　　　　　　　　　　　　　　　　　　○○○○　㊞

不在籍証明願

本　籍　　○○県○○市…

氏　名　甲

上記の者は、現在上記肩書地に本籍のないことを証明願います。

令和○年○月○日

住　所　　○○県○○市…

　　　申請人　　乙

上記のとおり相違ない事を証明する。

令和○年○月○日

○○市長

○○○○　㊞

資料22 不在住証明書例

不在住証明願

住　所　　○○県○○市…

氏　名　　甲

上記の者は、現在上記肩書地を住所として住民票に記載されていないことを証明願います。

令和○年○月○日

住　所　　○○県○○市…

　　申請人　　乙

上記のとおり相違ない事を証明する。

令和○年○月○日

　　　　　　　　　　　　　　　　○○市長

　　　　　　　　　　　　　　　　○○○○　㊞

証　明　願

　住　所　　○○県○○市…

　氏　名　甲

　後記記載の不動産は、上記の者が所有者として、固定資産課税台帳に登載されているが、固定資産税については、△△県△△市…　乙が納税していることに相違ない旨証明下さい。

　令和○年○月○日

　住　所　　△△県△△市…

　　申請人　　乙

　不動産の表示

　　○○市○○町○丁目○番　原野　○○○m^2

　上記のとおり相違ない事を証明する。

令和○年○月○日

　　　　　　　　　　　　　　　　　　　　　○○市長

　　　　　　　　　　　　　　　　　　　　　○○○○　㊞

資料24 民法等の一部を改正する法律の施行に伴う不動産登記事務の取扱いについて（相続人申告登記関係）

令和6年3月15日民二第535号民事局長通達

（通達）

　民法等の一部を改正する法律（令和3年法律第24号。以下「改正法」という。）の施行に伴う不動産登記事務の取扱い（相続人申告登記関係。令和6年4月1日施行）については、下記の点に留意するよう、貴管下登記官に周知方お取り計らい願います。

　なお、本通達中、「法」とあるのは改正法による改正後の不動産登記法（平成16年法律第123号）を、「令」とあるのは不動産登記令（平成16年政令第379号）を、「規則」とあるのは不動産登記規則等の一部を改正する省令（令和6年法務省令第7号。以下「改正省令」という。）による改正後の不動産登記規則（平成17年法務省令第18号）を、「準則」とあるのは不動産登記事務取扱手続準則（平成17年2月25日付け法務省民二第456号当職通達）をいいます。

記

第1部　本通達の趣旨

　本通達は、所有者不明土地の増加等の社会経済情勢の変化に鑑み、所有者不明土地の発生を予防するとともに、土地の適正な利用及び相続による権利の承継の一層の円滑化を図るための民事基本法制の見直しを内容とする改正法の施行に伴い、不動産登記事務の取扱い（相続人申告登記関係）において留意すべき事項（民法等の一部を改正する法律の施行に伴う不動産登記事務の取扱いについて（相続登記等の申請義務化関係）（令和5年9月12日付け法務省民二第927号当職通達）において示したものを除く。）を明らかにしたものである。

第2部　相続人申告登記に関する事務の取扱い

　第1　通則

1　定義

(1)　「相続人申出」とは、法第76条の３第１項の規定による申出をいうとされた（規則第158条の２第１号）。

(2)　「相続人申告登記」とは、法第76条の３第３項の規定による登記をいうとされた（規則第158条の２第２号）。

(3)　「相続人申告事項」とは、法第76条の３第３項の規定により所有権の登記に付記する事項をいうとされた（規則第158条の２第３号）。

(4)　「相続人申告名義人」とは、相続人申告登記によって付記された者をいうとされた（規則第158条の２第４号）。

(5)　「相続人申告事項の変更の登記」とは、相続人申告事項に変更があった場合に当該相続人申告事項を変更する登記をいうとされた（規則第158条の２第５号）。

(6)　「相続人申告事項の更正の登記」とは、相続人申告事項に錯誤又は遺漏があった場合に当該相続人申告事項を訂正する登記をいうとされた（規則第158条の２第６号）。

(7)　「相続人申告登記の抹消」とは、相続人申告登記を抹消することをいうとされた（規則第158条の２第７号）。

(8)　「相続人申出等」とは、相続人申出、相続人申告事項の変更若しくは更正の申出又は相続人申告登記の抹消の申出をいうとされた（規則第158条の２第８号）。

(9)　「相続人申告登記等」とは、相続人申告登記、相続人申告事項の変更の登記、相続人申告事項の更正の登記又は相続人申告登記の抹消をいうとされた（規則第158条の２第９号）。

(10)　「相続人電子申出」とは、規則第158条の４第１号に掲げる方法による相続人申出等をいうとされた（規則第158条の２第10号）。

(11)　「相続人書面申出」とは、規則第158条の４第２号に掲げる方法による相続人申出等をいうとされた（規則第158条の２第11号）。

(12)　「相続人申出等情報」とは、規則第158条の３第１項各号、第158条

の19第１項各号又は第158条の24第２項各号に掲げる事項に係る情報をいうとされた（規則第158条の２第12号）。

⒀　「相続人申出書」とは、相続人申出等情報を記載した書面をいうとされた（規則第158条の２第13号）。

⒁　「相続人申出等添付情報」とは、相続人申出等をする場合において、規則第３章第３節第２款の２の規定によりその相続人申出等情報と併せて登記所に提供しなければならないものとされている情報をいうとされた（規則第158条の２第14号）。

⒂　「相続人申出等添付書面」とは、相続人申出等添付情報を記載した書面をいうとされた（規則第158条の２第15号）。

２　相続人申出等情報

⑴　相続人申出等において明らかにすべき事項

　ア　相続人申出等は、次に掲げる事項を明らかにしてしなければならないとされた（規則第158条の３第１項）。

　　㋐　申出人の氏名及び住所

　　㋑　代理人によって申出をするときは、当該代理人の氏名又は名称及び住所並びに代理人が法人であるときはその代表者の氏名

　　㋒　申出の目的

　　㋓　申出に係る不動産の不動産所在事項

　イ　相続人申出等情報の内容とする前記ア㋒の申出の目的は、次の振り合いによるものとする。

　　㋐　相続人申出の場合

　　　「相続人申告」

　　㋑　相続人申告事項（氏名）の変更の申出の場合

　　　「何番付記何号名義人氏名変更」

　　㋒　相続人申告事項（住所）の変更の申出の場合

　　　「何番付記何号名義人住所変更」

　　㋓　相続人申告事項（氏名）の更正の申出の場合

「何番付記何号名義人氏名更正」

　㈡　相続人申告事項（住所）の更正の申出の場合

　　「何番付記何号名義人住所更正」

　㈥　相続人申告事項（氏名又は住所以外）の更正の申出の場合

　　「何番付記何号相続人申告事項更正」

　㈦　相続人が単独でした相続人申出に係る相続人申告登記についての抹消の申出

　　「何番付記何号名義人抹消」

　㈧　相続人が複数人でした相続人申出に係る相続人申告登記の一部についての抹消の申出の場合

　　「何番付記何号名義人一部抹消」

⑵　不動産番号の取扱い

　前記⑴ア㈢にかかわらず、不動産番号を相続人申出等情報の内容としたときは、同㈢に掲げる事項を相続人申出等情報の内容とすることを要しないとされた（規則第158条の３第２項）。

⑶　相続人申出等情報の内容とするものとする事項

　相続人申出等においては、前記⑴ア㈠から㈢までに掲げる事項のほか、次に掲げる事項を相続人申出等情報の内容とするものとするとされた（規則第158条の３第３項）。

　ア　申出人又は代理人の電話番号その他の連絡先

　イ　相続人申出等添付情報の表示

　ウ　申出の年月日

　エ　登記所の表示

3　相続人申出等の方法

　相続人申出等は、次に掲げる方法のいずれかにより、相続人申出等情報を登記所に提供してしなければならないとされた（規則第158条の４）。

　ア　電子情報処理組織を使用する方法

　イ　相続人申出書を提出する方法

4　相続人申出等情報の作成及び提供

　ア　相続人申出等情報は、申出の目的及び登記原因に応じ、一の不動産及び申出人ごとに作成して提供しなければならないとされた。ただし、次に掲げるときは、この限りでないとされた（規則第158条の5）。

　　㈠　同一の登記所の管轄区域内にある一又は二以上の不動産について、後記第2の1(1)ア㈠から㈦までに掲げる事項（相続人申出において明らかにすべき事項）が同一である相続人申出をするとき。

　　㈡　同一の登記所の管轄区域内にある一又は二以上の不動産について、同一の相続人申告名義人の氏名又は住所についての変更又は更正の申出をするとき。

　　㈢　同一の登記所の管轄区域内にある二以上の不動産について、抹消の理由並びに抹消すべき後記第2の3(1)ア㈣及び㈤に掲げる事項（所有権の登記名義人及び中間相続人について相続が開始した年月日等）が同一である相続人申告登記の抹消の申出をするとき。

　イ　前記ア㈠の「後記第2の1(1)ア㈠から㈦までに掲げる事項が同一である相続人申出」とは、例えば、所有権の登記名義人についての相続により所有権を取得した当該登記名義人の配偶者及び子がする相続人申出が該当する。

　ウ　前記ア㈢の「抹消の理由」とは、抹消の申出の対象とする相続人申告登記において該当する後記第4の1(1)ア㈠又は㈡（相続人申告登記の抹消の申出に係る要件）の内容を指すものである。

　　これにより、例えば、同一の登記所の管轄区域内にある複数の不動産の所有権の登記名義人である者に係る一人の相続人申告名義人が、相続放棄をしたことを理由として、各不動産の相続人申告登記の抹消の申出を一括で行うことができる。また、同一人が同一の登記所の管轄区域内にある複数の不動産についての相続人申出を一括で行った場合において、申出の権限を有しない者による申出であることを理由として、当該申出に基づく各不動産の相続人申告登記の抹消の申出を一

括で行うこともできる。

5　相続人申出等添付情報

　　代理人によって相続人申出等をするときは、当該代理人の権限を証する情報をその相続人申出等情報と併せて登記所に提供しなければならないとされた（規則第158条の6）。

　　なお、後記7(2)のとおり、相続人電子申出において送信する代理人の権限を証する情報については、他の相続人申出等添付情報と異なり、作成者の電子署名を要しない。

　　相続人書面申出における代理人の権限を証する情報については、作成者の押印又は署名を要しない。

6　相続人申出等添付情報の省略等

(1)　同一の登記所に対して同時に二以上の相続人申出等をする場合において、各相続人申出等に共通する相続人申出等添付情報があるときは、当該相続人申出等添付情報は、一の相続人申出等の相続人申出等情報と併せて提供することで足りるとされた（規則第158条の7において準用する規則第37条第1項）。

(2)　前記(1)の場合においては、当該相続人申出等添付情報を当該一の相続人申出等の相続人申出等情報と併せて提供した旨を他の相続人申出等の相続人申出等情報の内容としなければならないとされた（規則第158条の7において準用する規則第37条第2項）。

(3)　法人である代理人によって相続人申出等をする場合において、当該代理人の会社法人等番号を提供したときは、当該会社法人等番号の提供をもって、当該代理人の代表者の資格を証する情報の提供に代えることができるとされた（規則第158条の7において準用する規則第37条の2）。

7　相続人電子申出の方法

(1)　相続人電子申出における相続人申出等情報及び相続人申出等添付情報は、法務大臣の定めるところにより送信しなければならないとされ

た。ただし、相続人申出等添付情報の送信に代えて、登記所に相続人申出等添付書面を提出することを妨げないとされた（規則第158条の8第1項）。

(2)　前記(1)本文により送信する相続人申出等添付情報（規則第158条の6に規定する代理人の権限を証する情報（前記5の代理人の権限を証する情報）を除く。）は、作成者による規則第42条の電子署名が行われているものでなければならないとされた（規則第158条の8第2項において準用する令第12条第2項及び規則第158条の8第3項において準用する規則第42条）。

なお、前記(1)本文により送信する相続人申出等情報については、電子署名を要しない。

(3)　前記(2)の電子署名が行われている相続人申出等添付情報を送信するときは、規則第43条第2項の電子証明書を併せて送信しなければならないとされた（規則第158条の8第2項において準用する令第14条及び規則第158条の8第3項において準用する規則第43条第2項）。

8　相続人電子申出において相続人申出等添付書面を提出する場合についての特例等

(1)　前記7(1)ただし書（いわゆる別送方式）により相続人申出等添付書面を提出するときは、相続人申出等添付書面を登記所に提出する旨及び各相続人申出等添付情報につき書面を提出する方法によるか否かの別をも相続人申出等情報の内容とするものとするとされた（規則第158条の9第1項）。

(2)　前記(1)の場合には、当該相続人申出等添付書面は、相続人申出等の受付の日から二日以内に提出するものとするとされた（規則第158条の9第2項）。

(3)　前記(1)の場合には、申出人は、当該相続人申出等添付書面を提出するに際し、規則別記第4号の2様式による用紙に次に掲げる事項を記載したものを添付しなければならないとされた（規則第158条の9第

3項）。

　　　ア　受付番号その他の当該相続人申出等添付書面を相続人申出等添付情報とする申出の特定に必要な事項

　　　イ　前記7⑴ただし書（いわゆる別送方式）により提出する相続人申出等添付書面の表示

9　相続人書面申出の方法

　⑴　相続人書面申出をするときは、相続人申出書に相続人申出等添付書面を添付して提出しなければならないとされた（規則第158条の10第1項）。

　　　なお、相続人申出書に押印することを要しない。

　⑵　相続人申出書に記載する文字は、字画を明確にしなければならないとされた（規則第158条の10第2項において準用する規則第45条第1項）。

　⑶　相続人申出書につき文字の訂正、加入又は削除をしたときは、その旨及びその字数を欄外に記載し、又は訂正、加入若しくは削除をした文字に括弧その他の記号を付して、その範囲を明らかにしなければならないとされた。この場合において、訂正又は削除をした文字は、なお読むことができるようにしておかなければならないとされた（規則第158条の10第3項）。

　⑷　申出人又はその代理人は、相続人申出書が二枚以上であるときは、各用紙に当該用紙が何枚目であるかを記載することその他の必要な措置を講じなければならないとされた（規則第158条の10第4項）。

10　相続人申出書等の送付方法

　⑴　相続人申出等をしようとする者が相続人申出書又は相続人申出等添付書面を送付するときは、書留郵便又は信書便事業者による信書便の役務であって当該信書便事業者において引受け及び配達の記録を行うものによるものとするとされた（規則第158条の11第1項）。

　⑵　前記⑴の場合には、相続人申出書又は相続人申出等添付書面を入れ

た封筒の表面に相続人申出書又は相続人申出等添付書面が在中する旨を明記するものとするとされた（規則第158条の11第２項）。

11　受領証の交付の請求

(1)　相続人書面申出をした申出人は、申出に係る登記が完了するまでの間、相続人申出書及びその相続人申出等添付書面の受領証の交付を請求することができるとされた（規則第158条の12において準用する規則第54条第１項）。

(2)　前記(1)により受領証の交付を請求する申出人は、相続人申出書の内容と同一の内容を記載した書面を提出しなければならないとされた。ただし、当該書面の申出人の記載については、申出人が二人以上あるときは、相続人申出書の筆頭に記載した者の氏名及びその他の申出人の人数を記載すれば足りるとされた（規則第158条の12において準用する規則第54条第２項）。

(3)　登記官は、前記(1)による請求があった場合には、前記(2)により提出された書面に相続人申出等の受付の年月日及び受付番号並びに職氏名を記載し、職印を押印して受領証を作成した上、当該受領証を交付しなければならないとされた（規則第158条の12において準用する規則第54条第３項）。

12　相続人申出等添付書面の原本の還付請求

(1)　相続人申出等添付書面を提出した申出人は、相続人申出等添付書面の原本の還付を請求することができるとされた。ただし、当該申出のためにのみ作成された委任状その他の書面については、この限りでないとされた（規則第158条の13において準用する規則第55条第１項）。

(2)　前記(1)本文により原本の還付を請求する申出人は、原本と相違ない旨を記載した謄本を提出しなければならないとされた（規則第158条の13において準用する規則第55条第２項）。

(3)　登記官は、前記(1)本文による請求があった場合には、調査完了後、当該請求に係る書面の原本を還付しなければならないとされた。この

場合には、前記(2)の謄本と当該請求に係る書面の原本を照合し、これらの内容が同一であることを確認した上、前記(2)の謄本に原本還付の旨を記載し、これに登記官印を押印しなければならないとされた（規則第158条の13において準用する規則第55条第3項）。

　なお、当該原本還付の旨の記載は、準則第30条の例によるものとする。

(4)　前記(3)により登記官印を押印した前記(2)の謄本は、登記完了後、申請書類つづり込み帳につづり込むものとするとされた（規則第158条の13において準用する規則第55条第4項）。

(5)　前記(3)にかかわらず、登記官は、偽造された書面その他の不正な相続人申出等のために用いられた疑いがある書面については、これを還付することができないとされた（規則第158条の13において準用する規則第55条第5項）。

(6)　前記(3)による原本の還付は、申出人の申出により、原本を送付する方法によることができるとされた。この場合においては、申出人は、送付先の住所をも申し出なければならないとされた（規則第158条の13において準用する規則第55条第6項）。

(7)　前記(6)の場合における書面の送付は、前記(6)の住所に宛てて、書留郵便又は信書便の役務であって信書便事業者において引受け及び配達の記録を行うものによってするものとするとされた（規則第158条の13において準用する規則第55条第7項）。

(8)　前記(7)の送付に要する費用は、郵便切手又は信書便の役務に関する料金の支払のために使用することができる証票であって法務大臣が指定するものを提出する方法により納付しなければならないとされた（規則第158条の13において準用する規則第55条第8項）。

(9)　前記(8)の指定は、告示してしなければならないとされた（規則第158条の13において準用する規則第55条第9項）。

(10)　相続人申出における相続人申出等添付書面の原本の還付を請求する

場合において、後記第2の1⑵ア㋐から㋒までに掲げる情報（相続人
申出において提供しなければならない情報）に係る相続関係説明図が
提出されたときは、当該相続関係説明図を当該情報を記載した書面の
謄本として取り扱って差し支えない。

13　相続人申出等の受付等

⑴　登記官は、前記3（相続人申出等の方法）により相続人申出等情報
が登記所に提供されたときは、当該相続人申出等情報に係る相続人申
出等の受付をしなければならないとされた（規則第158条の14第1項）。

⑵　前記⑴による受付は、受付帳に申出の目的、申出の受付の年月日及
び受付番号並びに不動産所在事項を記録する方法によりしなければな
らないとされた（規則第158条の14第2項）。

　　なお、当該受付帳は、規則第18条の2第1項の登記の申請について
調製する受付帳を指す。

⑶　登記官は、相続人申出等の受付をしたときは、当該相続人申出等に
受付番号を付さなければならないとされた（規則第158条の14第3項）。

⑷　登記官は、相続人書面申出の受付にあっては、前記⑵により受付を
する際、相続人申出書に申出の受付の年月日及び受付番号を記載しな
ければならないとされた（規則第158条の14第4項）。

⑸　前記⑴、⑵及び⑷は、後記第3の4⑵の許可があった場合（相続人
申告事項の更正をすべき場合）又は後記第4の3⑷により相続人申告
登記の抹消（申出によらない相続人申告登記の抹消）をしようとする
場合について準用することとされた（規則第158条の14第5項）。

⑹　前記⑴から⑸までのほか、相続人申出等の受付及び相続人申出書等
の処理に関する取扱いについては、準則第31条及び第32条の例による
ものとする。

14　調査

　　登記官は、相続人申出等情報が提供されたときは、遅滞なく、相続人
申出等に関する全ての事項を調査しなければならないとされた（規則第

158条の15において準用する規則第57条）。

15　相続人申出等の却下

(1)　登記官は、次に掲げる場合には、理由を付した決定で、相続人申出等を却下しなければならないとされた。ただし、当該相続人申出等の不備が補正することができるものである場合において、登記官が定めた相当の期間内に、申出人がこれを補正したときは、この限りでないとされた（規則第158条の16第1項）。

ア　申出に係る不動産の所在地が当該申出を受けた登記所の管轄に属しないとき。

イ　一個の不動産の一部についての申出を目的とするとき。

ウ　申出に係る登記（相続人申告登記のうち規則第158条の19第1項第1号に規定する中間相続人に係るものを除く。）が既に登記されているとき。

エ　申出の権限を有しない者の申出によるとき。

オ　相続人申出等情報又はその提供の方法が規則により定められた方式に適合しないとき。

カ　相続人申出等情報の内容である不動産が登記記録と合致しないとき。

キ　相続人申出等情報の内容が相続人申出等添付情報の内容と合致しないとき。

ク　相続人申出等添付情報が提供されないとき。

(2)　登記官は、前記(1)ただし書の期間を定めたときは、当該期間内は、当該補正すべき事項に係る不備を理由に当該相続人申出等を却下することができないとされた（規則第158条の16第2項）。

(3)　登記官は、相続人申出等を却下するときは、決定書を作成して、これを申出人ごとに交付するものとするとされた。ただし、代理人によって相続人申出等がされた場合は、当該代理人に交付すれば足りるとされた（規則第158条の16第3項において準用する規則第38条第1項）。

(4) 前記(3)の交付は、当該決定書を送付する方法によりすることができるとされた（規則第158条の16第3項において準用する規則第38条第2項）。

(5) 登記官は、相続人申出等添付書面が提出された場合において、相続人申出等を却下したときは、相続人申出等添付書面を還付するものとするとされた。ただし、偽造された書面その他の不正な相続人申出等のために用いられた疑いがある書面については、この限りでないとされた（規則第158条の16第3項において読み替えて準用する規則第38条第3項）。

(6) 前記(1)から(5)までのほか、相続人申出等の却下に関する取扱いについては、準則第28条の例によるものとする。

16　相続人申出等の補正期限の連絡等

　相続人申出等の補正期限の連絡等に関する取扱いについては、準則第36条の例によるものとする。

17　相続人申出等の取下げ

(1) 相続人申出等の取下げは、次のア及びイに掲げる相続人申出等の区分に応じ、当該ア及びイに定める方法によってしなければならないとされた（規則第158条の17第1項において準用する規則第39条第1項）。

　ア　相続人電子申出法務大臣の定めるところにより電子情報処理組織を使用して相続人申出等を取り下げる旨の情報を登記所に提供する方法

　イ　相続人書面申出相続人申出等を取り下げる旨の情報を記載した書面を登記所に提出する方法

(2) 相続人申出等の取下げは、登記完了後は、することができないとされた（規則第158条の17第1項において準用する規則第39条第2項）。

(3) 登記官は、相続人申出書又は相続人申出等添付書面が提出された場合において、相続人申出等の取下げがされたときは、相続人申出書又は相続人申出等添付書面を還付するものとするとされた（規則第158

条の17第2項前段)。ただし、偽造された書面その他の不正な相続人
申出等のために用いられた疑いがある書面については、この限りでな
いとされた（規則第158条の17第2項後段において準用する規則第38
条第3項ただし書）。

⑷　前記(1)から(3)までのほか、相続人申出等の取下げに関する取扱いに
ついては、準則第29条の例によるものとする。

18　登記の方法等

⑴　相続人申出に関する登記は、付記登記によってするものとするとさ
れた（規則第3条第3号）。

⑵　登記官は、同一の不動産に関し相続人申出等が二以上あったときは、
これらに係る相続人申告登記等を受付番号の順序に従ってするものと
する。同一の不動産に関し権利に関する登記の申請及び相続人申出等
があったときも同様とする。

19　相続人申告登記等の完了通知

⑴　登記官は、相続人申告登記等を完了したときは、申出人に対し、職
権による登記が完了した旨を通知しなければならないとされた。この
場合において、申出人が二人以上あるときは、その一人に通知すれば
足りるとされた（規則第158条の18第1項）。

⑵　前記(1)の通知は、当該登記に係る次に掲げる事項を明らかにしてし
なければならないとされた（規則第158条の18第2項）。

ア　申出の受付の年月日及び受付番号

イ　不動産所在事項

ウ　登記の目的

⑶　前記(1)の通知は、次のア及びイに掲げる相続人申出等の区分に応じ、
当該ア及びイに定める方法によるとされた（規則第158条の18第3項）。

ア　相続人電子申出法務大臣の定めるところにより、登記官の使用に
係る電子計算機に備えられたファイルに記録された通知事項（職権
による登記が完了した旨及び前記(2)アからウまでに掲げる事項をい

う。以下同じ。）を電子情報処理組織を使用して送信し、これを申出人又はその代理人の使用に係る電子計算機に備えられたファイルに記録する方法

　イ　相続人書面申出通知事項を記載した書面を交付する方法

　　なお、前記(1)の通知は、別記様式又はこれに準ずる様式により行うものとする。

(4)　送付の方法により通知事項を記載した書面の交付を求める場合には、申出人は、その旨及び送付先の住所を相続人申出等情報の内容としなければならないとされた（規則第158条の18第4項）。

(5)　送付の方法により通知事項を記載した書面を交付する場合における書面の送付は、前記(4)の住所に宛てて、書留郵便又は信書便の役務であって信書便事業者において引受け及び配達の記録を行うものによってするものとするとされた（規則第158条の18第5項において準用する規則第55条第7項）。

(6)　前記(5)の送付に要する費用は、郵便切手又は信書便の役務に関する料金の支払のために使用することができる証票であって法務大臣が指定するものを提出する方法により納付しなければならないとされた（規則第158条の18第5項において準用する規則第55条第8項）。

(7)　前記(6)の指定は、告示してしなければならないとされた（規則第158条の18第5項において準用する規則第55条第9項）。

(8)　登記官は、次に掲げる場合には、前記(1)にかかわらず、申出人に対し、職権による登記が完了した旨の通知をすることを要しないとされた（規則第158条の18第6項）。

　ア　前記(3)アの方法により通知する場合において、通知を受けるべき者が、登記官の使用に係る電子計算機に備えられたファイルに通知事項が記録され、電子情報処理組織を使用して送信することが可能になった時から30日を経過しても、自己の使用に係る電子計算機に備えられたファイルに当該通知事項を記録しないとき。

　　　イ　前記(3)イの方法により通知する場合において、通知を受けるべき
　　　　者が、登記完了の時から三月を経過しても、通知事項を記載した書
　　　　面を受領しないとき。

　　　　なお、前記イの場合には、通知事項を記載した書面は適宜廃棄して
　　　差し支えない。送付の方法により通知事項を記載した書面を交付する
　　　場合において、当該書面が返戻されたときも、同様とする。

20　相続人申出等情報等の保存

　　　相続人申出等情報及びその相続人申出等添付情報その他の相続人申出
　　等に関する登記簿の附属書類については、権利に関する登記の申請情報
　　及びその添付情報その他の登記簿の附属書類と同様に保存するものとす
　　る。

　　　なお、申請書類つづり込み帳には、権利に関する登記の申請と相続人
　　申出等とを区別せず、受付番号の順序に従ってこれらの書類をつづり込
　　むものとする。

21　登記事項証明書に付記する事項

　　　相続人申告事項を記載した登記事項証明書には、「「登記の目的」欄に
　　「相続人申告」と記載されている登記は、所有権の登記名義人（所有者）
　　の相続人からの申出に基づき、登記官が職権で、申出があった相続人の
　　住所・氏名等を付記したものであり、権利関係を公示するものではな
　　い。」と記載するものとする。

第2　相続人申告登記

1　相続人申出において明らかにすべき事項等

(1)　相続人申出において明らかにすべき事項

　　　ア　相続人申出においては、次に掲げる事項をも明らかにしてしなけ
　　　　ればならないとされた（規則第158条の19第1項）。

　　　　㋐　所有権の登記名義人（申出人が所有権の登記名義人の相続人の
　　　　　地位を相続により承継した者であるときは、当該相続人（以下
　　　　　「中間相続人」という。））の相続人である旨

　㈡　所有権の登記名義人（申出人が所有権の登記名義人の相続人の
　　地位を相続により承継した者であるときは、中間相続人）につい
　　て相続が開始した年月日

　㈢　中間相続人があるときは、次に掲げる事項（当該事項が既に所
　　有権の登記に付記されているときを除く。）

　　a　中間相続人の氏名及び最後の住所

　　b　中間相続人が所有権の登記名義人の相続人である旨

　　c　所有権の登記名義人について相続が開始した年月日

イ　前記ア㈢aの中間相続人の最後の住所として中間相続人の最後の
　本籍を相続人申出等情報の内容としたときは、当該本籍を中間相続
　人の最後の住所とみなして差し支えないものとする。

⑵　相続人申出において提供しなければならない情報

ア　相続人申出においては、次に掲げる情報をもその相続人申出等情
　報と併せて登記所に提供しなければならないとされた（規則第158
　条の19第2項）。

　㈠　申出人が所有権の登記名義人（申出人が所有権の登記名義人の
　　相続人の地位を相続により承継した者であるときは、中間相続
　　人）の相続人であることを証する市町村長その他の公務員が職務
　　上作成した情報（公務員が職務上作成した情報がない場合にあっ
　　ては、これに代わるべき情報）

　㈡　申出人の住所を証する市町村長その他の公務員が職務上作成し
　　た情報（公務員が職務上作成した情報がない場合にあっては、こ
　　れに代わるべき情報）

　㈢　前記⑴ア㈢aからcまでに掲げる事項を相続人申出等情報の内
　　容とするときは、次に掲げる情報

　　a　中間相続人が所有権の登記名義人の相続人であることを証す
　　　る市町村長その他の公務員が職務上作成した情報（公務員が職
　　　務上作成した情報がない場合にあっては、これに代わるべき情

報）

　　　　b　中間相続人の最後の住所を証する市町村長その他の公務員が
　　　　　職務上作成した情報（公務員が職務上作成した情報がない場合
　　　　　にあっては、これに代わるべき情報）

　イ　前記ア(ｱ)又は(ｳ)aに掲げる情報の一部として戸籍の謄本若しくは
　　抄本若しくは戸籍に記載した事項に関する証明書又は除かれた戸籍
　　の謄本若しくは抄本若しくは除かれた戸籍に記載した事項に関する
　　証明書（以下「戸籍謄本等」という。）が提供された場合であって、
　　所有権の登記名義人である被相続人の登記記録上の住所が当該戸籍
　　謄本等に記載された本籍と異なる場合で被相続人の住民票の写し又
　　は戸籍の附票を提出することができないときは、「所有権の登記名
　　義人と戸籍謄本等に記載された被相続人とは同一である」旨の印鑑
　　証明書付きの申出人の上申書をもって同一性を認めて差し支えない
　　ものとする。前記(1)ア(ｳ)aからcまでに掲げる事項が既に所有権の
　　登記に付記されている場合に前記ア(ｱ)に掲げる情報の一部として戸
　　籍謄本等が提供された場合においても同様とするものとする。

(3)　申出人が第三次相続人である場合等の取扱い

　　所有権の登記名義人の相続人（以下この(3)、別紙1及び別紙3にお
　いて「第一次相続人」という。）が当該登記名義人についての相続に
　より所有権を取得し、当該相続により第一次相続人が取得した所有権
　を第一次相続人についての相続により第二次相続人（当該相続により
　当該所有権を取得した者をいう。以下この(3)、別紙1及び別紙3にお
　いて同じ。）が取得し、当該相続により第二次相続人が取得した所有
　権を第二次相続人についての相続により申出人が取得した場合におけ
　る相続人申出においては、第一次相続人及び第二次相続人のいずれも
　前記(1)及び(2)の中間相続人に該当することとなり、この場合の相続人
　申告事項に係る相続人申出等情報及び相続人申出等添付情報は、それ
　ぞれ次のア及びイのとおりとなる。

ア　相続人申出等情報

　(ア)　申出人の氏名及び住所（前記第1の2(1)ア(ア)）

　(イ)　申出人が第二次相続人の相続人である旨

　(ウ)　第二次相続人について相続が開始した年月日

　(エ)　第二次相続人の氏名及び最後の住所

　(オ)　第二次相続人が第一次相続人の相続人である旨

　(カ)　第一次相続人について相続が開始した年月日

　(キ)　第一次相続人の氏名及び最後の住所

　(ク)　第一次相続人が所有権の登記名義人の相続人である旨

　(ケ)　所有権の登記名義人について相続が開始した年月日

イ　相続人申出等添付情報

　(ア)　申出人が第二次相続人の相続人であることを証する市町村長その他の公務員が職務上作成した情報（公務員が職務上作成した情報がない場合にあっては、これに代わるべき情報）

　(イ)　申出人の住所を証する市町村長その他の公務員が職務上作成した情報（公務員が職務上作成した情報がない場合にあっては、これに代わるべき情報）

　(ウ)　第二次相続人が第一次相続人の相続人であることを証する市町村長その他の公務員が職務上作成した情報（公務員が職務上作成した情報がない場合にあっては、これに代わるべき情報）

　(エ)　第二次相続人の最後の住所を証する市町村長その他の公務員が職務上作成した情報（公務員が職務上作成した情報がない場合にあっては、これに代わるべき情報）

　(オ)　第一次相続人が所有権の登記名義人の相続人であることを証する市町村長その他の公務員が職務上作成した情報（公務員が職務上作成した情報がない場合にあっては、これに代わるべき情報）

　(カ)　第一次相続人の最後の住所を証する市町村長その他の公務員が職務上作成した情報（公務員が職務上作成した情報がない場合に

あっては、これに代わるべき情報)

　なお、申出人が第二次相続人についての相続により所有権を取得した者
(別紙1及び別紙3において「第三次相続人」という。)の相続人であると
きも、同様となる。

2　相続人申出における相続人申出等添付情報の省略

　(1)　法定相続情報一覧図の写し等の提供による添付省略

　　ア　相続人申出をする場合において、申出人が所有権の登記名義人又
　　は中間相続人についての相続に関して法定相続情報一覧図の写し
　　(規則第247条の規定により交付された法定相続情報一覧図の写しを
　　いう。以下同じ。)又は法定相続情報番号(11桁の番号であって、
　　当該法定相続情報一覧図を識別するために登記官が付したものをい
　　う。以下同じ。)を提供したときは、当該法定相続情報一覧図の写
　　し又は当該法定相続情報番号の提供をもって、前記1(2)ア(ア)又は(ウ)
　　aに掲げる情報(申出人が所有権の登記名義人等の相続人であるこ
　　とを証する情報又は中間相続人が所有権の登記名義人の相続人であ
　　ることを証する情報)の提供に代えることができるとされた。ただ
　　し、法定相続情報番号を提供する場合にあっては、登記官が法定相
　　続情報(規則第247条第1項に規定する法定相続情報をいう。以下
　　同じ。)を確認することができるときに限るとされた(規則第158条
　　の20第1項)。

　　イ　相続人申出をする場合において、申出人が申出人の住所又は中間
　　相続人の最後の住所が記載された法定相続情報一覧図の写し又は法
　　定相続情報番号(法定相続情報一覧図に申出人の住所又は中間相続
　　人の最後の住所が記載されている場合に限る。以下同じ。)を提供
　　したときは、当該法定相続情報一覧図の写し又は当該法定相続情報
　　番号の提供をもって、前記1(2)ア(イ)又は(ウ)bに掲げる情報(申出人
　　の住所証明情報又は中間相続人の最後の住所証明情報)の提供に代
　　えることができるとされた。ただし、法定相続情報番号を提供する

　　場合にあっては、登記官が法定相続情報を確認することができるときに限るとされた（規則第158条の20第２項）。

(2)　出生の年月日等の提供による添付省略

　ア　相続人申出をする場合において、申出人が申出人又は中間相続人についての次に掲げる情報（住民基本台帳法（昭和42年法律第81号）第30条の９の規定により機構保存本人確認情報の提供を受けて登記官が申出人の住所又は中間相続人の最後の住所を確認することができることとなるものに限る。）を提供したときは、当該情報の提供をもって、前記１(2)ア(イ)又は(ウ)ｂに掲げる情報（申出人の住所証明情報又は中間相続人の最後の住所証明情報）の提供に代えることができるとされた（規則第158条の21）。

　　(ア)　出生の年月日

　　(イ)　氏名の振り仮名（日本の国籍を有しない者にあっては、氏名の表音をローマ字で表示したもの）

　イ　前記ア(ア)及び(イ)に掲げる情報は、いずれも住民票に記載又は記録されたものを意味し、当該情報並びに相続人申出等情報の内容である申出人の氏名及び住所又は中間相続人の氏名及び最後の住所により、機構保存本人確認情報の提供を受けて登記官が申出人の住所又は中間相続人の最後の住所を確認することができる場合には、前記アによる添付省略が認められる。

　　なお、日本の国籍を有しない者であって、氏名の表音をローマ字で表示したものが住民票に記載又は記録されていない者については、日本の国籍を有する者とみなして前記ア(イ)を適用するものとす。

(3)　電子証明書の提供による添付省略

　　相続人申出をする場合において、申出人が相続人電子申出における相続人申出等情報又は委任による代理人の権限を証する情報に規則第42条の電子署名を行い、当該申出人の規則第43条第１項第１号に掲げる電子証明書を提供したときは、当該電子証明書の提供をもって、前

記1(2)ア(イ)に掲げる情報（申出人の住所証明情報）の提供に代えることができるとされた（規則第158条の22）。

(4)　法定相続人情報の作成番号の提供による添付省略

ア　相続人申出をする場合において、申出人が所有権の登記名義人又は中間相続人に係る法定相続人情報（所有者不明土地の利用の円滑化等に関する特別措置法に規定する不動産登記法の特例に関する省令（平成30年法務省令第28号。以下「所有者不明土地法特例省令」という。）第1条に規定する法定相続人情報をいう。以下同じ。）の作成番号（法定相続人情報に当該申出人が所有権の登記名義人又は中間相続人の相続人として記録されている場合に限る。）を提供したときは、当該作成番号の提供をもって、前記1(2)ア(ア)又は(ウ)aに掲げる情報（申出人が所有権の登記名義人等の相続人であることを証する情報又は中間相続人が所有権の登記名義人の相続人であることを証する情報）の提供に代えることができるとされた（改正省令による改正後の所有者不明土地法特例省令第8条第3項）。

イ　相続人申出をする場合において、申出人が法定相続人情報の作成番号（法定相続人情報に当該申出人の住所が記録されている場合に限る。）を提供したときは、当該作成番号の提供をもって、前記1(2)ア(イ)に掲げる情報（申出人の住所証明情報）の提供に代えることができるとされた（改正省令による改正後の所有者不明土地法特例省令第8条第4項）。

3　相続人申告登記

(1)　相続人申告事項

ア　登記官は、相続人申出があったときは、職権で、その旨、申出人の氏名及び住所並びに次に掲げる事項を所有権の登記に付記することができるとされた（法第76条の3第3項及び規則第158条の23第1項）。

(ア)　登記の目的

　(イ)　申出の受付の年月日及び受付番号

　(ウ)　登記原因及びその日付

　(エ)　所有権の登記名義人（申出人が所有権の登記名義人の相続人の地位を相続により承継した者であるときは、中間相続人）について相続が開始した年月日

　(オ)　中間相続人があるときは、次に掲げる事項（当該事項が既に所有権の登記に付記されているときを除く。）

　　a　中間相続人の氏名及び最後の住所

　　b　中間相続人が所有権の登記名義人の相続人である旨

　　c　所有権の登記名義人について相続が開始した年月日

　イ　前記ア(ウ)の登記原因は「申出」とし、登記原因の日付は相続人申出の受付の年月日とする。

(2)　2回以上の相続を付記するときの方法

　　登記官は、相続人申告登記によって2回以上の相続についての相続人申告事項を所有権の登記に付記するときは、当該相続ごとにこれを付記するものとするとされた（規則第158条の23第2項）。

(3)　相続人申告登記に関する登記の記録例

　　相続人申告登記に関する登記の記録（相続人申告事項の変更の登記、相続人申告事項の更正の登記又は相続人申告登記の抹消に関するものの記録を除く。）は、別紙1の振り合いによるものとする。

第3　相続人申告事項の変更の登記又は相続人申告事項の更正の登記

1　相続人申告事項の変更又は更正の申出

(1)　相続人申告事項の変更又は更正の申出をすることができる場合

　　相続人申告事項に変更又は錯誤若しくは遺漏があったときは、その相続人申告事項に係る相続人申告名義人又はその相続人は、登記官に対し、相続人申告事項の変更又は更正を申し出ることができるとされた（規則第158条の24第1項）。

(2)　相続人申告事項の変更又は更正の申出において明らかにすべき事項

ア　前記⑴による申出においては、次に掲げる事項をも明らかにして
しなければならないとされた（規則第158条の24第２項）。

　⑺　登記原因及びその日付

　⑷　変更後又は更正後の相続人申告事項

イ　相続人申出等情報の内容とする前記ア⑺の登記原因及びその日付
は、次の振り合いによるものとする。

　⑺　相続人申告事項（氏名）の変更の申出の場合

　　「年月日【氏名に変更が生じた年月日】氏名変更」

　⑷　相続人申告事項（住所）の変更の申出の場合

　　「年月日【住所に変更が生じた年月日】住所移転」

　⑼　相続人申告事項の更正の申出の場合

　　「錯誤」

⑶　相続人申告事項の変更又は更正の申出において提供しなければなら
ない情報

　前記⑴による申出をする場合には、相続人申告事項について変更又
は錯誤若しくは遺漏があったことを証する市町村長その他の公務員が
職務上作成した情報（公務員が職務上作成した情報がない場合にあっ
ては、これに代わるべき情報）をもその相続人申出等情報と併せて登
記所に提供しなければならないとされた（規則第158条の24第３項）。

2　相続人申告事項の変更又は更正の申出における相続人申出等添付情報
の省略

ア　前記１⑴による申出（変更又は更正の申出）の申出人が相続人申出
等情報と併せて申出人又は中間相続人についての次に掲げる情報（住
民基本台帳法第30条の９の規定により機構保存本人確認情報の提供を
受けて登記官が申出人の住所について変更若しくは錯誤若しくは遺漏
があったこと又は中間相続人の最後の住所について錯誤若しくは遺漏
があったことを確認することができることとなるものに限る。）を提
供したときは、当該情報の提供をもって、申出人の住所について変更

若しくは錯誤若しくは遺漏があったこと又は中間相続人の最後の住所について錯誤若しくは遺漏があったことを証する市町村長その他の公務員が職務上作成した情報の提供に代えることができるとされた（規則第158条の25）。

　(ア)　出生の年月日

　(イ)　氏名の振り仮名（日本の国籍を有しない者にあっては、氏名の表音をローマ字で表示したもの）

　イ　前記第2の2(2)イの取扱いは、前記アについても同様とする。

3　相続人申告事項の変更の登記又は相続人申告事項の更正の登記

　(1)　登記官は、前記1(1)による申出（変更又は更正の申出）があったときは、職権で、相続人申告事項の変更の登記又は相続人申告事項の更正の登記をすることができるとされた（規則第158条の26第1項）。

　(2)　登記官は、相続人申告事項の変更の登記又は相続人申告事項の更正の登記をするときは、登記の目的、申出の受付の年月日及び受付番号、登記原因及びその日付、変更後又は更正後の相続人申告事項並びに変更前又は更正前の相続人申告事項を抹消する記号を記録しなければならないとされた（規則第158条の26第2項）。

　(3)　相続人申告事項の変更の登記又は相続人申告事項の更正の登記に関する登記の記録は、別紙2の振り合いによるものとする。

4　相続人申告事項の更正

　(1)　相続人申告事項の更正の通知

　　ア　登記官は、相続人申告登記、相続人申告事項の変更の登記又は相続人申告事項の更正の登記を完了した後に相続人申告事項に錯誤又は遺漏があることを発見したときは、遅滞なく、その旨をこれらの登記に係る相続人申出等をした者に通知しなければならないとされた。ただし、当該相続人申出等をした者が二人以上あるときは、その一人に対し通知すれば足りるとされた（規則第158条の27第1項）。

　　イ　前記アの通知は、準則別記第71号様式に準ずる様式による通知書

によりするものとし、当該通知をした場合には、各種通知簿（準則
第18条第6号）に準則第117条の例により所定の事項を記載するも
のとする。また、当該通知書が返戻された場合の取扱いについては、
準則第121条第1項の例によるものとする。

⑵　相続人申告事項の更正をすべき場合

登記官は、前記⑴アの場合において、相続人申告事項の錯誤又は遺
漏が登記官の過誤によるものであるときは、遅滞なく、当該登記官を
監督する法務局又は地方法務局の長の許可を得て、相続人申告事項の
更正をしなければならないとされた。この場合において、登記官は、
当該許可をした者の職名、許可の年月日及び登記の年月日を記録しな
ければならないとされた（規則第158条の27第2項）。

⑶　相続人申告事項の更正の完了の通知

ア　登記官が前記⑵の相続人申告事項の更正をしたときは、その旨を
前記⑴ア本文の相続人申出等をした者に通知しなければならないと
された（規則第158条の27第3項前段）。ただし、当該相続人申出等
をした者が二人以上あるときは、その一人に対し通知すれば足りる
とされた（規則第158条の27第3項後段において準用する同条第1
項ただし書）。

イ　前記アの通知は、準則別記第72号様式に準ずる様式による通知書
によりするものとし、当該通知をした場合には、各種通知簿に準則
第117条の例により所定の事項を記載するものとする。また、当該
通知書が返戻された場合の取扱いについては、準則第121条第1項
の例によるものとする。

⑷　その他相続人申告事項の更正に関する取扱い

前記⑴から⑶までのほか、相続人申告事項の更正に関する取扱いに
ついては、準則第104条、第105条及び第106条並びに不動産登記法附
則第3条第1項の規定による指定を受けた事務に係る登記簿の改製作
業等の取扱いについて（平成17年4月18日付け法務省民二第1009号当

職通達）第2の例によるものとする。また、同通達第2の1に基づく
包括的な許可をもって、同通達第2の1の例による前記(2)に係る包括
的な許可とみなすものとする。

第4　相続人申告登記の抹消

1　相続人申告登記の抹消の申出

(1)　相続人申告登記の抹消の申出をすることができる場合

ア　相続人申告登記が次の(ア)又は(イ)のいずれかに該当するときは、当
該相続人申告登記によって付記された者は、その付記に係る相続人
申告登記の抹消の申出をすることができるとされた（規則第158条
の28第1項）。

(ア)　前記第1の15(1)アからエまでに掲げる事由のいずれかがあるこ
と。

(イ)　相続人申告名義人が相続の放棄をし、又は民法（明治29年法律
第89号）第891条の規定に該当し若しくは廃除によってその相続
権を失ったため法第76条の2第1項に規定する者に該当しなくな
ったこと。

イ　前記アの申出をすることができる者は、前記第1の15(1)アからエ
までに掲げる事由のいずれかに該当する相続人申出に係る相続人申
告登記によって付記された者又は前記ア(イ)の事由に該当する相続人
申告名義人のみであり、相続人申告名義人以外の者（相続人申告名
義人の相続人を含む。）において前記アの申出をすることは認めら
れない。

(2)　相続人申告登記の抹消の申出において提供しなければならない情報
前記(1)アによる申出においては、当該相続人申告登記が前記(1)ア(ア)
又は(イ)に該当することを証する情報をもその相続人申出等情報と併せ
て登記所に提供しなければならないとされた（規則第158条の28第2
項）。

2　相続人申告登記の抹消

(1)　登記官は、前記1(1)アによる申出（相続人申告登記の抹消の申出）
があったときは、職権で、相続人申告登記の抹消をすることができる
とされた（規則第158条の29第1項）。

(2)　登記官は、相続人申告登記の抹消をするときは、抹消の登記をする
とともに、抹消すべき事項を抹消する記号を記録しなければならない
とされた（規則第158条の29第2項）。

(3)　相続人申告登記の抹消に関する記録は、別紙3の振り合いによるも
のとする。

3　申出によらない相続人申告登記の抹消

(1)　登記官は、相続人申告登記、相続人申告事項の変更の登記又は相続
人申告事項の更正の登記を完了した後にこれらの登記が前記第1の15
(1)アからウまでのいずれかに該当することを発見したときは、当該登
記に係る相続人申出等の申出人に対し、一月以内の期間を定め、当該
申出人がその期間内に書面で異議を述べないときは、当該登記を抹消
する旨を通知しなければならないとされた。ただし、通知を受けるべ
き者の住所又は居所が知れないときは、この限りでないとされた（規
則第158条の30第1項）。

(2)　前記(1)本文の通知は、次の事項を明らかにしてしなければならない
とされた（規則第158条の30第2項）。

ア　抹消する登記に係る次に掲げる事項

(ｱ)　不動産所在事項及び不動産番号

(ｲ)　登記の目的

(ｳ)　申出の受付の年月日及び受付番号

(ｴ)　登記原因及びその日付

(ｵ)　申出人の氏名及び住所

イ　抹消する理由

(3)　登記官は、前記(1)の異議を述べた者がある場合において、当該異議
に理由がないと認めるときは決定で当該異議を却下し、当該異議に理

由があると認めるときは決定でその旨を宣言し、かつ、当該異議を述べた者に通知しなければならないとされた（規則第158条の30第3項）。

(4)　登記官は、前記(1)の異議を述べた者がないとき、又は前記(3)により当該異議を却下したときは、職権で、前記(1)の登記を抹消しなければならないとされた。この場合において、登記官は、登記記録に登記の抹消をする事由を記録しなければならないとされた（規則第158条の30第4項）。

(5)　前記(1)から(4)までのほか、申出によらない相続人申告登記の抹消に関する取扱いについては、準則第107条、第109条及び第110条の例によるものとする。

第5　経過措置

規則中相続人電子申出に関する規定は、規則附則第3条第1項の規定による改製を終えていない登記簿（電子情報処理組織による取扱いに適合しない登記簿を含む。）に係る申出については、適用しないとされた（改正省令附則第3条）。

第6　その他

前記第1から第5までのほか、相続人申出等に関する事務の取扱いについては、その性質上適当でないものを除き、権利に関する登記の申請に関する事務の取扱いの例によるものとする。

資料24　民法等の一部を改正する法律の施行に伴う不動産登記事務の取扱いについて（相続人申告登記関係）

別紙1

相続人申告登記に関する登記
（相続人申告事項の変更の登記、相続人申告事項の更正の登記又は相続人申告登記の抹消に関するものを除く。）の記録例

1　中間相続人がない相続人申出があった場合
　(1)　単有の登記名義人の相続人が単独でした相続人申出の場合

権　利　部　　（甲区）　　　　（所有権に関する事項）			
順位番号	登　記　の　目　的	受付年月日・受付番号	権　利　者　そ　の　他　の　事　項
2	所有権移転	昭和何年何月何日第何号	原因　昭和何年何月何日売買 所有者　何市何町何番地 　　　　甲　某
付記1号	相続人申告	令和何年何月何日第何号	原因　令和何年何月何日申出 相続開始年月日　昭和何年何月何日 甲某の相続人として申出があった者　何市何町 　何番地 　乙　某

　(2)　共有者の一人の相続人が単独でした相続人申出の場合

権　利　部　　（甲区）　　　　（所有権に関する事項）			
順位番号	登　記　の　目　的	受付年月日・受付番号	権　利　者　そ　の　他　の　事　項
2	所有権移転	昭和何年何月何日第何号	原因　昭和何年何月何日売買 共有者 　何市何町何番地 　持分2分の1 　甲　某 　何市何町何番地 　2分の1 　乙　某
付記1号	相続人申告	令和何年何月何日第何号	原因　令和何年何月何日申出 相続開始年月日　昭和何年何月何日 甲某の相続人として申出があった者　何市何町 　何番地 　丙　某

　(3)　単有の登記名義人の相続人が複数人でした相続人申出の場合

権　利　部　　（甲区）　　　　（所有権に関する事項）			
順位番号	登　記　の　目　的	受付年月日・受付番号	権　利　者　そ　の　他　の　事　項
2	所有権移転	昭和何年何月何日第何号	原因　昭和何年何月何日売買 所有者　何市何町何番地 　　　　甲　某
付記1号	相続人申告	令和何年何月何日第何号	原因　令和何年何月何日申出 相続開始年月日　昭和何年何月何日 甲某の相続人として申出があった者 　何市何町何番地 　乙　某 　何市何町何番地 　丙　某

- 1 -

(4) 登記名義人の相続人による相続人申出後にした他の相続人による相続人申出の場合

順位番号	登 記 の 目 的	受付年月日・受付番号	権 利 者 そ の 他 の 事 項
\multicolumn{4}{l}{権 利 部 （甲区） （所有権に関する事項）}
2	所有権移転	昭和何年何月何日 第何号	原因 昭和何年何月何日売買 所有者 何市何町何番地 　甲　某
付記1号	相続人申告	令和6年何月何日 第何号	原因 令和6年何月何日申出 相続開始年月日 昭和何年何月何日 甲某の相続人として申出があった者 何市何町 何番地 　乙　某
付記2号	相続人申告	令和8年何月何日 第何号	原因 令和8年何月何日申出 相続開始年月日 昭和何年何月何日 甲某の相続人として申出があった者 何市何町 何番地 　丙　某

(注) 1 登記名義人（甲某）についての相続により相続人（乙某、丙某ほか）が所有権を取得した場合において、令和6年何月何日の乙某による相続人申出に係る登記の後、令和8年何月何日に丙某による相続人申出があった場合の記録例である。
　　　2 順位2番付記2号の登記の後に、他の甲某の相続人による相続人申出があった場合の相続人申告事項は、順位2番付記3号に記録する。

(5) 共有者の一人の相続人による相続人申出後にした他の共有者の相続人による相続人申出の場合

順位番号	登 記 の 目 的	受付年月日・受付番号	権 利 者 そ の 他 の 事 項
\multicolumn{4}{l}{権 利 部 （甲区） （所有権に関する事項）}
2	所有権移転	昭和何年何月何日 第何号	原因 昭和何年何月何日売買 共有者 　何市何町何番地 　持分2分の1 　甲　某 　何市何町何番地 　2分の1 　乙　某
付記1号	相続人申告	令和6年何月何日 第何号	原因 令和6年何月何日申出 相続開始年月日 昭和何年何月何日 甲某の相続人として申出があった者 何市何町 何番地 　丙　某
付記2号	相続人申告	令和8年何月何日 第何号	原因 令和8年何月何日申出 相続開始年月日 平成何年何月何日 乙某の相続人として申出があった者 何市何町 何番地 　丁　某

(注) 共有者の一人（甲某）についての相続により相続人（丙某ほか）が所有権を取得し、他の共有者（乙某）についての相続により相続人（丁某ほか）が所有権を取得した場合において、令和6年何月何日の丙某による相続人申出に係る登記の後、令和8年何月何日に丁某による相続人申出があった場合の記録例である。

- 2 -

(6) 持分を順次取得した登記名義人の相続人による相続人申出の場合

権 利 部 （甲区）	（所有権に関する事項）		
順位番号	登 記 の 目 的	受付年月日・受付番号	権 利 者 そ の 他 の 事 項
2	所有権移転	平成何年何月何日 第何号	原因 平成何年何月何日売買 共有者 　何市何町何番地 　持分3分の1 　　A 　何市何町何番地 　3分の1 　　B 　何市何町何番地 　3分の1 　　C
3	A持分全部移転	平成何年何月何日 第何号	原因 平成何年何月何日売買 共有者 何市何町何番地 　持分3分の1 　　甲 某
4	B持分全部移転	平成何年何月何日 第何号	原因 平成何年何月何日売買 共有者 何市何町何番地 　持分3分の1 　　甲 某
付記1号	相続人申告	令和何年何月何日 第何号	原因 令和何年何月何日申出 相続開始年月日 平成何年何月何日 甲某の相続人として申出があった者 何市何町 　何番地 　　乙 某

(注) 乙某が甲某の相続人である旨の申出があった旨の記録は、登記名義人が持分を取得した最後の登記（順位4番）に付記することで足り、それ以前の持分取得に係る登記（順位3番）に付記することを要しない。

(7) 氏名変更及び住所変更の記録のある登記名義人の相続人による相続人申出の場合

権 利 部 （甲区）	（所有権に関する事項）		
順位番号	登 記 の 目 的	受付年月日・受付番号	権 利 者 そ の 他 の 事 項
2	所有権移転	昭和何年何月何日 第何号	原因 昭和何年何月何日売買 所有者 何市何町何番地 　　甲 某
付記1号	2番登記名義人住所、氏名変更	平成何年何月何日 第何号	原因 平成何年何月何日氏名変更 　平成何年何月何日住所移転 氏名住所 何市何町何番地 　　乙 某
付記2号	相続人申告	令和何年何月何日 第何号	原因 令和何年何月何日申出 相続開始年月日 平成何年何月何日 乙某の相続人として申出があった者 何市何町 　何番地 　　丙 某

- 3 -

(8) 住所変更の申出をした相続人申告名義人の相続人による相続人申出があった場合

権利部 (甲区)	(所有権に関する事項)		
順位番号	登 記 の 目 的	受付年月日・受付番号	権 利 者 そ の 他 の 事 項
2	所有権移転	昭和何年何月何日 第何号	原因　昭和何年何月何日売買 所有者　何市何町何番地 　　　　甲　某
付記1号	相続人申告	令和6年何月何日 第何号	原因　令和6年何月何日申出 相続開始年月日　昭和何年何月何日 甲某の相続人として申出があった者　何市何町 　　何番地 　　乙　某
付記1号 の付記1号	2番付記1号名義人住所変更	令和8年何月何日 第何号	原因　令和7年何月何日住所移転 住所　何市何町何番地
付記1号 の付記2号	相続人申告	令和10年何月何日 第何号	原因　令和10年何月何日申出 相続開始年月日　令和何年何月何日 乙某の相続人として申出があった者　何市何町 　　何番地 　　丙　某

(9) 住所を同じくする同名異人による相続人申出があった場合

権利部 (甲区)	(所有権に関する事項)		
順位番号	登 記 の 目 的	受付年月日・受付番号	権 利 者 そ の 他 の 事 項
2	所有権移転	昭和何年何月何日 第何号	原因　昭和何年何月何日売買 所有者　何市何町何番地 　　　　甲　某
付記1号	相続人申告	令和何年何月何日 第何号	原因　令和何年何月何日申出 相続開始年月日　昭和何年何月何日 甲某の相続人として申出があった者 　　何市何町何番地 　　乙　某 　　昭和何年何月何日生 　　何市何町何番地 　　乙　某 　　平成何年何月何日生

- 4 -

2　中間相続人がある相続人申出があった場合
　(1)　申出人が登記名義人の第二次相続人であり、相続人申出等情報の内容とすべき第一次相続人が一人の
　　　場合

権　利　部　　（甲区）　　（所有権に関する事項）			
順位番号	登　記　の　目　的	受付年月日・受付番号	権　利　者　そ　の　他　の　事　項
2	所有権移転	昭和何年何月何日 第何号	原因　昭和何年何月何日売買 所有者　何市何町何番地 　　　　甲某
付記1号	相続人申告	令和何年何月何日 第何号	原因　令和何年何月何日申出 相続開始年月日　平成何年何月何日 甲某の相続人として申出があった者　何市何町 何番地 　　　　乙某
付記1号 の付記1号	相続人申告	令和何年何月何日 第何号	原因　令和何年何月何日申出 相続開始年月日　平成何年何月何日 乙某の相続人として申出があった者　何市何町 何番地 　　　　丙某

（注）　1　①登記名義人（甲某）についての相続により第一次相続人（乙某ほか）が所有権を取得し、②当該相続により乙某が取
　　　　　得した所有権を乙某についての相続により第二次相続人（丙某ほか）が取得した場合において、第二次相続人丙某による
　　　　　相続人申出があった場合の記録例である。
　　　　2　登記名義人の相続についての付記登記（順位2番付記1号）及び第一次相続人の相続についての付記登記（順位2番付
　　　　　記1号の付記1号）には、同一の受付年月日・受付番号を記録する。

　(2)　申出人が登記名義人の第三次相続人であり、相続人申出等情報の内容とすべき第一次相続人及び第二
　　　次相続人がそれぞれ一人の場合

権　利　部　　（甲区）　　（所有権に関する事項）			
順位番号	登　記　の　目　的	受付年月日・受付番号	権　利　者　そ　の　他　の　事　項
2	所有権移転	昭和何年何月何日 第何号	原因　昭和何年何月何日売買 所有者　何市何町何番地 　　　　甲某
付記1号	相続人申告	令和何年何月何日 第何号	原因　令和何年何月何日申出 相続開始年月日　昭和何年何月何日 甲某の相続人として申出があった者　何市何町 何番地 　　　　乙某
付記1号 の付記1号	相続人申告	令和何年何月何日 第何号	原因　令和何年何月何日申出 相続開始年月日　平成何年何月何日 乙某の相続人として申出があった者　何市何町 何番地 　　　　丙某
付記1号 の付記1号 の付記1号	相続人申告	令和何年何月何日 第何号	原因　令和何年何月何日申出 相続開始年月日　令和何年何月何日 丙某の相続人として申出があった者　何市何町 何番地 　　　　丁某

（注）　1　①登記名義人（甲某）についての相続により第一次相続人（乙某ほか）が所有権を取得し、②当該相続により乙某が取
　　　　　得した所有権を乙某についての相続により第二次相続人（丙某ほか）が取得し、③当該相続により丙某が取得した所有権
　　　　　を丙某についての相続により第三次相続人（丁某ほか）が取得した場合において、第三次相続人丁某による相続人申出が
　　　　　あった場合の記録例である。
　　　　2　登記名義人の相続についての付記登記（順位2番付記1号）、第一次相続人の相続についての付記登記（順位2番付記
　　　　　1号の付記1号）及び第二次相続人の相続についての付記登記（順位2番付記1号の付記1号の付記1号）には、同一の
　　　　　受付年月日・受付番号を記録する。

- 5 -

(3) 申出人が登記名義人の第一次相続人かつ第二次相続人かつ第三次相続人である場合

順位番号	登記の目的	受付年月日・受付番号	権利者その他の事項
権利部（甲区）（所有権に関する事項）			
2	所有権移転	昭和何年何月何日第何号	原因　昭和何年何月何日売買 所有者　何市何町何番地 　甲某
付記1号	相続人申告	令和何年何月何日第何号	原因　令和何年何月何日申出 相続開始年月日　昭和何年何月何日 甲某の相続人として申出があった者 　何市何町何番地 　乙某 　何市何町何番地 　丙某 　何市何町何番地 　丁某
付記1号の付記1号	相続人申告	令和何年何月何日第何号	原因　令和何年何月何日申出 相続開始年月日　平成何年何月何日 乙某の相続人として申出があった者 　何市何町何番地 　丙某 　何市何町何番地 　丁某
付記1号の付記1号の付記1号	相続人申告	令和何年何月何日第何号	原因　令和何年何月何日申出 相続開始年月日　令和何年何月何日 丙某の相続人として申出があった者　何市何町何番地 　丁某

（注）1　①登記名義人（甲某）についての相続により第一次相続人（乙某、丙某、丁某ほか）が所有権を取得し、②当該相続により乙某が取得した所有権を乙某についての相続により第二次相続人（丙某、丁某ほか）が所有権を取得し、③当該相続及び①の相続により丙某が取得した所有権を丙某についての相続により第三次相続人（丁某ほか）が取得した場合において、丁某による相続人申出があった場合の記録例である。
　　　　なお、この場合における丁某が丙某の相続人である旨の申出があった旨の記録は、丙某が最後に所有権を取得した際の相続に係る付記登記（順位2番付記1号の付記1号）に付記することで足り、それ以前の相続に係る付記登記（順位2番付記1号）に付記することを要しない。
　　　2　登記名義人の相続についての付記登記（順位2番付記1号）、第一次相続人の相続についての付記登記（順位2番付記1号の付記1号）及び第二次相続人の相続についての付記登記（順位2番付記1号の付記1号の付記1号）には、同一の受付年月日・受付番号を記録する。

(4)　申出人が登記名義人の第二次相続人であり、他の第二次相続人による相続人申出により第一次相続人の氏名等が既に所有権の登記に付記されている場合

権　利　部　（甲区）　　　（所有権に関する事項）			
順位番号	登　記　の　目　的	受付年月日・受付番号	権　利　者　そ　の　他　の　事　項
2	所有権移転	昭和何年何月何日 第何号	原因　昭和何年何月何日売買 所有者　何市何町何番地 　　　　甲　某
付記1号	相続人申告	令和6年何月何日 第何号	原因　令和6年何月何日申出 相続開始年月日　昭和何年何月何日 甲某の相続人として申出があった者　何市何町 何番地 　　　　乙　某
付記1号 の付記1号	相続人申告	令和6年何月何日 第何号	原因　令和6年何月何日申出 相続開始年月日　平成何年何月何日 乙某の相続人として申出があった者　何市何町 何番地 　　　　丙　某
付記1号 の付記2号	相続人申告	令和8年何月何日 第何号	原因　令和8年何月何日申出 相続開始年月日　平成何年何月何日 乙某の相続人として申出があった者　何市何町 何番地 　　　　丁　某

(注)　①登記名義人（甲某）についての相続により第一次相続人（乙某ほか）が所有権を取得し、②当該相続により乙某が取得した所有権を乙某についての相続により第二次相続人（丙某、丁某ほか）が取得した場合において、令和6年何月何日の丙某による相続人申出に係る登記の後、令和8年何月何日に丁某による相続人申出があった場合の記録例である（規則第158条の23第1項第5号括弧書き参照）。

(5)　申出人が登記名義人の第二次相続人であり、第一次相続人による相続人申出により当該第一次相続人の氏名等が既に所有権の登記に付記されている場合

権　利　部　（甲区）　　　（所有権に関する事項）			
順位番号	登　記　の　目　的	受付年月日・受付番号	権　利　者　そ　の　他　の　事　項
2	所有権移転	昭和何年何月何日 第何号	原因　昭和何年何月何日売買 所有者　何市何町何番地 　　　　甲　某
付記1号	相続人申告	令和6年何月何日 第何号	原因　令和6年何月何日申出 相続開始年月日　平成何年何月何日 甲某の相続人として申出があった者　何市何町 何番地 　　　　乙　某
付記1号 の付記1号	相続人申告	令和8年何月何日 第何号	原因　令和8年何月何日申出 相続開始年月日　令和何年何月何日 乙某の相続人として申出があった者　何市何町 何番地 　　　　丙　某

(注)　登記名義人（甲某）についての相続により第一次相続人（乙某ほか）が所有権を取得し、令和6年何月何日の乙某による相続人申出に係る登記の後、当該相続により乙某が取得した所有権を乙某についての相続により第二次相続人（丙某ほか）が取得した場合において、令和8年何月何日に丙某による相続人申出があった場合の記録例である（規則第158条の23第1項第5号括弧書き参照）。

(6) 申出人が登記名義人の第二次相続人であり、既に第一次相続人による相続人申出及び住所の変更の申出に係る記録が所有権の登記に付記されている場合

権 利 部 （甲区）	（所有権に関する事項）		
順位番号	登 記 の 目 的	受付年月日・受付番号	権 利 者 そ の 他 の 事 項
2	所有権移転	昭和何年何月何日 第何号	原因　昭和何年何月何日売買 所有者　何市何町何番地 　　　　甲　某
付記1号	相続人申告	令和6年何月何日 第何号	原因　令和6年何月何日申出 相続開始年月日　昭和何年何月何日 甲某の相続人として申出があった者　<u>何市何町 何番地</u> 　　　　乙　某
付記1号 の付記1号	2番付記1号名義人住所変更	令和8年何月何日 第何号	原因　令和7年何月何日住所移転 住所　何市何町何番地
付記1号 の付記2号	相続人申告	令和10年何月何日 第何号	原因　令和10年何月何日申出 相続開始年月日　令和何年何月何日 乙某の相続人として申出があった者　何市何町 何番地 　　　　丙　某

(注)　登記名義人（甲某）についての相続により第一次相続人（乙某ほか）が所有権を取得し、令和6年何月何日の乙某による相続人申出に係る登記及び令和8年何月何日の住所の変更の申出に係る登記の後、当該相続により乙某が取得した所有権を乙某についての相続により第二次相続人（丙某ほか）が取得した場合において、令和10年何月何日に丙某による相続人申出があった場合の記録例である。

(7) 申出人が共有者の一人の第二次相続人であり、第一次相続人による相続人申出により当該第一次相続人の氏名等が既に所有権の登記に付記されており、また、他の共有者の相続人による相続人申出により当該相続人の氏名等が既に所有権の登記に付記されている場合

権 利 部 （甲区）	（所有権に関する事項）		
順位番号	登 記 の 目 的	受付年月日・受付番号	権 利 者 そ の 他 の 事 項
2	所有権移転	昭和何年何月何日 第何号	原因　昭和何年何月何日売買 共有者 　何市何町何番地 　持分2分の1 　　A 　何市何町何番地 　　2分の1 　　B
付記1号	相続人申告	令和6年何月何日 第何号	原因　令和6年何月何日申出 相続開始年月日　昭和何年何月何日 Aの相続人として申出があった者　何市何町何 番地 　　　　C
付記1号 の付記1号	相続人申告	令和10年何月何日 第何号	原因　令和10年何月何日申出 相続開始年月日　令和何年何月何日 Cの相続人として申出があった者　何市何町何 番地 　　　　甲　某
付記2号	相続人申告	令和8年何月何日 第何号	原因　令和8年何月何日申出 相続開始年月日　平成何年何月何日 Bの相続人として申出があった者　何市何町何 番地 　　　　D

(注)　1　①共有者の一人（A）についての相続により第一次相続人（Cほか）が所有権を取得し、②他の共有者（B）についての相続により相続人（Dほか）が所有権を取得し、令和6年何月何日のCによる相続人申出に係る登記及び令和8年何月何日のDによる相続人申出に係る登記の後、Cについて相続が開始し、当該相続により①の相続によりCが取得した所有権を第二次相続人（甲某ほか）が取得した場合において、令和10年何月何日に甲某による相続人申出があった場合の記録例である（規則第158条の23第1項第5号括弧書き参照）。
　　　2　Dについて相続が開始した場合におけるDの相続人による相続人申出があった場合の相続人申告事項は、順位2番付記2号の付記1号に記録する。

3　相続人申告登記の後に所有権の移転の登記の申請があった場合
　(1)　前所有者が単有の場合

権　利　部　　（甲区）　　　（所有権に関する事項）			
順位番号	登　記　の　目　的	受付年月日・受付番号	権　利　者　そ　の　他　の　事　項
2	所有権移転	昭和何年何月何日 第何号	原因　昭和何年何月何日売買 所有者　何市何町何番地 　　甲　某
付記1号	相続人申告	令和何年何月何日 第何号	原因　令和何年何月何日申出 相続開始年月日　昭和何年何月何日 甲某の相続人として申出があった者　何市何町 　何番地 　　乙　某
3	所有権移転	令和何年何月何日 第何号	原因　昭和何年何月何日相続 所有者　何市何町何番地 　　丙　某

(注)　所有権の移転の登記の前にされた付記登記（順位2番付記1号）について、職権による抹消は行わない。なお、当該所有権の移転の登記により当該付記登記に係る主登記（順位2番）が現に効力を有するものではなくなるため、当該付記登記は現在事項証明書の記載事項ではない。

　(2)　前所有者が共有の場合

権　利　部　　（甲区）　　　（所有権に関する事項）			
順位番号	登　記　の　目　的	受付年月日・受付番号	権　利　者　そ　の　他　の　事　項
2	所有権移転	昭和何年何月何日 第何号	原因　昭和何年何月何日売買 共有者 　何市何町何番地 　持分2分の1 　　A 　何市何町何番地 　　2分の1 　　B
付記1号	相続人申告	令和何年何月何日 第何号	原因　令和何年何月何日申出 相続開始年月日　昭和何年何月何日 Aの相続人として申出があった者　何市何町何 　番地 　　C
付記2号	相続人申告	令和何年何月何日 第何号	原因　令和何年何月何日申出 相続開始年月日　昭和何年何月何日 Bの相続人として申出があった者　何市何町何 　番地 　　D
3	A持分全部移転	令和何年何月何日 第何号	原因　昭和何年何月何日相続 共有者　何市何町何番地 　持分2分の1 　　甲　某

(注)　所有権の移転の登記の前にされた付記登記（順位2番付記1号）について、職権による抹消は行わない。なお、当該所有権の移転の登記の後も、当該付記登記に係る主登記（順位2番）は現に効力を有するため、前記(1)と異なり、当該付記登記は現在事項証明書の記載事項となる。

－ 9 －

4　相続人申告登記のある土地の合筆の登記をする場合
　(1)　甲土地と乙土地の相続人申告事項が同一の場合（国土調査の成果により、甲土地に乙土地を合筆する
　　場合の例）
（甲土地）

権　利　部　　（甲区）　　（所有権に関する事項）			
順位番号	登　記　の　目　的	受付年月日・受付番号	権　利　者　そ　の　他　の　事　項
2	所有権移転	昭和何年何月何日 第何号	原因　昭和何年何月何日売買 所有者　何市何町何番地 　　　甲　某
付記1号	相続人申告	令和6年何月何日 第何号	原因　令和6年何月何日申出 相続開始年月日　昭和何年何月何日 甲某の相続人として申出があった者　何市何町 　　　何番地 　　　乙　某

（乙土地）

権　利　部　　（甲区）　　（所有権に関する事項）			
順位番号	登　記　の　目　的	受付年月日・受付番号	権　利　者　そ　の　他　の　事　項
5	所有権移転	昭和何年何月何日 第何号	原因　昭和何年何月何日売買 所有者　何市何町何番地 　　　甲　某
付記1号	相続人申告	令和6年何月何日 第何号	原因　令和6年何月何日申出 相続開始年月日　昭和何年何月何日 甲某の相続人として申出があった者　何市何町 　　　何番地 　　　乙　某

（合筆後の甲土地）

権　利　部　　（甲区）　　（所有権に関する事項）			
順位番号	登　記　の　目　的	受付年月日・受付番号	権　利　者　そ　の　他　の　事　項
3	合併による所有権登記	余　白	所有者　何市何町何番地 　　　甲　某 令和10年何月何日登記
付記1号	相続人申告	余　白	相続開始年月日　昭和何年何月何日 甲某の相続人として申出があった者　何市何町 　　　何番地 　　　乙　某 令和10年何月何日付記

（注）　1　合筆後の甲土地の付記登記（順位3番付記1号）について、登記原因及びその日付は記録しない。
　　　　2　合併前にされた甲土地の付記登記（順位2番付記1号）について、職権による抹消は行わない。

－ 10 －

資料24　民法等の一部を改正する法律の施行に伴う不動産登記事務の取扱いについて（相続人申告登記関係）

(2)　甲土地と乙土地の相続人申告事項が相違する場合（国土調査の成果により、甲土地に乙土地を合筆する場合の例）

（甲土地）

権　利　部　　（甲区）　　　（所有権に関する事項）			
順位番号	登　記　の　目　的	受付年月日・受付番号	権　利　者　そ　の　他　の　事　項
2	所有権移転	昭和何年何月何日 第何号	原因　昭和何年何月何日売買 所有者　何市何町何番地 　　　甲　某
付記1号	相続人申告	令和6年何月何日 第何号	原因　令和6年何月何日申出 相続開始年月日　昭和何年何月何日 甲某の相続人として申出があった者　何市何町 何番地 　　　乙　某

（乙土地）

権　利　部　　（甲区）　　　（所有権に関する事項）			
順位番号	登　記　の　目　的	受付年月日・受付番号	権　利　者　そ　の　他　の　事　項
5	所有権移転	昭和何年何月何日 第何号	原因　昭和何年何月何日売買 所有者　何市何町何番地 　　　甲　某
付記1号	相続人申告	令和8年何月何日 第何号	原因　令和8年何月何日申出 相続開始年月日　昭和何年何月何日 甲某の相続人として申出があった者　何市何町 何番地 　　　丙　某

（合筆後の甲土地）

権　利　部　　（甲区）　　　（所有権に関する事項）			
順位番号	登　記　の　目　的	受付年月日・受付番号	権　利　者　そ　の　他　の　事　項
3	合併による所有権登記	余　白	所有者　何市何町何番地 　　　甲　某 令和10年何月何日登記
付記1号	相続人申告	余　白	相続開始年月日　昭和何年何月何日 甲某の相続人として申出があった者　何市何町 何番地 　　　乙　某 令和10年何月何日付記
付記2号	相続人申告	余　白	相続開始年月日　昭和何年何月何日 甲某の相続人として申出があった者　何市何町 何番地 　　　丙　某 令和10年何月何日付記

（注）　1　合筆後の甲土地の付記登記（順位3番付記1号及び順位3番付記2号）について、登記原因及びその日付は記録しない。
　　　　　また、合筆前にされた甲土地及び乙土地の付記登記に係る受付番号の順序で付記する。
　　　　2　合併前にされた甲土地の付記登記（順位2番付記1号）について、職権による抹消は行わない。

- 11 -

(3) 甲土地のみに相続人申告登記がある場合（国土調査の成果により、甲土地に乙土地を合筆する場合の
例）

(甲土地)

権　利　部　　（甲区）　　　（所有権に関する事項）			
順位番号	登　記　の　目　的	受付年月日・受付番号	権　利　者　そ　の　他　の　事　項
2	所有権移転	昭和何年何月何日 第何号	原因　昭和何年何月何日売買 所有者　何市何町何番地 　　　　甲　某
付記1号	相続人申告	令和6年何月何日 第何号	原因　令和6年何月何日申出 相続開始年月日　昭和何年何月何日 甲某の相続人として申出があった者　何市何町 　　何番地 　　乙　某

(乙土地)

権　利　部　　（甲区）　　　（所有権に関する事項）			
順位番号	登　記　の　目　的	受付年月日・受付番号	権　利　者　そ　の　他　の　事　項
5	所有権移転	昭和何年何月何日 第何号	原因　昭和何年何月何日売買 所有者　何市何町何番地 　　　　甲　某

(合筆後の甲土地)

権　利　部　　（甲区）　　　（所有権に関する事項）			
順位番号	登　記　の　目　的	受付年月日・受付番号	権　利　者　そ　の　他　の　事　項
3	合併による所有権登記	余白	所有者　何市何町何番地 　　　　甲　某 令和10年何月何日登記
付記1号	相続人申告	余白	相続開始年月日　昭和何年何月何日 甲某の相続人として申出があった者　何市何町 　　何番地 　　乙　某 令和10年何月何日付記

(注)　1　合筆後の甲土地の付記登記（順位3番付記1号）について、登記原因及びその日付は記録しない。
　　　　2　合併前にされた甲土地の付記登記（順位2番付記1号）について、職権による抹消は行わない。

（4）乙土地のみに相続人申告登記がある場合（国土調査の成果により、甲土地に乙土地を合筆する場合の例）

（甲土地）

権　利　部　　（甲区）　　　（所有権に関する事項）			
順位番号	登　記　の　目　的	受付年月日・受付番号	権　利　者　そ　の　他　の　事　項
2	所有権移転	昭和何年何月何日 第何号	原因　昭和何年何月何日売買 所有者　何市何町何番地 　甲　某

（乙土地）

権　利　部　　（甲区）　　　（所有権に関する事項）			
順位番号	登　記　の　目　的	受付年月日・受付番号	権　利　者　そ　の　他　の　事　項
5	所有権移転	昭和何年何月何日 第何号	原因　昭和何年何月何日売買 所有者　何市何町何番地 　甲　某
付記1号	相続人申告	令和6年何月何日 第何号	原因　令和6年何月何日申出 相続開始年月日　昭和何年何月何日 甲某の相続人として申出があった者　何市何町 　何番地 　乙　某

（合筆後の甲土地）

権　利　部　　（甲区）　　　（所有権に関する事項）			
順位番号	登　記　の　目　的	受付年月日・受付番号	権　利　者　そ　の　他　の　事　項
3	合併による所有権登記	余　白	所有者　何市何町何番地 　甲　某 令和10年何月何日登記
付記1号	相続人申告	余　白	相続開始年月日　昭和何年何月何日 甲某の相続人として申出があった者　何市何町 　何番地 　乙　某 令和10年何月何日付記

（注）　合筆後の甲土地の付記登記（順位3番付記1号）について、登記原因及びその日付は記録しない。

5　相続人申告登記のある土地の分筆の登記をする場合
　(1) 甲土地が単有の場合（甲土地から乙土地を分筆する場合）
（甲土地）

権　利　部　　（甲区）　　　（所有権に関する事項）			
順位番号	登　記　の　目　的	受付年月日・受付番号	権　利　者　そ　の　他　の　事　項
2	所有権移転	昭和何年何月何日 第何号	原因　昭和何年何月何日売買 所有者　何市何町何番地 　　甲　某
付記1号	相続人申告	令和6年何月何日 第何号	原因　令和6年何月何日申出 相続開始年月日　昭和何年何月何日 甲某の相続人として申出があった者　何市何町 何番地 　　乙　某

（乙土地）

権　利　部　　（甲区）　　　（所有権に関する事項）			
順位番号	登　記　の　目　的	受付年月日・受付番号	権　利　者　そ　の　他　の　事　項
1	所有権移転	昭和何年何月何日 第何号	原因　昭和何年何月何日売買 所有者　何市何町何番地 　　甲　某 順位2番の登記を転写 令和10年何月何日受付 第何号
付記1号	相続人申告	令和6年何月何日 第何号	原因　令和6年何月何日申出 相続開始年月日　昭和何年何月何日 甲某の相続人として申出があった者　何市何町 何番地 　　乙　某 順位2番付記1号の登記を転写 令和10年何月何日受付 第何号

- 14 -

(2)　甲土地が共有の場合（甲土地から乙土地を分筆する場合）

（甲土地）

順位番号	登　記　の　目　的	受付年月日・受付番号	権 利 者 そ の 他 の 事 項
権 利 部 　（甲区）　　　（所有権に関する事項）			
2	所有権移転	昭和何年何月何日 第何号	原因　昭和何年何月何日売買 共有者 　何市何町何番地 　持分2分の1 　甲　某 　何市何町何番地 　2分の1 　乙　某
付記1号	相続人申告	令和6年何月何日 第何号	原因　令和6年何月何日申出 相続開始年月日　昭和何年何月何日 甲某の相続人として申出があった者　何市何町 　何番地 　丙　某
付記2号	相続人申告	令和8年何月何日 第何号	原因　令和8年何月何日申出 相続開始年月日　平成何年何月何日 乙某の相続人として申出があった者　何市何町 　何番地 　丁　某

（乙土地）

順位番号	登　記　の　目　的	受付年月日・受付番号	権 利 者 そ の 他 の 事 項
権 利 部 　（甲区）　　　（所有権に関する事項）			
1	所有権移転	昭和何年何月何日 第何号	原因　昭和何年何月何日売買 共有者 　何市何町何番地 　持分2分の1 　甲　某 　何市何町何番地 　2分の1 　乙　某 順位2番の登記を転写 令和10年何月何日受付 第何号
付記1号	相続人申告	令和6年何月何日 第何号	原因　令和6年何月何日申出 相続開始年月日　昭和何年何月何日 甲某の相続人として申出があった者　何市何町 　何番地 　丙　某 順位2番付記1号の登記を転写 令和10年何月何日受付 第何号
付記2号	相続人申告	令和8年何月何日 第何号	原因　令和8年何月何日申出 相続開始年月日　平成何年何月何日 乙某の相続人として申出があった者　何市何町 　何番地 　丁　某 順位2番付記2号の登記を転写 令和10年何月何日受付 第何号

相続人申告事項の変更の登記又は相続人申告事項の更正の登記に関する登記の記録例

1　相続人申告名義人の氏名の変更の申出があった場合

権　利　部　　（甲区）　　（所有権に関する事項）			
順位番号	登　記　の　目　的	受付年月日・受付番号	権　利　者　そ　の　他　の　事　項
2	所有権移転	昭和何年何月何日 第何号	原因　昭和何年何月何日売買 所有者　何市何町何番地 　　　　甲　某
付記1号	相続人申告	令和6年何月何日 第何号	原因　令和6年何月何日申出 相続開始年月日　昭和何年何月何日 甲某の相続人として申出があった者　何市何町 何番地 　　　乙　某
付記1号 の付記1号	2番付記1号名義人氏名変更	令和8年何月何日 第何号	原因　令和7年何月何日氏名変更 氏名　丙　某

（注）　1　登記原因は、婚姻、離婚等その原因が何であっても「氏名変更」とする。
　　　　2　変更前の氏名を抹消する記号（下線）を記録する。

2　相続人申告名義人の住所の変更の申出があった場合

権　利　部　　（甲区）　　（所有権に関する事項）			
順位番号	登　記　の　目　的	受付年月日・受付番号	権　利　者　そ　の　他　の　事　項
2	所有権移転	昭和何年何月何日 第何号	原因　昭和何年何月何日売買 所有者　何市何町何番地 　　　　甲　某
付記1号	相続人申告	令和6年何月何日 第何号	原因　令和6年何月何日申出 相続開始年月日　昭和何年何月何日 甲某の相続人として申出があった者　何市何町 何番地 　　　乙　某
付記1号 の付記1号	2番付記1号名義人住所変更	令和8年何月何日 第何号	原因　令和7年何月何日住所移転 住所　何市何町何番地

（注）　変更前の住所を抹消する記号（下線）を記録する。

3　相続人申告名義人の氏名及び住所の変更の申出があった場合

権　利　部　　（甲区）　　（所有権に関する事項）			
順位番号	登　記　の　目　的	受付年月日・受付番号	権　利　者　そ　の　他　の　事　項
2	所有権移転	昭和何年何月何日 第何号	原因　昭和何年何月何日売買 所有者　何市何町何番地 　　　　甲　某
付記1号	相続人申告	令和6年何月何日 第何号	原因　令和6年何月何日申出 相続開始年月日　昭和何年何月何日 甲某の相続人として申出があった者　何市何町 何番地 　　　乙　某
付記1号 の付記1号	2番付記1号名義人住所、氏名変更	令和8年何月何日 第何号	原因　令和7年何月何日氏名変更 　　　令和7年何月何日住所移転 氏名住所　何市何町何番地 　　　　　丙　某

（注）　変更前の氏名及び住所を抹消する記号（下線）を記録する。

4　相続人申告名義人の氏名の更正及び住所の変更の申出があった場合

権　利　部　　(甲区)　　(所有権に関する事項)			
順位番号	登　記　の　目　的	受付年月日・受付番号	権　利　者　そ　の　他　の　事　項
2	所有権移転	昭和何年何月何日 第何号	原因　昭和何年何月何日売買 所有者　何市何町何番地 　　　　甲　某
付記1号	相続人申告	令和6年何月何日 第何号	原因　　令和6年何月何日申出 相続開始年月日　昭和何年何月何日 甲某の相続人として申出があった者　<u>何市何町 何番地</u> 　　　　<u>乙　某</u>
付記1号 の付記1号	2番付記1号名義人住所、氏名変更、更正	令和8年何月何日 第何号	原因　錯誤、令和7年何月何日住所移転 氏名住所　何市何町何番地 　　　　　丙　某

(注)　更正前の氏名及び変更前の住所を抹消する記号（下線）を記録する。

5　相続人申告名義人の氏名の更正の申出があった場合

権　利　部　　(甲区)　　(所有権に関する事項)			
順位番号	登　記　の　目　的	受付年月日・受付番号	権　利　者　そ　の　他　の　事　項
2	所有権移転	昭和何年何月何日 第何号	原因　昭和何年何月何日売買 所有者　何市何町何番地 　　　　甲　某
付記1号	相続人申告	令和6年何月何日 第何号	原因　　令和6年何月何日申出 相続開始年月日　昭和何年何月何日 甲某の相続人として申出があった者　<u>何市何町 何番地</u> 　　　　<u>乙　某</u>
付記1号 の付記1号	2番付記1号名義人氏名更正	令和8年何月何日 第何号	原因　錯誤 氏名　丙　某

(注)　更正前の氏名を抹消する記号（下線）を記録する。

6　複数人による相続人申出をした相続人申告名義人の一人から住所の更正の申出があった場合

権　利　部　　(甲区)　　(所有権に関する事項)			
順位番号	登　記　の　目　的	受付年月日・受付番号	権　利　者　そ　の　他　の　事　項
2	所有権移転	昭和何年何月何日 第何号	原因　昭和何年何月何日売買 所有者　何市何町何番地 　　　　甲　某
付記1号	相続人申告	令和6年何月何日 第何号	原因　　令和6年何月何日申出 相続開始年月日　昭和何年何月何日 甲某の相続人として申出があった者 　　　　<u>何市何町何番地</u> 　　　　乙　某 　　　　何市何町何番地 　　　　丙　某
付記1号 の付記1号	2番付記1号名義人住所更正	令和8年何月何日 第何号	原因　錯誤 乙某の住所　何市何町何番地

(注)　更正前の住所を抹消する記号（下線）を記録する。

－　2　－

7　相続人申告名義人の住所及び氏名の更正の申出があった場合

権　利　部　　（甲区）　　　（所有権に関する事項）			
順位番号	登　記　の　目　的	受付年月日・受付番号	権　利　者　そ　の　他　の　事　項
2	所有権移転	昭和何年何月何日 第何号	原因　昭和何年何月何日売買 所有者　何市何町何番地 　　　甲　某
付記1号	相続人申告	令和6年何月何日 第何号	原因　令和6年何月何日申出 相続開始年月日　昭和何年何月何日 甲某の相続人として申出があった者　何市何町 何番地 　　　乙　某
付記1号 の付記1号	2番付記1号名義人住所、氏名更正	令和8年何月何日 第何号	原因　錯誤 氏名住所　何市何町何番地 　　　丙　某

（注）　更正前の住所及び氏名を抹消する記号（下線）を記録する。

8　相続人申告名義人の住所の変更の登記後に住所の変更の申出があった場合

権　利　部　　（甲区）　　　（所有権に関する事項）			
順位番号	登　記　の　目　的	受付年月日・受付番号	権　利　者　そ　の　他　の　事　項
2	所有権移転	昭和何年何月何日 第何号	原因　昭和何年何月何日売買 所有者　何市何町何番地 　　　甲　某
付記1号	相続人申告	令和6年何月何日 第何号	原因　令和6年何月何日申出 相続開始年月日　昭和何年何月何日 甲某の相続人として申出があった者　何市何町 何番地 　　　乙　某
付記1号 の付記1号	2番付記1号名義人住所変更	令和8年何月何日 第何号	原因　令和7年何月何日住所移転 住所　何市何町何番地
付記1号 の付記2号	2番付記1号名義人住所変更	令和10年何月何日 第何号	原因　令和9年何月何日住所移転 住所　何市何町何番地

（注）　変更前の住所を抹消する記号（下線）を記録する。

9　相続人申告名義人の住所の表示に錯誤があり、その後住所移転により住所が変更している場合の申出が
　あった場合

権　利　部　　（甲区）　　　（所有権に関する事項）			
順位番号	登　記　の　目　的	受付年月日・受付番号	権　利　者　そ　の　他　の　事　項
2	所有権移転	昭和何年何月何日 第何号	原因　昭和何年何月何日売買 所有者　何市何町何番地 　　　甲　某
付記1号	相続人申告	令和6年何月何日 第何号	原因　令和6年何月何日申出 相続開始年月日　昭和何年何月何日 甲某の相続人として申出があった者　何市何町 何番地 　　　乙　某
付記1号 の付記1号	2番付記1号名義人住所変更	令和8年何月何日 第何号	原因　錯誤、令和7年何月何日住所移転 住所　何市何町何番地

（注）　変更前の住所を抹消する記号（下線）を記録する。

１０　相続開始年月日の更正の申出があった場合

権　利　部	（甲区）	（所有権に関する事項）	
順位番号	登　記　の　目　的	受付年月日・受付番号	権　利　者　そ　の　他　の　事　項
2	所有権移転	昭和何年何月何日 第何号	原因　昭和何年何月何日売買 所有者　何市何町何番地 　　　　甲　某
付記1号	相続人申告	令和6年何月何日 第何号	原因　令和6年何月何日申出 相続開始年月日　昭和何年何月何日 甲某の相続人として申出があった者　何市何町 何番地 　　　　乙　某
付記1号 の付記1号	2番付記1号相続人申告事項更正	令和8年何月何日 第何号	原因　錯誤 相続開始年月日　平成何年何月何日

（注）　更正前の相続開始年月日を抹消する記号（下線）を記録する。

- 4 -

相続人申告登記の抹消に関する記録例

1 相続人が単独でした相続人申出に係る相続人申告登記の抹消の申出があった場合

権　利　部　（甲区）（所有権に関する事項）			
順位番号	登　記　の　目　的	受付年月日・受付番号	権　利　者　そ　の　他　の　事　項
2	所有権移転	昭和何年何月何日 第何号	原因　昭和何年何月何日売買 所有者　何市何町何番地 　　　　甲　某
付記1号	相続人申告	令和6年何月何日 第何号	原因　令和6年何月何日申出 相続開始年月日　昭和何年何月何日 甲某の相続人として申出があった者　何市何町 何番地 乙　某
3	2番付記1号名義人抹消	令和8年何月何日 第何号	原因　令和8年何月何日乙某の申出

2 相続人が複数人でした相続人申出に係る相続人申告登記の一部についての抹消の申出があった場合
(1) 当該抹消後も当該相続人申告登記に抹消されていない記録があるとき

権　利　部　（甲区）（所有権に関する事項）			
順位番号	登　記　の　目　的	受付年月日・受付番号	権　利　者　そ　の　他　の　事　項
2	所有権移転	昭和何年何月何日 第何号	原因　昭和何年何月何日売買 所有者　何市何町何番地 　　　　甲　某
付記1号	相続人申告	令和6年何月何日 第何号	原因　令和6年何月何日申出 相続開始年月日　昭和何年何月何日 甲某の相続人として申出があった者 何市何町何番地 乙　某 何市何町何番地 丙　某
3	2番付記1号名義人一部抹消	令和8年何月何日 第何号	原因　令和8年何月何日乙某の申出

(2) 当該抹消により当該相続人申告登記の記録の全てが抹消されるとき

権　利　部　（甲区）（所有権に関する事項）			
順位番号	登　記　の　目　的	受付年月日・受付番号	権　利　者　そ　の　他　の　事　項
2	所有権移転	昭和何年何月何日 第何号	原因　昭和何年何月何日売買 所有者　何市何町何番地 　　　　甲　某
付記1号	相続人申告	令和6年何月何日 第何号	原因　令和6年何月何日申出 相続開始年月日　昭和何年何月何日 甲某の相続人として申出があった者 何市何町何番地 乙　某 何市何町何番地 丙　某
3	2番付記1号名義人一部抹消	令和8年何月何日 第何号	原因　令和8年何月何日乙某の申出
4	2番付記1号名義人抹消	令和10年何月何日 第何号	原因　令和10年何月何日丙某の申出

3　登記名義人の第一次相続人、第二次相続人及び第三次相続人として付記されている相続人申告名義人に係る相続人申告登記の抹消の申出があった場合

権　利　部　　（甲区）　　　（所有権に関する事項）			
順位番号	登　記　の　目　的	受付年月日・受付番号	権　利　者　そ　の　他　の　事　項
2	所有権移転	昭和何年何月何日 第何号	原因　昭和何年何月何日売買 所有者　何市何町何番地 　　　　甲　某
付記1号	相続人申告	令和6年何月何日 第何号	原因　令和6年何月何日申出 相続開始年月日　昭和何年何月何日 甲某の相続人として申出があった者 　何市何町何番地 　　乙　某 　何市何町何番地 　　丙　某 　何市何町何番地 　　丁　某
付記1号 の付記1号	相続人申告	令和6年何月何日 第何号	原因　令和6年何月何日申出 相続開始年月日　平成何年何月何日 乙某の相続人として申出があった者 　何市何町何番地 　　丙　某 　何市何町何番地 　　丁　某
付記1号 の付記1号 の付記1号	相続人申告	令和6年何月何日 第何号	原因　令和6年何月何日申出 相続開始年月日　令和何年何月何日 丙某の相続人として申出があった者　何市何町 　何番地 　　丁　某
3	2番付記1号、2番付記1号の付記1号名義人一部抹消	令和8年何月何日 第何号	原因　令和8年何月何日丁某の申出
4	2番付記1号の付記1号の付記1号名義人抹消	令和8年何月何日 第何号	原因　令和8年何月何日丁某の申出

（注）　一部抹消の登記と全部抹消の登記は、それぞれ異なる順位番号を記録する。

- 2 -

別記様式

申出に基づく職権登記完了通知

次の申出に基づく職権登記が完了したことを通知します。

申出受付年月日		
申出受付番号		
登記の目的		
不動産		

以上

　年　　　月　　　日
　　法務局　　　　　　　　　出張所
　　　登記官

［筆者紹介］

石田　健悟（司法書士・法学博士）

（略歴）

1986年　愛知県生まれ

2012年　司法書士登録、翌年より出身地の愛知県春日井市にて開業
　　　　（現：石田司法書士・行政書士・社会保険労務士合同事務所）

2017年　神戸大学大学院法学研究科博士後期課程修了

2019年　株式会社ミライニ創業

〈主な著書〉

『相続放棄と限定承認の実務―相続の基本的な仕組みから相続財産管
　理人の活用まで―』（テイハン、2022年）

『成年後見の実務―制度の基本的な仕組みから死後事務の執行まで
　―』（テイハン、2022年）

『LGBTQの相続対策と成年後見』（テイハン、2023年）

『遺言の実務―遺言の作成・遺言執行者の職務について―』（テイハ
　ン、2024年）

『民法と民事信託（理論編）―遺言、民事信託、任意後見の連携・棲
　み分け論―』（法論社、2018年）　等

遺産分割の実務
　― 協議書・調停関係書類・相続登記・相続申告人登記の書式と理論 ―

2024年 5 月21日　初版第 1 刷印刷　　定価：3,630円（本体価：3,300円）
2024年 5 月27日　初版第 1 刷発行

| 不 複 許 製 | 著　者　石田　　健悟 |
| | 発行者　坂巻　　徹 |

発行所　　東京都北区　株式会社 テイハン
　　　　　東十条 6 丁目6-18
　　　　　電話 03(6903)8615　FAX 03(6903)8613／〒114-0001
　　　　　ホームページアドレス　https://www.teihan.co.jp

〈検印省略〉　　　　　　　　印刷／日本ハイコム株式会社

ISBN978-4-86096-180-0